〖文化地理学译丛〗

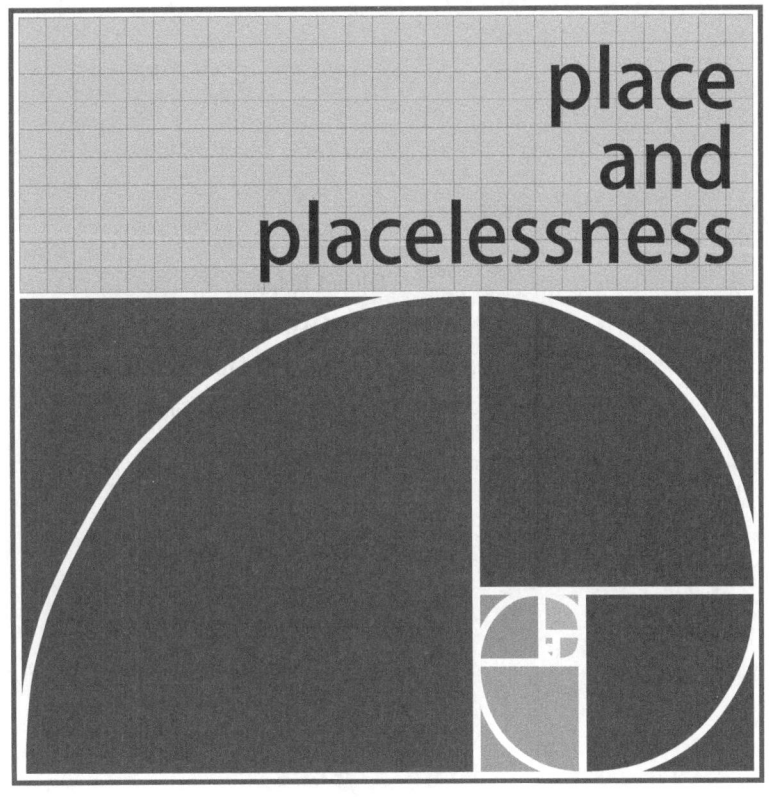

# 地方与无地方

〔加拿大〕爱德华·雷尔夫 著
刘 苏 相欣奕 译

Edward Relph

**PLACE AND PLACELESSNESS**

English language edition published by SAGE Publications of

London, Thousand Oaks, New Delhi and Singapore,

© Edward Relph, 1999

# 中文版前言

当得知要为《地方与无地方》这本书的中文版写前言时，我感到十分高兴。特别感谢刘苏和相欣奕两位学者的翻译工作。借此机会，让我重新反思七十年代当我创作这本书的时候，地方所发生的变化。在那个年代，欧洲与北美的地方独特性正被城市的发展急剧吞没，而当时的城市发展完全采用了现代性的规划模型与建筑风格。现代性在拥抱未来的同时，也拒斥着过去的一切，并为随处可见的规划设计体现出来的高效率而欢欣鼓舞。所以，我创作《地方与无地方》这本书的目的，旨在描绘当现代性所具有的无地方把根植在地方之中的历史与意义连根拔起来的时候，我们所失去的一切。

在1970年的英语学界里，出现了探讨地方问题的几本书与几篇论文。自此以后，地方的问题引发了广泛的学术兴趣。地理学家、人类学家、建筑师、城市规划师、艺术家、神学家和哲学家写了几百本书和上千篇论文来探讨地方的问题，甚至连神经科学家都试图弄明白地方感的功能是如何借助大脑而产生的。尽管这些研究成果提供了有价值的洞见，但我不认为他们的观点会有损于我的核心论点，即，同质化不断地威胁着差异性。但同时我还认为，地方与无地方在今天呈现出来的张力，比七十年代的更为复杂，因为在地方的建造、保护与体验的过程中出现了许多新的变化。

**无地方的扩张**

　　城市增长：我想谈论的第一个变化是世界范围内无地方景观的增长。其原因主要在于自 1975 年以来世界城市人口增长了 30 亿，大多数出现在亚洲的大城市里。这样的增长为现代化的城市规划与建筑设计带来了诸多挑战。这类规划与设计本着大家所熟知的、现代主义的、标准化与高效率的原则来开展，制造了大量的公寓塔楼、摩天大厦、公路干线、高速路网、工业仓储和大型购物中心。这些无地方的景观同我当年在《地方与无地方》里描绘的景观比较起来，变化不大。它们把过去的地方痕迹抹除掉，让各个地方看来都彼此相似，不管是在多伦多，还是在中国，像上海由本土设计师设计出来的公寓塔楼，还是由欧洲建筑师设计出来的引人注目的建筑物皆是如此。

　　流动性：与快速城市化相伴随而来的是大规模全球流动性的加剧。其中包含着各种形式的流动，像世界贸易、航空旅行、旅游产业和机动车辆的大量使用。例如，2016 年全世界共有 12.5 亿国际游客，而在任何一个时刻，就有 100 万人搭乘飞机去往世界各地。如此大规模的流动，需要标准化的设施来承载，像集装箱港口、国际机场、餐厅、加油站和各种酒店。法国人类学家马克·奥热（Marc Augé）将这些地方称为"非地方"（non-places），因为其中不存在居住人口，也没有任何传统与可传承的文化。它们的存在只具有一个意义——便捷与效率，它们只为那些匆匆路过的陌生人而设计，在任何一个国家或区域里看起来都大同小异。

**地方的抵抗与再现**

无地方的宏大潮流并非完全所向披靡。下面我就来谈谈让无地方的趋势得以缓和的方式，由此，地方与无地方就不再呈现为彼此对立的过程，而是以复杂多变的方式相互交织在一起。

遗产：在上世纪五、六十年代，几乎所有过去的事物都被视为陈旧过时，只要阻碍了社会的进步与发展，就会被铲除掉。由于大量有价值的地方遭受破坏，联合国教科文组织在1972年举办了一场会议，主题是"世界文化与自然遗产的保护"，其宗旨在于逐步确定"世界遗产地"，并大力推广遗产观念，正如我们今天所理解的。在那个时候，我对这场会议的意义还认识得不清楚，但是遗产保护却逐步成为城市设计的核心要素，并让难以数计的蕴含着文化与审美价值的地方免遭破坏。比如，欧洲的一些古城，现在成为了著名的旅游胜地。但吊诡的是，这些旅游景点的兴旺，在很大程度上依赖于对非地方（non-places）的建造，因为是后者才让国际旅游成为了现实。

自然环境：自二十世纪七十年代以来，人们对自然环境的保护与对遗产的保护同步进行着。尽管自然环境在地方的独特性中是很重要的一方面，但是当人们探讨地方问题的时候，自然环境并未被过多提及。在六十年代，无地方式的城市增长填埋了小溪、改直了河道、推平了山丘、砍断了古树。而如今的原则，通常是要求将这些自然特征保留下来，并以其他的方式来实施无地方化，或者把这些自然环境改造为公园、休闲度假区，以此来保留一个地方的独特性。

地方建造：在《地方与无地方》这本书里，我讨论了地方建造的理论内涵，在地方建造的过程中，特定的地方获得了自身的意义。在九十年代，地方建造作为以社区为基础的城市设计开始融入到城市规划里。尽管这里面充满了变化，但它却体现出广泛的用途。美国的一家咨询公司"公共空间项目"（Project for Public Spaces）将自己说成是"全球地方建造共同体的中枢"并声称："地方建造能够启迪人们以集体的方式将公共空间重新想象并营造为任何一个共同体的中心。"并且，他们还提供了如何在一个小尺度的都市空间里去实现该目标的政策方案。在另外一种完全不同的尺度上，地方建造被用来对规划的成果实施控制，以营造出地方的独特性。但该控制不完全是积极正面的，例如当地方认同是从别处复制过来的时候，像美国的巴伐利亚小镇，或者位于中国什么地方的巴黎，其结果就是迪士尼化的无地方了。然而，当这种被操控的地方建造与设计将当地的传统与环境以新的规划和建筑方式进行诠释的时候，那么，这就为我们提供了一种不同于无地方蔓延的极佳的建造途径。

地方的品牌化：经济的全球化把整个世界都当成了一个平滑的无地方的地理事物，在其表面，大同小异的办公室、制造业工厂、餐馆和酒店可以选择便利的地点任意布局。到了九十年代初期，地方成为了全球资本需要考虑的一个问题，因为资本通常会流入看起来有那么一些独特的地方之中。各个城市与乡镇都希望自己能够吸引国际资本，资本反过来也助长了这些城镇独特性的增强。这是一个地方品牌化的过程，其效能在于让某个地方变得独特起来，比如某种独特的自然环境、建筑遗产或文化多样性，并提倡对这些独特性实施保护。独特的身份认同有时也是借助新颖的现代建筑与城市设计产生出来的，或者在当地举办宏大壮观的场面，像奥运会，同样也能营造出独特的身份认同。换句话说，经济的全球化既带来了标准化与非地方的扩展，同时也对独特的地方认同有所回馈。

多中心的地方经验：不断增强的流动性改变了人们与地方相连接的方式。一个世纪以前，或在更久远的时代里，许多人，包括我的祖辈终其一生都只生活在一个地方，或待在一个很小的区域里，因为旅行既困难又昂贵，那么地方的经验则必然扎根在一处。而在现代社会里，旅行相对来说既便利又便宜。每年有十多亿的国际游客来往于世界各地，因此，地方经验就会发生显著的变化。此外，人在一生之中，生活在好几个地方的现象也变得普遍起来。就我自己来讲，在一段时期内，我居住在了四个国家里，生活于六个不同的城市与十五个不同的邻里之中。因此，现代化的地方经验——正如我的经验一样——是多元化、多中心的，在不同的地点之间蔓延，其中的每一处都可以产生特定的情感、记忆与归属感。地方经验的这些剧烈变化不会削弱这一现象，相反，该现象更换了一个地方的根性，让这个地方在绝大多数人和他们的历史当中被传说，也让该地方与很多地方之间产生出广泛的且有意义的连接。华裔美国地理学家段义孚曾在他的著作《宇宙与炉台》(*Cosmos and Hearth*)里写道："植物有根，而人有双脚和思想。"随着流动性的加剧与电子通讯的增加，地方的经验朝着世界敞开了胸怀。

**地方与无地方之间关系的变化**

《地方与无地方》这本书呈现出一种二元化的世界观，在其中，无地方腐蚀了地方，且与地方相对立。但是，上文的论点：遗产与环境保护、地方建造与品牌化，以及地方经验的多中心性却表达出不同的诠释,即,地方与无地方现在看来并非彼此对立,而是以难以数计的、矛盾性的方式相互交织在一起,形成了一股张力。在有些情况下,同一性占据着主导地位,而在另一些情况下,差异性却是主导特征。有些地方经验是以同一性为主,而另一些地方经验则在差异性中获取意义与乐趣,比如我们的家,或我们旅行去到的地方。从学术的角度来看,地方与无地方之间张力的变化是一个有意思的关注点;而从经验的角度来看,主要的关注点则在于,如何在提升地方的意义与独特性的同时,不丢失无地方所带来的优势与便利。

爱德华·雷尔夫<br>加拿大,不列颠哥伦比亚省,维多利亚<br>2017 年 9 月

## 参考文献

[1] Marc Augé, 1995 *Non-Places*: *Introduction to the Anthropology of Supermodernity* (London: Verso).
[2] Project for Public Spaces, Placemaking Tools, accessed at https://www.pps.org/reference/reference-categories/placemaking-tools/.
[3] UNESCO, 1972 Convention Concerning the Protection of World Cultural and Natural Heritage, accessed at http://whc.unesco.org/en/conventiontext.
[4] Tuan, Yi-Fu, 1996 *Cosmos and Hearth*: *a cosmopolite's viewpoint* (Minneapolis: University of Minnesota Press).

# 返魅者说(代译序)

张骁鸣

不知道译者刘苏博士是否跟我有同样的想法:作为一个人文地理学的学徒,假如有机会选择,我希望生于二十世纪五十年代的北美,这样我就可以完美地赶上从六十年代末到七十年代初的西方人文地理学的黄金时期。或者说,至少是在我眼中的黄金时期。这一时期不但有现象学气质鲜明的人本主义地理学之诞生与迅速壮大,也有行为地理学、结构主义与新马克思主义地理学之滥觞与后来居上,还有更晚一些时候大行其道的后结构主义地理学、女性主义地理学之萌芽。

最近为了准备这篇序言,我无意中发现在 E. 雷尔夫、段义孚、A. 布蒂默三人之间曾有过的一次对话,完整地刊载于《美国地理学家协会年刊》1977年第67卷第1期。雷尔夫似乎是那个挑起争论的人,他不认为人本主义地理学可以成为一个分支,因为人本主义"与其说是一个知识分支,不如说是一种态度",从而建议把受现象学影响的这批人所做的工作称为"经验的地理学"(experiential geography)。段义孚并不接受雷尔夫对他的"人本主义地理学观点过于狭隘"的批评,甚至有那么一点针尖对麦芒地说,在面向实际的领域,例如,考虑一个受人文学科训练的学生如何更好地应付工作需要的时候,不妨让人本主义更狭隘一些,用来"提出和澄清"一些问题就好了。布蒂默对雷尔夫提出的三个批评意见作出了一一回应,先承认在理解现象学思想和提供经验阐明的两个方面自己做得还不够好,但是在有关人本主义的理解方面她则拒绝批评,并重申,自己使用"人本主义的"(humanistic)这个术语的根本目的是:"把我们观念中有关人类个体、社区和地方的整体性的隐秘渴望表达出来"。

　　人本主义——现象学——经验或体验。

　　旨趣倾向——方法论——研究的主题。

　　如果从这个三个对应方面来考察,那么很有意思的一件事情是,正与曾经发生在现象学运动当中的情形相类似,人本主义地理学早期的几位旗手型人物,在对于理论与方法的理解上的确都有其各自的特点,争论在所难免。另外,无论雷尔夫个人是否同意,人本主义地理学作为一个独立的分支流派,已经出现在所有重要的人本地理学思想史著作中,早就被更为广泛的学术社区所认同。那么,摆在我们面前的有趣问题就是:究竟有何种依据,可以将他们通通称作"人本主义地理学家"?

　　经典的现象学为所有受它影响的学科提供过一个现成答案:朝向事情本身(zu den Sachen selbst)。但直接将哲学的语言用之于人本主义地理学,毕竟让我这样双重意义上的学徒十分犯难。何谓"事情"?何谓"本身"?如果我的目标就是要去认识"事情"的话,我怎么知道、如何判断我已触及其本身?此外,何谓"朝向"或者如何"朝向"?我如果完全不知道"事情""本身"的话,怎么知道、如何判断我"朝向"的方向是合适的?

另外,"朝向"只是"去认识"的意思吗?为什么又会有现象学家(如海德格尔)既同意朝向事情本身这种说法,却又更为强调"生存"的重要性,说什么人的认识不过是在实际生存遭遇到某些情形之下才出现的东西?难道独立自我的生存本身天生就会有个"朝向"吗?……

在已逾百年的现象学运动中,当然会有人为上述疑问提供过一些"意见",给出过暂时的、便利性的解决,然而似乎并无公认一致、令人不再心生疑虑的终极答案。作为二十世纪所有人文地理学分支中受当时哲学思潮的影响最深、也最具有哲学气质的人本主义地理学,在关键问题上出现内部争论,原本是十分正常的事情。不过,最让我这个学徒纠结的是,人本主义地理学墙内开花墙外香:在其他领域如建筑学、建筑心理学、环境心理学、景观设计、城市规划、文化生态学、社会学当中往往能够激发精彩的跨学科对话,但对于当下人文地理学领域的研究与实践之影响,却显得十分乏力。抛却各种各样的外部因素,人本主义地理学内部的核心观念之不统一,也许要在很大程度上为这种乏力承担主要责任。

不揣冒昧地,我想要用足刘苏博士邀我撰写译本序言之美意,借机粗浅地"翻译"一下"朝向事情本身"的含义:一种多重意义上的"返魅"。就其中隐含的方向感而言,"朝向"恰恰不是在思想的道路上勇猛直"前",而是勇于回返、勇于否思、勇于重启。

这是一种与现成概念相对的"返魅",返回思想之现象源头之魅。人的思想自然萌生于对现象的朦朦胧胧的感知,然后就努力想要用条理化的方式将之表达出来,而最常见的表达手段便是语言。由现象感知而语言表达，蕴含着意义、判断、观念、价值、情感、意志……的思想便在这过程中诞生，但思想亦可倒过来影响未来的现象感知与语言表达的能力与习惯，甚至现象与语言本身因不断的积累又各自形成复杂的整体，与同样庞杂的思想世界融合交织。这融合交织的基本节点，这贯穿现象、思想、语言三者的中心，这没有人能够摆脱的出发点，就是一个个的"概念"。没有概念，人不再有陈述，无法构建命题，更不会形成理论。它是如此重要，竟使得每一个标准建制的学科，但凡抵达自己的成熟阶段，必以一套体系严密的概念系统为其根基。然而，问题也就出在这里：现成概念作为一代代学人思想成果之积累，虽然代表着沿某种感知方式、表达形式、思想路径而来的成就，但是其建构愈成熟、体系愈严密，怕是距离那激发人类求知冲动的源始现象愈远。因此，要想赢得新知，除了谨慎地看待并且加倍谨慎地使用概念系统之外，也应该始终保持对于现象源头的直接兴趣。

这也是一种与方法崇拜相对的"返魅"，返回思想本身之魅。由现象学出发而来的各种人文社会思潮，多半有一种抵触、拒绝、反对特定方法特别是科学实证方法的自觉，人本主义地理学似乎也不例外。雷尔夫提到过此书成形时期的学术氛围，对当时的一位研究者来说，"科学方法或现象学"，二者水火不容。在现象学那里，自然有胡塞尔对于其所在的更早时代之欧洲科学危机的敏锐认知，但是要注意，也正是胡塞尔本人，多次提到哲学应当被改造为"严格的科学"。看起来，胡塞尔并不是反对科学，而只是反对当时占据主流的那些通向科学的方法路径：由自然的数学化和主客二分的客观主义所支撑的实证主义。更彻底地说,他也不是非得要专门来反对数学化、主客二分、实证主义,而只是强调这些方法路径必须先有其直观明证性的根基,否则便不能成立。因此,现象学哲学的态度与严格的科学精神其实是相通的,现象学所反对的只是对于某些方法路径的盲从乃至迷信。在人本主义地理学家中,段义孚的态度最为坚决,他在《恋地情结》序言中甚至专辟一段,充分表达出对忽视思想而纠缠于方法的做法之不屑。雷尔夫为了探讨地方概念,曾在图书馆里费尽心思地爬梳任何可能出现相关关键词的作品,无论是地理学类的还是其他学科的,终于幸运地发现了通过"体验"这个中介来串联地理学中的地方概念与现象学中的地方概念的可能性。然而,这是"一种差不多刚好会被各种研究基金所铁定拒绝的做法",但恰恰就是这种做法,让他得以对地方与无地方性之间的关系做出深刻阐发。在通往思想的道路上,我们应随时警惕来自方法的绑架。

这更是一种与思想本身相对的、更加彻底的"返魅",返回思想之无穷可能性之魅。在这个意义上,雷尔夫显现出自己作为一位坚守现象学态度的人文地理学家的学术精神。通读《地方与无地方》一书,最让我感佩的,并不是他在1976年第一版中苦心孤诣构建起来并且为 D. 西蒙等人击节赞叹的二元化分析框架,而是他在2008年第二版中新增的那篇自序。一个率先在人文地理学界以专题方式讨论 place 概念的学者,一个率先以内在—外在、同一—差异、本真—非本真等开创性视角探究了 place 与 placelessness 之关系的学者,在二十年后竟然可以如此坦然地自陈当年之失:"(地方和无地方)这种阐释对我来说已经过于简单,无法提供对于地方体验的充分解释。二十世纪六十年代还十分普遍的居于某个地方的根植性,当前几乎在所有地方都被替代为对流动性的欢呼"。在他看来,无地方性带来的是体验的无限性,让我们能够在拉斯维加斯这样的大杂烩都市中感受到它的与众不同,这就是"由无地方的部件所构成的一种地方"。因此,无地方性不应该再继续扮演被批判的角色,它与地方之间也并不只是充满张力那样简单,而是与后者一起共同提供了无穷多样化体验的可能性。在这里,隐现着海德格尔所说的"比现实性更高的是可能性",也许就是早年作为现象学学徒的雷尔夫在其晚近思考中的一次回响?这里的可能性,既是开放的思想本身的无穷可能性,也是开放的思考者自身通往思想之道路的无穷可能性,或者说,作为一位思考者的无穷可能性。

每当确立了概念乃至实现概念系统化的时候,就到了思考者向现象源头"返魅"的时候。每当把某种方法路径运用得炉火纯青的时候,就到了思考者向思想本身"返魅"的时候。每当思想本身之完备性引人赞叹、启发性惹人追随的时候,也就到了思考者向思想之无穷可能性"返魅"的时候。这是我作为多年的现象学学徒所体会到的现象学的乐趣。我大胆地猜想,这是由现象学所加持的人本主义地理学可以接受的旨趣,也是先驱式的"返魅者"E. 雷尔夫所不会反对的旨趣:以三重返回的方式,始终保持一种朝向思想、朝向事情本身的思考态度。

刘苏博士与我在十分有趣的情形中相互认识,2017 年底约谈于重庆,一见如故。我不敢轻易应承他的邀请,加入系统译介西方人文地理学经典著作的伟业,但我羡慕他这种干净而纯粹的治学态度,并十分感谢他所奉献的这个精彩译本。是以写下上述文字，以志友谊并共勉。

张骁鸣

2018 年 1 月 31 日

## 参考文献

马丁·海德格尔. 2015. 存在与时间(中文修订第二版). 陈嘉映, 王庆节, 译. 北京: 商务印书馆.

胡塞尔. 2001. 欧洲科学的危机与超越论的现象学. 王炳文, 译. 北京: 商务印书馆.

胡塞尔. 1999. 哲学作为严格的科学. 倪梁康, 译. 北京: 商务印书馆.

Relph, E. 1970. An inquiry into the relations between phenomenology and geography. *Canadian Geographer*, 14(3), 193-201.

Relph, E. 2008. A pragmatic sense of place. *Environmental and Architectural Phenomenology Newsletter*, 7(3), 1-16.

Relph, E. 2008. Preface to Reprint of *Place and Placelessness*. Relph, E. *Place and Placelessness*. London: Pion Limited, 1-7.

Relph, E., Tuan, Y. F., & Buttimer, A. 1977. Humanism, phenomenology, and geography. *Annals of the Association of American Geographers*, 67(1), 177-183.

Seamon, D. 2008. Place and Placelessness (1976): Edward Relph. In Kitchen, H. P. & Vallentine, G. (eds.). *Key Texts in Human Geography*. London: Sage Publications, 43-57.

Seamon, D. 1977. Review of Edward Relph's *Place and Placelessness* (1976). *Environmental Ethics*, 9, 961-962.

Tuan, Y. F. 1974. *Topophilia: A Study of Environmental Perception, Attitudes, and Values*. Englewood Cliffs, New Jersey: Prentice-Hall, 3.

# 目 录

重印前言 ……………………………………………………… i
前言 …………………………………………………………… xiv
致谢 …………………………………………………………… xvii
1. 地方与地理学的现象学基础 …………………………………… 1
　1.1 地方的概念 …………………………………………… 1
　1.2 地理学的现象学基础 ………………………………… 6
　1.3 目标与方法 …………………………………………… 10
2. 空间与地方 ……………………………………………………… 12
　2.1 实用与原始的空间 …………………………………… 13
　2.2 知觉的空间 …………………………………………… 15
　2.3 存在性的空间（existential space） ………………… 20
　　2.3.1 神圣空间 ………………………………………… 25
　　2.3.2 地理空间 ………………………………………… 26
　　2.3.3 地理空间的结构 ………………………………… 31
　2.4 建筑空间与规划空间 ………………………………… 36
　2.5 认知的空间 …………………………………………… 39
　2.6 抽象的空间 …………………………………………… 40
　2.7 空间形式的相互关系 ………………………………… 42
3. 地方的本质 ……………………………………………………… 46
　3.1 地方与位置 …………………………………………… 47

## 

- 3.2 地方与景观 …………………………………… 48
- 3.3 地方与时间 …………………………………… 50
- 3.4 地方与共同体 ………………………………… 53
- 3.5 私有的与个人的地方 ………………………… 58
- 3.6 扎根与地方关怀 ……………………………… 60
- 3.7 家一样的地方：作为人类存在意义深远的中心 … 63
- 3.8 地方之苦 ……………………………………… 66
- 3.9 地方的本质 …………………………………… 68

4. 论地方认同 ………………………………………… 71
   - 4.1 地方认同 ……………………………………… 72
   - 4.2 地方认同的构成 ……………………………… 74
   - 4.3 内部性与外部性 ……………………………… 79
     - 4.3.1 存在的外部性 …………………………… 82
     - 4.3.2 客观的外部性(objective outsideness) … 83
     - 4.3.3 附属的外部性(incidental outsideness) … 85
     - 4.3.4 间接感受的内部性(vicarious insideness) … 85
     - 4.3.5 行为的内部性(behavioral insideness) … 87
     - 4.3.6 移情的内部性(empathetic insideness) … 88
     - 4.3.7 存在的内部性(existential insideness) … 90
   - 4.4 意象与地方认同 ……………………………… 91
     - 4.4.1 个人的地方意象 ………………………… 92
     - 4.4.2 群体或共同体的地方意象 ……………… 93
     - 4.4.3 共识与地方的大众意象 ………………… 95
   - 4.5 地方认同的发展与维持 ……………………… 97
   - 4.6 地方认同的类型 ……………………………… 100

## 5. 地方感与本真的地方建造 ·········· 103
### 5.1 本真的地方感 ·········· 104
#### 5.1.1 不自觉的地方感 ·········· 106
#### 5.1.2 自觉的地方感 ·········· 108
### 5.2 本真的地方建造 ·········· 109
#### 5.2.1 不自觉的地方建造 ·········· 110
#### 5.2.2 自觉的地方建造 ·········· 116
### 5.3 本真性与地方 ·········· 124

## 6. 无地方 ·········· 126
### 6.1 非本真性 ·········· 128
### 6.2 地方的非本真态度 ·········· 131
#### 6.2.1 媚俗 ·········· 131
#### 6.2.2 技术与规划 ·········· 138
### 6.3 无地方 ·········· 142
#### 6.3.1 大众传媒 ·········· 142
#### 6.3.2 大众文化 ·········· 145
#### 6.3.3 大型企业 ·········· 167
#### 6.3.4 中央集权 ·········· 173
#### 6.3.5 经济体系 ·········· 174
### 6.4 无地方地理的要素 ·········· 176

## 7. 今日的景观经验 ·········· 183
### 7.1 今日景观经验的特殊性 ·········· 184
### 7.2 反思的与理性的景观 ·········· 188
### 7.3 荒诞的景观(The absurd landscape) ·········· 191
### 7.4 中介性的机器 ·········· 194

7.5　日常景观 …………………………………… 198
7.6　今日景观的混乱与多变 …………………… 201
7.7　简单的景观 ………………………………… 205
7.8　今日景观所具有的意义 …………………… 207
7.9　结语 ………………………………………… 211

8. 地方的前途 ……………………………………… 213
8.1　地方 ………………………………………… 213
8.2　无地方 ……………………………………… 216
8.3　不可避免的无地方 ………………………… 217
8.4　对地方中的生活世界展开设计 …………… 219
8.5　结语 ………………………………………… 223

参考文献 ……………………………………………… 224
索引 …………………………………………………… 230
译后记 ………………………………………………… 236

# 重印前言

当我写作《地方与无地方》这本书的时候,这个世界向我呈现出的面貌比今天的更加单纯。这其中是有一定原因的。在建筑与知识的层面上,现代性体现出了自身的影响力,其客观化与标准化的视角是建造社会住房、摩天大楼、开展研究项目最恰当的方式,事实上也成为所有一切事物最恰当的一种方式。由于这种高高在上的视角,任何历史性的、地方性的或模糊不清的事物都被认为是次要的,是需要被更新的。然而,目前依然存在着大量未被重新建造的前现代景观,多数学者也采用了十分成熟的方法去研究它们。其结果是,在好几年之内,不仅在学术界,而且在地方与景观所构成的外部世界当中都出现了两种文化的明显对立状态:科学与艺术的对立,现代主义者与因循守旧者的对立,科学方法与现象学的对立,无地方与地方的对立。

我个人认为,我自己对不同地方所具有的兴趣是源于一种很深的直觉。在记事之初,我就对周围的景观产生了兴趣。后来在威尔士瓦伊河谷(Wye Valley,世界上最美的风景之一)的成长经历也对我造成了影响。在每天去往学校的公交车上,我望见30英里之外的黑山山脉(Black Mountains),还有新石器时代的纪念碑、罗马人的聚落(Roman settlements),以及中世纪的城堡与教堂。这些事物都是我每天生活的一部分。那时候,村庄里还没有通电,也没有通管道,看不见谁家的厨房里挂着培根。在周围的人工林里，人们腾出一块地方，挖掘出一些用于采煤的坑洞。在附近的迪恩森林（Forest of Dean）与威尔士山谷（Welsh Valley）里也有同样的采矿点。而那时候，我喜欢在庭特恩修道院（Tintern Abbey）附近踢足球，在埃布谷（Ebbw Vale）的炼钢厂里玩橄榄球。这些风景和地点就成为我后来开展学术思考的背景，它们常常浮现在我的脑海里。恐怕正是因为这些早年的经历，我往往倾向于喜爱天主教风味比较浓厚的地方。同时也发现，几乎每一处地方都可以吸引我，所以当别人问起我最喜爱的地方是什么的时候，我往往会无言以对。我没有最喜爱的地方，也找不到最好的答案。在《地方与无地方》这本书里，我所提及和阐述的地方都不是经过刻意筛选的，而只是偶尔居住或拜访过的一些地方而已。

而我书写地方的冲动既不是直接来自深沉的直觉也非源于生活的阅历，而是源自对学术的认知，即，尽管目前有很多关于地理学的定义，认为地理学是对地方展开研究的一门学科，但却没有人去探讨"地方"意味着什么。而这一疏忽是值得思考的。在上世纪七十年代，我们没有电子目录和搜索引擎，在图书馆里的研究也只能借助文档卡片上的专题目录进行搜索。但我却发现没有人将"地方"这个词作为一个专题，没有关于它的目录和卡片，这激起了我更强烈的兴趣。在没有其他方法可供选择的情况下，我借助一种可能得不到研究资助的方法。我首先从大众读物，像用于授课的小说、散文、随笔，以及我所能找到的任何提及地方的材料。然后，我在图书馆的地理分部里系统性地翻阅书架上的每一本书，按照关键词进行查阅：地方、地方感、场所精神（genius loci）、根性（roots）、失根（uprooting），等等。这些摘录非常繁琐，但很有帮助。之后，我偶然读到了埃里克·达代尔（Eric Dardel）1952年的著作《人与地球》（*L'Homme et la Terre*）。这本书从现象学的视角思考了人类的地理经验，于是启发我将地方概念与我自身的经验同现象学结合了起来。

很早以前，我就对现象学产生了潜在的兴趣。一方面因为它与存在主义有关，我也常常喜欢阅读加缪和萨特的小说。另一方面在于某种不正统的学术理由，即现象学提供了一种对实证主义哲学的批判，而实证主义则志在将地理学改造为一门科学，这正是我所反对的。我发现，现象学提供了一种不同于科学的严格研究方法。进而与达代尔的观点相结合，我便进一步认识到，地理学与地方的核心实质都是经验的现象，所以可以采用现象学的方法展开说明。

因此，《地方与无地方》这本书及其采用的现象学方法有着不同的方法论根源，尽管它们似乎都源于我对现代性与理性主义嚣张气焰的反对。在城市更新、商业主义突飞猛进改造城市景观的时代，基于这种对抗态度所开展的地方与无地方的二元诠释是合适的。然而在当今，这一诠释又会显得过于直接，无法对整全的地方经验展开思考。在上世纪六十年代，人们开始崇尚四处流动，在某个地方扎根的状态进而被取代。而在今天，现代性又开始携带着她那充满秩序的、未来主义的、标准化与单色调的世界图像为扑面而来的后现代主义让路。而在后现代的立场上，不确定性才是合理的，多样性应受到崇拜，而之前白人的、男性的、城市更新的文化语言开始显得过时了，不再被人们所接受。人们更大程度地生存于21世纪初期多种族、性别平等、遗产保护的文化语境之中。总之，在当下，地方与无地方现象相互之间的差异与 30 年前相比已经不再那么突出了。

**地方经验的变化**

上世纪五、六十年代，大多数人终其一生都生活在我所生长的威尔士村庄里。来到村里的外地人很少。他们也常常带着怀疑的态度轻视这个地方。外出旅行是一件十分困难的事，不管你是自驾、搭公交还是赶火车，去伦敦都得花上整整一天的时间。所以，很少有人外出旅行。人们生活的这些层面与一两个世纪以前的状况没有多大区别。可是后来，村庄里只剩下了一些退休老人，在伯明翰、布里斯托与伦敦的上班族逐渐取代了这里的当地人。人们可以借助高速公路方便地通往城市，因此只有极少数家庭还留在了当地。村舍也都没有改建成五间卧室和三间浴室的大房子（其中只有一栋房子出现在了辣妹的动画片里，是运动辣妹住的房子）。乡村学校和商店都关门了，而周末去罗马或巴塞罗那购物也不再是一件新鲜事。

只是在一代人的时间里所发生的这些事情几乎可以算是地理上的大变迁：以前，人们喜欢待在一个地方，而现在，只要一有机会他们就会四处旅行。于是，历史悠久的当地成员就被取代了。我也是地理变迁中的一分子，我也会到处旅行，最先是到了伦敦、然后是多伦多，之后便频繁地穿梭其他城市、国家和大洲。具有我这种经验的人不在少数。不断增加的可支配收入、汽车所有权、高速公路、廉价的空中旅行，以及带着发财梦的跨国迁移，这一切加起来，被各种形式的即时电子通讯所助推，极大程度地改变了人们去体验各个地方的方式，每一个人、每一处角落都被牵连了进来。拉丁美洲的泥水匠在科斯塔布拉瓦（Costa

Brava)①修建了海岸通道,肯尼亚和泰国的蔬菜贩卖到了英国,南亚人在微软电子园里打板球,中国制造的电子产品在北美的任何一家沃尔玛里出售,电子垃圾从北美输出到中国,以及互联网能及时帮助我们在最后一刻安排好去往各地的世界旅行。

从经济的角度来看,这样的变化压缩了距离,也让空间变得更为平滑。作为一名人文主义地理学者,我是从不同的角度来看待这个问题的。我认为,由于空间的压缩,地方的经验被极大地扩展与丰富了。该变化包含着一些积极的因素。据我所知,我的祖父母终其一生绝大多数时候都只是生活在半径几英里的地域范围内。因为旅行十分不易,该生活范围只能满足他们的基本生活需要,谈不上一种选择。这就是绝大多数人几乎都是通过人类的历史来了解各个地方的缘故,这也构成了人们心中关于家与根的普遍观念,以及从此出发并向此而归的对某个地方的依附与熟悉的经验。这种具有一个中央点的经验有着很多美好的特质,这就是为何它能成为各种文化强有力构成因素的原因所在。然而,这其中也存在着问题。我在《地方与无地方》这本书里提到,人们每天总是在一个地方进进出出,看见相同的人,做着同样的事,不能不说是一项单调乏味的苦差事。随后,我对该问题展开了比单调乏味更加深入的分析。如果我们的家只是老想着怎样赚钱,购买食物,交租金,以及防备外来者的入侵,那么家也算不得一个美好的地方了。如果人们对一个地方的深深依恋演变为一种排外的态度,将这个地方置于隔离或种族清洗的极端暴行之中,那么,家就更不能算是美好的地方了

---

① 科斯塔布拉瓦:西班牙沿海地区。——译者注

（Relph,1997）。狭隘的地方经验所构成的强烈地方感并不一定都是美好和光明的,其中也有阴暗的一面。

随着日益频繁的旅行和四处移动,加上与电子互通互联的结合,这些经验越来越成为人们日常生活中理所当然的一部分,人们在一个地方所具有的扎根感渐渐被破坏掉。曾经习以为常的狭隘但有深度的地方体验被不同地域的暂时经验所取代。这是一个有得也有失的过程,人们不断面临某种丧失,过去具有深度且意义丰富的经验被旅行中流动的、邂逅的外部性所取代。而从另一个角度来讲,地方在今天已不再是生活的一种迫切需要了,而只是一种选择。人们选择居住在伦巴第(Lombardy)①、圣米格尔德阿连德(San Miguel de Allende),或迁移到多伦多,因为他们喜欢那里的慢餐、风景和天气,或在那里能享受经济发展的良好机遇。他们与那些地方的相遇或许短暂,但与曾经单调、苦闷的地方比起来却要迷人得多。我们很难看到如此丰富的选择会造成人们地方经验的贫乏,相反,四处的移动只会让我们身处不同的文化里,让我们的地方经验变得丰富起来,也会弱化我们的小农意识和狭隘的观念。此处的观点恐怕在于,我们对当今多样化的短暂经验展开评价不能再基于那种已在很大程度上消失了的视角,而且远远说不上完美。因此,地方感是否强烈与在一个地方居住的时间长短并不存在必然的联系。或许一个人在某处艰苦地生存了几十年,却并没有付出多少感情;相反,有的人在某个地方只是待上几天,就与当地产生了深厚的感情。

---

① 伦巴第:意大利州名。——译者注

我在《地方与无地方》这本书里写道,"家"是地方的本质,并指出家乃是一种特定的场景,具有特定的景观。流动性的增强意味着家的观念会发生变化,而今天,我对该观念内涵的诠释比当时要显得更为复杂。这一方面是受到了杰夫·马尔帕斯[①](Jeff Malpas, 2007, pp.309-310)的影响。他将家诠释为一种接近存在本身的状态(the nearness of being),是朝向世界开放并与世界连接的状态。在这种本体论的意识中,家通过地方展现出自身,并超越了地方。该经验同时包含着两个方面:其一,是在一个具体、熟悉且充满意义的地方扎根的经验;其二,是对世界呈现出的多样化感到惊奇的状态。这样,每一个家、每一处地方都同时具有了接地与扎根,又无边界的特征。我们的日常经验可以证实这其中并不存在矛盾。比如我待在自己的房间或坐在路边的一家咖啡厅里,品尝着一台意大利机器调制出来的萨尔瓦多(El Salvador)[②]咖啡,脑海里想着其他地方的事情,或阅读一封遥远城市的朋友发来的电子邮件。

以上的经验呈现出与这本书不同的一种地方与无地方之间的关系。我在七十年代描写过一位二元论者(Manichaean)在地方与无地方之间的挣扎,前者是好的一方,后者是不好的一方。该二元论尤其体现在那本书的最后一章里,在141页处由一句很直白的话做开头:"一种与地方有关的地理学,其特征在于多样性与意义;但也存在一种无地方的地理学,其中充斥着由数不

---

① 杰夫·马尔帕斯:澳大利亚哲学家。其研究位于当今"地方哲学"领域的最前沿。代表作为《地方与经验:一门哲学的地形学》(Place and Experience: A Philosophical Topography)。——译者注

② 萨尔瓦多共和国:位于中美洲的一个国家。——译者注

尽的相似性所构成的迷宫。"

所有的事物在后现代时期都会变得模糊不清。四处移动、商业化、迪士尼化(disneyfication)与博物馆化(museumisation)，所有这一切现象都是无地方的根源，但也潜在地增强了多样性。博物馆化是一个恰当的例子，它是指"对历史的保存、再造与理想化地处置"。在七十年代，遗产保护正值发展初期，显得十分粗放且不自然。后来，它渐渐发展成为防止不同地方被清除掉的主要途径。但其中也存在问题，比如，将某种独特的遗产凝固于理想化的过去，这也不能被简单地视为无地方的一种驱动力。同样，即使拉斯维加斯是在迪士尼化过程中一个典型的无地方案例——由巴黎、纽约、威尼斯、热带的、古埃及的各种景观碎片拼贴起来——但毫无疑问，它本身是有一定独特性的，它是无地方碎片所组成的一个地方。

目前，我倾向于不仅将景观简单地视为揭示地方与无地方的切入点，而且，任何一个地方都同时显示出它所具有的独特性与标准化的特征。地方与无地方处于一种动态的平衡关系。一种极端情况是，在某些特定的场景里，地方性是其主要的特征，而无地方则显得不突出，比如古希腊卫城、庭特恩修道院(见图5.3与5.4)；另一个极端现象则是，在一些提倡便利性与实用性的环境中，像机场与地铁站，标准化是其主要的特征，独特性则很微弱。在这两种极端情况下，既有潜在的问题也有它们的优势所在。太强烈的地方性可能会导致狭隘的乡土观念；而太突出的无地方则会导致因看起来相似而产生的混淆与沮丧。在独特性与相似性所构成的张力中存在着大量的可能性，而这样的动态张力带来的可能性以及多样性，可以让地理学与它所探讨的众多地方总是充满趣味。

**地方诠释的变化**

《地方与无地方》之所以会比较流行，原因或许在于同地方相关的第一批著作里出现了这些概念（尽管一名同事告诉我，这本书流行的原因在于它很薄，而且它包含着很多说明性的文字）。在同一个时期，也有其它许多书籍在探讨地方，其中一些书是地理学家从现象学的视角展开的（Tuan, 1974; Canter, 1977; Seamon, 1979; Buttimer, 1980; Norberg-Schulz, 1980）。而我怀疑所有这些作品都是以小众的专业化方式偏向了各自的领域。后来也出现了以现象学为基础研究地方的出色作品，最出色的恐怕是大卫·西蒙（David Seamon）①的著作（1989; 1993）。他将地方的概念与建筑理论家克里斯托夫·亚历山大（Christopher Alexander）②等人的观点结合了起来。然而，并没有多少人去探讨关于无地方的主题，除了马克·奥热（Marc Augé）的《非地方》（Non-Places）（1995）③。他在书里描绘了超现代性的人类学现象，认为今天的世界，人们在医院里出生也在医院里死亡，这个世界已经"被孤立的个体、流动性与转瞬即逝所占据"。

到了九十年代，或许是因为差异性与多样性的后现代理论

---

① 大卫·西蒙：美国人文主义地理学家，其研究主要借鉴法国现象学家梅洛-庞蒂的身体理论是对地方展开研究。——译者注
② 克里斯托夫·亚历山大：生于澳大利亚，建筑设计理论家，曾有二百个建筑项目分布在加州、日本、墨西哥，以及世界各处。——译者注
③ 全书名为《非地方——超现代性人类学导论》（Non-places: Introduction to an Anthropology of Supermodernity）。——译者注

之崛起，地方所具有的学术地位忽然从一种背景性的状态演变为了前台的耀眼角色。人们无论如何去诠释地方的概念，它总是与差异性有关，也作为日常经验里的现象，是公共领域里的一部分，而不是某一学科单独发明出来的东西。所以，后现代主义的任何一个研究领域都能对地方展开研究。艺术家、艺术评论家、景观建筑师、心理学家、社会学家、建筑师、城市设计师、哲学家、历史学家、文学评论家、人类学家、规划师、保健医生，以及各个领域的地理学家都在宣称自己正在对地方展开研究，正从事着大范围的写作。连一位神经学专家都曾试图弄明白地方感所在的大脑部位；而 GIS 的专家们也在尝试将地方感还原为一条简单的公式。北美洲与欧洲的建筑师、城市设计师和规划师们已经研发出了"地方建造"（placemaking）的各种技术，这个概念还未有过明确的定义，但总体来讲是指建造舒适的公共空间（CABE，2000）。

今天已经出现了不少关于地方的研究，也有大量关于它的搜索引擎，但最主要的困难却在于我们依然没有全面地把握这个概念。对书写地方的综合考察，如迈克·帕特森（Michael Patterson）与丹·威廉姆斯（Dan Williams）2005 年出色的研究中发现，今天还没有出现一种研究者共通的研究方向，而是充满了分歧与碎片化的路径。碎片化的原因可能在于目前的大量作品都认为地方是一个可以采取任何可行方法进行阐述的学术概念，像问卷调查法、社会观察法、内容分析法、文化诠释法、经济预测法，等等。而现象学只是一种可供选择的方法而已，一种方法倘若能紧跟时代就是合宜的，但如果把人们引向歧途，则必须放弃。在九十年代初期，地理学家们从政治与经济的角度开始关注地方，与之前的研究不尽相同。像多琳·马西(Doreen Massey)①在1994年的著作《空间、地方与性别》(*Space, Place and Gender*)里挑战了地方作为怀旧地点(sites of nostalgia)的观念，该地点有界限，有本真性，与时间无关。而她认为，这样的地点是排他和保守的，所以，她对地方做了全新的诠释，认为地方是全球社会、经济与政治运动交汇的节点，是开放性网络在某个地域之中的体现，而并非出自于历史的背景。对马西来讲，作为网络节点的概念与"全球地方感"(global sense of place)联系在一起具有进步的意义，因为它能解释社会发展中不平衡与不公正的现象。在前一种观念中，现象学方法含蓄地强调地方作为怀旧历史性与边界性的地点，巩固了排他性与非平衡性，所以，我们最好不要采用这样的方法。

将各个地方视为更大网络节点的观念具有很多益处，但将现象学视为众多方法之一，可取可舍，则又是不正确的。同时，现象学不会强调地方的边界观念。地方基本上是人们每日生活经验里的现象，位于所有学术概念和诠释之先。它不可能因意识形态的缘故被假设出来或被消解掉。现象学旨在澄清纷繁芜杂的经验，而不会将经验简化为某种模型或均质化的状态。此外，从现象学的角度来看，地方总是将自己呈现为开放世界里的

---

① 多琳·马西：英国开放大学地理学家。马克思主义与女性主义地理学的代表人物。其代表作为《保卫空间》(*For Space*)、《劳动的空间分工：社会结构与生产地理学》(*Spatial Division of Labor: Social Structures and the Geography of Production*)等。其理论主要体现为"全球地方感"与"权力几何学"，提倡多元轨迹的空间与地方理论，反对资本主义与新自由主义的霸权，也反对大卫·哈维的"反动地方感"观念。——译者注

一部分，同时也是位于特定背景之中。因此，家与地方均是无边界的开放地点。

我认为，将地方视作无边界的存在，是最近在理解地方上取得的最重要的成果。其中有些思想直接源于哲学家的著作。在《地方的命运》(The Fate of Place)这本书里，爱德华·凯西①(Edward Casey,1997)追述了地方作为哲学概念的很长一段历史。在最早的古典思想里，地方作为关键概念而存在；后来由于受到笛卡尔与牛顿哲学的压制，空间被认为是可测量的，进而空间的重要性就超越了地方；直到20世纪，在现象学家，尤其是海德格尔的诠释下，地方的重要性才重新凸显了出来。马尔帕斯认为，地方是存在的一个基本维度，而存在总是借着特定的地方并位于地方之中而得到澄明，同时，存在也能超越地方而获得自身位于世界之中的意义。每个人每日的所思所想总是位于特定的地方之中，他们根植在不同的地方里，相互参与到了人类与大地的存在当中。

地方，既是经验性的概念，也是经验性的现象，所以，它才将人的自我、共同体与大地三者连接在了一起，也将地方性、特定性、区域性和世界性连接在了一起。我们每人如何与世界相连，以及世界如何与每个人相连，地方则是一个亲近的且特定的基础。在这一点上，我认为地方感具有实用主义的潜在特质，使得地方挑战与全球挑战，如本世纪的大城市增长、气候变化、经济差距都产生了意味深长的意义(Relph,2008)。事实上，应对这

---

① 爱德华·凯西：美国哲学家。发表了大量关于现象学、哲学心理学、空间与地方哲学的著作。——译者注

些挑战的有效措施还在于理解它们均是植根在一个无边界的地方之中，这也是理解地方的关键所在。

*爱德华·雷尔夫*
*2008年6月于多伦多*

## 参考文献

Augé, M. 1995 *Non-places*（London：Verso）.
Buttimer, A. 1980 *The Human Experience of Space and Place*（London：Croom Helm）.
CABE, 2000 *By Design：Urban Design in the Planning System-Toward Better Practice*（London：Center for Architecture and Built Environment）.
Canter, D. 1977 *The Psychology of Place*（London：The Architecture Press）.
Casey, E. 1997 *The Fate of Place：A Philosophical History*（Berkeley, CA：University of California Press）.
Dardel, E. 1952 *L'Homme et la Terre：Nature de Realité Géographique*（Paris：Press Universitaires de France）.
Malpas, J. 2007 *Heidgger's Topology*（Cambridge, M A：MIT Press）.
Massey, D. 1994 *Space, Place and Gender*（Cambridge, Polity Press）.
Norberg-Schukz, C. 1980 *Genius Loci, Towards a Phenomenology of Architecture*（New York：Rizzoli）.
Patterson, M., Williams, D. 2005 "Monitoring research tradition on place：diversity thought and scientific progress" *Journal of Environmental Psychology* 25(4) 361-380.
Relph, E. 1997, "Sense of place" in *Ten Geographical Ideas that Have Changed the World*. Ed S. Hanson（New Brunswick, N J：Rutgers University Press）.
Relph, E. 2008, "A pragmatic sense of place" in *Making Sense of Place* Eds F. Vanclay, et al（Canberra：National Museum of Australia）.
Seamon, D. 1979 *A Geography of the Life-World：Movement, Rest and Encounter*（London：St. Martin's Press）.
Seamon, D. 1989 *Dwelling Place and Environment：Toward a Phenomenology of Person and World*（New York：Columbia University Press）.
Seamon, D.（Ed）1993 *Dwelling, Seeing and Designing：Toward a Phenomenological Ecology*（Albany, N Y：SUNY Press）.
Tuan, Y. F., 1974 *Topophilia：A Study of Environmental Perception, Attitudes and Values*（Englewood Cliffs, N J：Prentice-Hall）.
Tuan, Y. F., 1977 *Space and Place*（Minneapolis, M N：University of Minnesota Press）.

#　前　　言

　　我发现，最近关于环境问题的诸多讨论既令人不满也让人不安。令人不满的原因在于，关于行为问题或其他特殊问题的分析都显得过于机械化与抽象化，都将世界简化为了某种单一的结构或模型，忽略了日常生活经验里的微妙性与意义。而令人不安的原因则在于，这些简单化了的结构又常常作为环境设计的基础，将人与地方处理为一种看似富有效率的形式。这些讨论常常囿于客观性、事实性与理论性的科学术语当中，它们被人们广泛接受，好像只有这些有效的、严格的术语才能解释并解决环境问题一样。

　　我写作本书的目的，与其说是要走一条与之前的研究相反的路径，不如说是尝试走一条理解环境的非传统路径。本书并不打算关注那些抽象的理论和模型，而是直接去关注生活世界本身，并在我们生活的情境与场景下去认识和经历我们每天的行动，尤其是去思考生活世界里的一种现象——地方，并试图阐明我们的地方经验中所具有的差异与强度。对地方与地方感仅仅展开科学式的分析是不够的，因为这两个概念都包含着人类的希冀、失望与生活中的困惑，同时，或许还因为社会科学家们都常常回避着这样的一些研究主题。事实上，地方的现象一直都是一个没有被详尽阐述的主题，尽管哲学家、历史学家、建筑师与地理学家们都对此做过简短的评论。

本书写作的目的之一在于探讨人类去经历地方的各种方式,立足于四个主题展开。首先,研究空间与地方之间的关系,以此去讨论地方的概念与地方经验的范围;其次,研究地方经验里的不同成分与它们的强度,以此论证人类在其生存和经历的地方之中,人类和地方之间意味深长的心理联系;第三,分析地方认同(identity of place)和与地方有关的人的身份(identity of people with places)具有怎样的性质;第四,研究地方感与地方依附在建造地方与景观的过程中呈现出来的样式。这些论题的本质在于,不同的地方都是其中的成员在日常生活中深层次的情感表现,而深层次的地方依附则更是当地人与其他人建立密切关系的重要基础。因此,令人不安的是,尽管人们对于地方的消失与失根的现象所发出的反对之声都能折射出地方所具有的重要意义,然而,大量的规划与景观再造都忽略了地方的重要性。所以,如果脱离了无地方的现象去讨论地方则是不切实际的。无地方的现象是地方特性消失与建立标准化景观的原因所在,而其背后的根源则在于人们对地方意义的迟钝麻木。本书的部分内容旨在分析人们对待无地方的态度,以及这些态度在景观里的具体表现。

现象学是研究地方与无地方的哲学基础。现象学的传统在于以最直接的经验所构成的生活世界现象为出发点,并以最细致的观察与描述来研究这些现象。现象学方法被应用在了很多学科里,像社会学、人类学、心理学、神学、动物行为学和生物学,并以科学哲学为基础成为了一种有效的研究方法。然而在地理学、规划学与建筑学领域里,人们对现象学方法的探讨还比较稀少。为了采用现象学方法探讨地方现象,本书试图开辟一条供人们参考的哲学思路去研究环境。但该思路并不总会体现得那么明显,因为,我在论述的过程中尽量避免了现象学的技术性语言,但现象学的观念与方法却是融于书中的,包括全书的整体结构。

因为我所接受的学术训练是地理学,同时也因为地理学者总是将地方作为该学科的核心,所以,本书是从地理学出发的。但是,本书的观点和讨论的现象又远远超越了地理学的相关领域。建筑师、景观设计师、规划师,以及同环境调查和设计有关的人士都可以在书中找到自己感兴趣的内容。也因为本书采用的语言与观点是学术性的,所以,其中包含的某些东西,能让某些人士因对地方认同有同理心,能欣赏多样化的景观,并关心世上的地方持续消失的过程而产生共鸣。

爱德华·雷尔夫
安大略省,格温特郡和西部山,纳什(The Narth)
1975年6月

# 致　谢

　　本书以 1973 年提交多伦多大学的博士论文为基础，经大量修订而成。尽管并未参与论文修订成书的过程，但我仍要对下列诸位为我博士论文写作所提供的帮助致以诚挚谢意：肯·休伊特(Ken Hewitt)、乔伊·梅(Joe May)、段义孚(Yi-fu Tuan)、艾伦·斯科特(Allen Scott)、彼得·凯夫(Peter Cave)("迪士尼化"和"博物馆化"两个词正是来源于他)、克里斯·卡森(Chris Cassin)、乔伊·惠特尼(Joe Whitney)以及卡尔·弗朗西斯(Karl Francis)。在我就读研究生的清贫时光里，泽拉·阿尔帕(Zehra Alpar)数年如一日为我提供支持。奥德莱·麦卡洛(Audrey McCullough)快速准确地帮我把论文打印成稿。斯嘉堡学院图像部的戴维·哈夫(David Harford)把大量胶片冲印为照片。多伦多大学为文稿写作提供了启动资金。正是得益于艾琳(Irene)、埃里克萨(Alexa)和格温(Gwyn)所提供的帮助，本书才得以成文，并且保持了理性与客观。我必须在此说明，我是多种观点的搬运者与借用者，以下所列的各个地方也以不同方式对我产生了影响（按字母顺序排列）：卡特博鲁克(Catbrook)、纳什(The Narth)、蒙默思郡(Monmouth)和低瓦伊河谷(Lower Wye Valley)、伦敦市中心、伊灵(Ealing)、埃克塞特(Exeter)、多伦多的安尼克斯(The Annexe in Toronto) 位于多伦多斯卡伯勒(Scarborough)的大型郊区。我对所体验过并对我的思想产生影响的以上所列以及未列出的所有人和所有地方深表感激。

# 1. 地方与地理学的现象学基础

## 1.1 地方的概念

休·普林斯（Hugh Prince, 1961, p. 22）写道："地方的知识是知识链条中不可或缺的一环。"毋庸置疑，我们为了日常生活里的实际目的，需要组织自身的经验世界，也就是我们需要识别、区分与应对不同的地方，比如工作的地方、休闲的地方以及睡觉的地方。但是，地方的这种实际用途——尽管对我们的生存来说很重要——却是肤浅的，仅仅是基于我们对地方的功能性需求而已。人类的地方经验里更为深层次的意义则体现在人们对他们的地方进行保护，避免受到外来力量的破坏；或体现在对特定地方的思恋与怀旧中。作为人，就意味着你始终是生存于各种重要地方所组成的世界里，也就是说，作为人而言，就意味着你拥有并知晓属于你的地方。哲学家马丁·海德格尔[①]（Martin Heidegger, 1958, p. 19）认为"'地方'将人放置在了一种特定的方式当中，既揭示了人自身存在的外部关系，又揭示出他自己所拥有的自由和现实的深度。"这就是人的世界经验里既

---

[①] 马丁·海德格尔：德国存在主义哲学家。提倡回到前苏格拉底的哲学中，以审美的诗性去反抗技术的理性。其"本真性"（authenticity）思想对地理学的地方研究影响深远。例如，段义孚对地方本质的探索，以及大卫·哈维的反动地方感思想均受其影响。——译者注

意味深长又复杂精致的一面。

不管是在功能性还是在存在性的层面上，也无论是将地方作为一个概念还是作为一种经验的特征，人们对其显而易见的意义都缺乏思考，甚至建筑师与规划师都对此缺乏兴趣。但是他们的研究可以大致归纳为以下几种类型："对地方的拥有"（the possession of place）(Lyndon, 1962, pp. 33-34)、"对地方的建造"（Gauldie, 1969, p. 173），或者对有意义的地方进行系统性的发展，并为我们的世界经验提供一套形式与结构（Norberg-Schulz, 1969, p. 226）。恐怕更令人吃惊的是，不仅是建筑师对地方的概念不感兴趣，地理学家更是在对地方概念的探索中全面溃败，原因在于，人们始终相信，地方研究已然是一个有着深厚历史传承的地理学问题了。公元1世纪初期，历史地理学家斯特拉波（book II, charpter 5, section 17）曾明确指出过地理学者的任务在于：

> 既然不同的地方具有各自的优、缺点，有些是自然造成的，有些是人为之故。地理学者就需要论及那些源于自然的地方，因为它们是永恒不变的，只是它们的外表会变化。但是对于人为造成的地方属性来讲，地理学者必须指出它们的暂时性，也要看见其背后的内在特质与架构，人们可以延长它们的持续时间，即使不再存留了，它们也依然是地方的一种自然而然的属性。

不管人们在多大程度上接受斯特拉波的这种观点，直到今天，这段话在地理学界也依然是对地方最为详细的论述。然而，这并不会妨碍地方作为一个有希望的概念被广泛地使用，它能将地理学内部长期分裂的亚学科统摄起来。不妨来看看下面这些地理学家对地理学的定义,就像格言一般,但它们都几乎缺乏对地方展开进一步的明确讨论。

维达尔·白兰士①:地理学是一门关于地方的科学,而不仅仅是关于人的科学(Vidal de la Blache,1913,p. 299)。

詹姆斯:地理学主要关注事物相互之间的关系,这些关系赋予了特定地方以具体的特征(James,P. ,1954,p. 4)。

索尔②:地理学的事实就是地方的事实,它们两者之间的关系产生出了景观的概念(Sauer,1963,p. 321)。

哈特向③:地理学所谓的综合性在不同的地方会显现出不同的特征(Hartshorne,1959,p. 15)。

拉克曼④:地理学是一门关于世界的知识,该知识存在于不同的地方之中(Lukermann,1964,p. 167)。

根据地理科学特别委员会(Ad Hoc Committee on The Science of Geography)对地理学的定义:"现代地理科学的主要内容来源于人对地方的感知,以及人对地表与大气层空间属性的好奇"(National Academy of Science,1965,p. 7)。他们在做总结报告的时候,委员会再次考虑何为地方感,并且在一份具有很明显的还原论的声明中提出:"……我们对之前说到的人的'地方感'知之甚少。它的奥秘依然是隐藏着的,因为我们还不具备

---

① 维达尔·白兰士:法国地理学派创始人。他提出与"地理环境决定论"不同的"可能论"的人地关系理论。——译者注

② 卡尔·索尔:美国文化地理学的创始人。他提出"文化决定论"的观点,因此他的理论又被称为"文化超有机体理论"。——译者注

③ 哈特向:美国地理学家,其理论总结了赫特纳与索尔的观点,成为区域地理学理论的继承人。代表作为《地理学的性质》《地理学性质的透视》等。——译者注

④ 芭芭拉·拉克曼:英国著名城市规划师。——译者注

充分的神经科学知识。当某一天，人们对神经系统的研究发展到较为全面的地步时，地理学或许就会出现了一项令人震惊的、革命性的事件了，那就是对地方感展开全面描述性分析的出现"（National Academy of Science, 1965, pp. 67-68）。

这样，绝大多数地理学家都会不耐烦地去等待神经科学的进一步发展，他们至少会将地方视为一种在直观上是明确的事物，或者把它与区域的概念直接等同起来。但是在地理学中，主要有两种探讨地方的重要方式（Lukermann, 1964; May, 1970），这两种方式梳理出了地方这一概念可能存在的诸多特征与可能产生的混淆之处①。

拉克曼（1964）对地方概念展开的分析揭示出了六种主要成分：

1. 最基本的成分是位置（location），尤其是与其他事物和其他地方之间的关系所构成的位置。对位置的描述可以从两个方面来展开，一是根据位置的内在属性（地点，site），二是同其他位置的外在联系（处境，situation）。这样，地方就具有了空间的延展性，以及内部与外部的属性。

2. 地方是自然与文化要素的综合："每一个地方都有它自身的秩序和特定的集结（ensemble），这使它自身与其他地方区分开来"（p. 170）。所以，每个地方都是一个独特的实体。

---

① 最近，段义孚（1975）的一篇重要论文使得人们需要更改现有的评论。段义孚从现象学的视角考察了空间与地方。我将在本书第二章与第三章里阐述段义孚对现有观点的补充。让人看到希望的是，现有的讨论为我们思考空间与地方之间的关系以及地方的性质提供了不同的切入点，也强化了段义孚的人文主义阐释。

3. 尽管每个地方都是独特的，但它们却由空间的相互关系与转换系统联系起来，是循环架构里的一部分。

4. 地方具有定位性：它们是更广大区域里的一部分，是定位系统里的焦点。

5. 地方是逐渐生成与建构起来的；随着历史与文化的变迁，新的要素加入进来，旧的要素则逐渐消失。所以，地方具有鲜明的历史特征。

6. 地方具有特定的意义，而人的信仰能赋予其具体的特征。"地理学家不仅希望能理解为何地方在人类的意识里是一种真实的事物，还希望知道人们关于地方所具有的信仰……它隐藏在人的行为之中，也反过来为地方赋予了特征"(p. 169)。

这样，拉克曼就将地方理解为自然与文化的复杂综合体，在特定的地点中不断发展，并与其他地方存在着人与物质流所构成的关系。一个地方不仅是指何物在何方(where of something)，它还是一个地点，加上占据该地点的所有事物，它被视为一个综合的且充满了意义的现象。

然而，地方的概念却并不如以上所罗列出来的那样清晰连贯。就像梅(May, 1970, p. 214)所指出的，拉克曼并没有将地方同区域(region, area)和地点(location)的概念区分开来，而且还出现了相互混用的现象。他没有厘清这些术语之间的相互混淆之处。而地理学家也都从来没有厘清过这些混淆之处。这些混淆的概念也同各种方法与观念拴在了一起。梅进一步分析指出，地方的概念明显被应用在了三、四种地理学家的不同观念之中：第一，地方是指地球的整个表面，比如地球是属于人类的地方这样的观念。第二，地方是指空间里的一个单元，如城市、省份或国家,这样,地方与区域(region)的概念混淆了起来。第三,地方是指空间里的一个特定部分,包括占据空间里的事物,"比如,我们思考自己居住的地方,一栋建筑物,或者去言说我们崇拜的地方、消遣的地方"。第四,地方用来指代一个地点,人们感知到的是一个明确的地点,尽管严格说来,地点比地方显得要更具体一些,因为"地方是由位于特定地点的大量事物组成的"。梅认为,只有第三个关于地方的观念才体现出了地方所具有的独特性,因为,该地方的意义包含了某种可以感知的单元,也就是说,我们的经验可以感知到的它的独特性与真实性。

之所以地方概念的内涵会出现混淆,原因在于,此概念不仅是一个有待准确定义的形式概念(formal concept),它还是对地理经验朴素且多样化的表达。因此,想借助不武断但准确的定义来澄清地方的概念,是几乎不可能做得到的。相反,要实现该目的,需要思考地方同地理学的现象学基础之间的关系。现象学的基础正是形成正式地理学知识的必要前提条件,它是人对世界的直接经验。梅在谈及地方里的"感知单元"(perceptual unity)的重要性时,似乎就暗含了一条对地方展开概念化的路径。拉克曼(1964,p. 168)也对此大加赞赏,说:"地理学的主题就是研究地方,因为人对地方的意识明显就是现实世界里的一部分,而不是什么复杂的主题;关于地方的知识就是经验的朴素现实。"

## 1.2 地理学的现象学基础

地理学知识的基础在于我们对生存世界的直接经验与意识。

地理学性质的评论人士已经广泛认识到了地理学的现象学基础，而帕森(Paassen)的评论可以算是最为简明扼要的，他写道：

> 事实上，地理科学本身具有现象学的基础，即，它从地理意识中获取资源。一方面，地理学家不断发展这一意识，同时也使得整个社会不断地去认识地理学；另一方面，不断发展起来的地理科学也是基于前科学的、自然的地理意识才得以存在的……；地理学家与地理学只能生存在具有地理意识的社会当中。

对于这一观点，帕森没有继续拓展下去，却得到了其他人的回应。大卫·洛温塔尔(David Lowenthal, 1961, p. 242)认为："任何人只要对他们周遭的世界进行审视，就是在以地理学家的方式思考了"，他还能发展出一套基于个人地理学的认识论，个人的地理学包括了他自己的直接经验、记忆、幻想、当前的处境以及未来的目标。正是这种个人的地理学才为正统的学术地理学赋予了意义。因此，段义孚[①](Tuan, 1971)指出，地理学是人的一面镜子——它观照并揭示出了人类的本性，并在我们经验所诠释的世界当中去寻求秩序和意义。

在地理学中去考察对世界的直接体验这一方面，埃里克·达代尔(1952)的分析应该是最为全面的。他主要研究了地理现实所蕴含的本质。他认为，在科学的地理学产生之前，就存在着一种人与世界之间意味深长的关系："一种人类的地理学就

---

① 段义孚：人文主义地理学创始人之一，其在 1976 年首次提出"人文主义地理学"(Humanistic geography)的概念。他的研究着重关注人类普遍心理结构观照下的地方本质问题。代表作有《恋地情结：对环境感知、态度与价值观的研究》《空间与地方：经验的视角》《逃避主义》《回家记》《无边的恐惧》等。——译者注

等于人类的存在与命运所具有的模式(une géographicité de l'homme comme mode de son existence et de son destin)。"(p.2)地理学不能被理解为一种知识的分支,该知识仅仅被客观的地理事物所构成,或者由地理空间所构成,等待着被其他事物所填充;相反,我们需要认识到,现实的地理环境首先是由地方所构成的,包括人们记忆中的地方与景观,之后,才有了位置、区域、地形等正式概念的出现。这种认识的前提在于明白地理空间并非统一与同质的,而是具有各自的命名,并被人们直接体验为现实的事物,比如舒适的或可怕的事物。它们包括大地与岩石所组成的空间,水与空气所组成的空间,城镇与村庄所组成的建筑空间,或者是能全面展示人类复杂意图的各种景观空间。总而言之,达代尔认为,地理学本身是由人类对世界直接且复杂的经验所构成的,其中充满了意义,也是人类存在的重要基础。当地理科学正倾向于摆出一副超然姿态的时候,达代尔却坚持认为:"我们不应该将地理学理解为一个封闭的系统,人类站在一个超然的位置去观察世界,就像在实验室里观察昆虫那样,相反,应当认识到,人类自身的存在和地球本身都是组成人类自身命运的关键部分"(p.124)。

  人们往往把地方含蓄地理解为地理学现象学基础里的核心要素。比如,段义孚(1961,p.30)就认为地理学最初的罗曼史是通过与地方的真实际遇而产生出来的。德·马东南(de Martonne)(引自 Dardel,1952,p.28)认为,地理学的存在是为了帮助人们"记住我们周围的地方",而哈特向(1959,pp.15,115)则特别强调:"地理学乃是为了满足人们对世界不同地域的好奇心而产生出来的,因此,地理学首先作为一门流行趣味的学科而发展了起来"。然而,人们没有关注到的一个重要方面却在于地理学的现象学基础与正统的地理知识之间的关系,以及该关系如何体现在了地方之中。因此,当人们试图澄清地方的概念内涵时,往往会导致定义与经验之间的紧张状态与模糊之处。为此,地方的概念简明地反映出了地理学所处的状况,达代尔(1952,p.33)写道:"地理学在它自身的特定状态中,不可避免地涉及到知识和存在之间的张力"。地理学为了解决这一张力,就不断舍弃自身而趋近于科学,进而丧失了同意义之间的联系。而这种联系的缺失正是许多现象学哲学家所关注的。像海德格尔(1962,p.100)就提到:"地理学家所认为的河流的源头并不是指具体的'山谷里的源泉'",舒茨①(Schutz,1967,p.466)也注意到"我所居住的地方并非因为它是地理学的概念才显得重要,而是因为它作为我的家才体现出了它的重要性"。更为明显的是梅洛-庞蒂②(1962,p.ix)关于世界的观点:"世界在知识以先,知识常常言说世界,正是与世界的这种关系,每种科学的图式化都是抽象的符号语言。因此在地理学与乡村建立关系之前,其实我们早已经知道什么是森林,什么是牧场与河流了。"简而言之,虽然科学地理学可以被视为是在回应人类存在性地与世界产生关联的过程,然而,科学地理学却在考察人类、

---

① 诺伯-舒茨:挪威建筑学家。现象学建筑学派的代表人物。其理论着重以海德格尔的诗性场所为基础,提倡恢复场所的诗意,即所谓"场所精神"(genius loci)。代表作为《场所精神:迈向建筑现象学》《建筑:存在、语言和场所》等。受其思想影响的建筑学者包括日本建筑大师安藤忠雄。——译者注

② 梅洛-庞蒂:法国现象学家。其代表作《知觉现象学》与萨特的《存在与虚无》均被视作法国现象学运动的奠基之作。其思想深刻影响了地理学家大卫·西蒙。——译者注

空间与自然的过程中,远离了生活世界。此外,当地方被视为正统地理学的概念之时,正统地理学却并没有将地方作为一种人类的直接经验现象而纳入到探讨的范围之内,对地方的探讨也没有成为正统地理学里的一部分。其实,正统地理学反而应当去关注经验的整个范围,我们正是通过这些经验才了解并建造出地方的,这样,正统地理学才能进入到一些非正式学科的研究范围里去。

## 1.3 目标与方法

我们生活在一个由不同地方所组成的丰富多彩的世界里,也在这样的世界里开展我们的行动,但我们对地方是如何构成的,以及人类如何去体验一个地方似乎知之甚少。乍看起来,这似乎是矛盾的,但事实并不矛盾,因为人们常常无法体会到地方知识的重要性,也不能自觉地意识到地方知识的价值之所在。事实上,我们对每天生活中现实情境的理解往往是不自觉的,也不具有一种清晰的结构(Berger 和 Luckmann,1967)。人们缺乏一种关于地方的正式知识,这是一个摆在眼前的实际问题。如果地方真的是人类存在于世的基本层面,也是个体与群体安全与认同感之源泉的话,那么人们依然能够找到一些途径去经历、营造与维护有意义的地方。同时,也存在着一些征兆,它们预示着这些途径正在不断消失。如今,无地方——独特地方的消失,多种地方经验与认同的式微——成为了一股主导的力量,该趋势标志着现存的地理学基础从深深扎根于地方演变为了无根(rootlessness)。这样的趋势一旦被人们清晰地认识到,就会出现反对和欢迎的两种态度。因此,了解地方具有怎样的独特性与重要特征,以及人们关于地方具有怎样的经验就显得十分重要了。因为,若不具备这些知识,我们就不可能去营造并维护我们日常生活里的重要地方了。

我创作这本书的目的是试图将地方作为日常生活地理学中的经验现象来进行考察,而不是要对某个地方展开细致的描述,也不企图建立一个抽象的理论或模型。我的目的在于关注地方是如何呈现在我们对生活世界的经验与意识当中的,以及地方与无地方分别在景观中具有怎样的体现。

我采用的研究方法是现象学①。现象学方法的基础在于承认人类经验的整体性与不可分割性,以及人的意向性决定了事物的意义,这个过程是人存在的核心。由此,生活世界和生活世界的地理均被当作确凿的事实,它们对人的生存来说意义深远。这样,人们就会尽可能放下先入为主的观念去认识地方的特征与形态了,因为人们是从地方的意义与认同开始进行认识的,地方的意义与认同所具有的范围与人类的地方意识所具有的范围同样广泛。

---

① 这样的方法应用起来显得较为含蓄,不像一般的描述与分析框架那般显而易见,因为这里的重点不在于方法论,而在于地方的现象本身。关于现象学方法的阐述可见于施皮格尔伯格(Spiegelberg)1965 年的文献。而从对其方法所涉及的具体案例中,我们可以更好地去理解现象学,像伯格与拉克曼(Berger and Luckmann)的《关于事实的社会建构》(Social Construction of Reality, 1967);伯格等所著《无家可归的心灵》(The Homeless Mind, 1973);阿尔弗雷德·舒茨(Alfred Schutz)1962 年的社会学论文;哈洛威尔(Hallowell, 1955)对欧吉布威印第安人(Ojibway Indians)的考察;梅洛-庞蒂(1962,1967)对知觉与行为的分析;格雷纳(Grene, 1965)关于欧洲生物学家对现象学方法的运用。

## 2. 空间与地方

我们能经验到与理解到的空间范围十分广泛,比如,包括了下面这些空间经验:当我们站在一栋高高的建筑物上时,所看到的天空、海洋、大地与城市等风景在眼前铺展开来的空间;我们所体验到的建筑物与街道的外部或与内部的空间;地图、规划图、宇宙架构图、几何图形与星际空间之类的理性空间;被物体占据的空间;由国家认可的空间;以及用来祭祀神灵的空间。空间是无形且不能触摸的,它不像实体那样可以被直接描述与分析。但是,我们依然能够感受、认识并理解空间。同时,我们总是具有关于地方的知觉与概念。总的来讲,空间为地方提供了一个背景,又从特定的地方那里获得了自身的意义。

空间的性质历来都是哲学家、科学家经常探讨的问题(如Jammer,1969;Hawkins,1964)。但这些问题从来都没有得到过解决,因为要制定一个框架,不仅包含各种已确定的空间形式,而且还具有合理的一致性,是困难重重的。在后面的内容里,我并不打算就前人的这些话题继续讨论下去。但是,空间与地方之间的关系还是需要被澄清的,因为这样才能避免地方的概念同其所在的经验背景之间的割裂。我的研究会尽量避免这种割裂的产生,总体原则是需要认清空间的不同形式总是处于直接经验与抽象思想所组成的连续谱带之间。在这条连续的谱带里,我们才能识别出特定的空间类型,比如:不自觉的(unselfconscious)与实用的经验空间、自觉的个体经验所知觉到的空间（perceptual space）、建筑学里的空间，以及抽象的几何空间（参考 Norberg-Schulz, 1971, pp. 9-12）；更为重要的是"存在性的"（existential）与"生活性的"（lived）空间，因为它们两者同理解地方的现象学视角相关联。当然，像空间、经验、空间的建造这些概念并不能总是恰到好处地适合于上述的某个类别，同时，这样的分类也只是一套具有启发性的框架而已，它能帮助我们厘清空间与地方之间的关系。该框架的用处就在于它涵盖了大量与空间相关的观念、经验与行动，进而引申出了地方的某些含义。

## 2.1 实用与原始的空间

原始的空间是直觉行动中的空间，直觉的行动是一种不自觉的行动。在这样的空间中，主体不会去反思自己的行动。这样的空间是有组织、有结构的，它深植在大量具体而微的事物当中，它也不会涉及空间与空间关系的任何抽象意象或概念。为了更好地定义它的性质，我们可以将这样的空间同动物的"功能循环"做比较，即，它正好类似于我们目前所了解的动物所生存的环境，在其中，动物展开了各种功能性的活动，但是动物还不具有空间的抽象意象。

事实上，原始的空间甚至比动物的功能循环还要原始，像恩斯特·卡西尔[①]（Ernst Cassirer, 1970, pp. 46-48）所说的："一个

---

[①] 恩斯特·卡西尔：德国哲学家，文化哲学创始人。代表作有《人论》《语言与神话》等。——译者注

小孩子需要学习动物与生俱来的很多本领。"

原始的空间,由基础性的个体经验在不自觉的层面上组织起来。人从婴儿时期开始,通过身体的移动和感知来获取原始空间。该空间最基本的维度是:左右、上下、前后,以及可触碰的但又超越了我们的触碰、可闻的但又超越了我们的听觉、可见的但又超越了我们的视觉的空间经验(Tuan, 1974, pp. 5-29)。这类经验因为是普遍存在的,具有主体间性的特征,因此要理解它,就不能局限在个体的层面上,而是要将其视为整个文化群体基本的空间场域。它们往往是无意识的表达,如列维-斯特劳斯①(Lévi-Strauss, 1976, p. 328)写道:

"……当一个社会对空间或特定的空间形式漠不关心的时候(比如,像我们在自己的社会中,城市空间不再被视为规划对象的时候),带来的后果则是无意识(unconscious)的结构就好像会利用这样的漠不关心似的,以便侵占那些还没有被人占领的区域,并申明这种做法的正当性。它们采取的行为要么是象征性的,要么是实践性的……。这类手段会被所谓的原始社会所采用,因为他们对空间的表达往往是漠不关心的;但这些手段也会被复杂的现代社会所采用,只要他们持有同样的态度……"

这样,一种关于 underworlds(地狱或底层社会)的主题总是存在的——在宇宙结构学里叫作地狱,而在现代城市的社会结构中叫作底层社会。同时,还存在着房屋、村庄与城镇的前、后

---

① 克洛德·列维-斯特劳斯:法国哲学家、人类学家,结构主义人类学创始人。代表作有《结构主义人类学》《忧郁的热带》等。——译者注

方出入口(Tuan,1971,p. 187)。

　　站在这种原始的立场上,我们很难将空间与地方区分开来。或许,空间只是简单地意味着以自我为中心的一套连续的地方,在当中,事物发挥着特定的功能并满足着人们的需要,但并没有发展出一套相应的心智图像(mental picture)。斯皮瓦克(Spivak,1973,pp. 33-46)提出了13种不可化约的场景,或称为"原型地方"(archetypal places),在其中,人类的行为保持着完整性。每一项行为都被视为有意义的总体行为,像睡觉、喂食、排泄、玩耍或庇护。另外,更值得关注的是阿道夫·珀特曼(Adolf Portmann,引自 Grene,1965,pp. 38-39)的观点,他基于对动物和昆虫的细致观察发现,人们对具有保护性与安全性地方的依附往往具有很强大的驱动力,这些地方通常被视为家(homes)。如果说斯皮瓦克与珀特曼的观点是正确的,那么就存在着一种更深层次的、前符号性的地方依附和地方的差异,并且它们更多基于生物性的而非特定的人类属性而存在着,只有到了文化与符号的层面,地方的经验才体现出了特定的人类属性。

## 2.2　知觉的空间

　　在有机空间与原始空间的层次上,人类比动物更为落后,但因为人类能够自觉并系统地反思和体验空间,那么这样的差距就得到了弥补。事实上,并不存在着一种突然的跳跃,从有机的层次一下子跳跃到复杂的抽象与自觉的层次上;相反,人类的意识和抽象能力拥有好几个层次。意识里最直接的形态是"知觉的空间"(perceptual space)。知觉的空间是指:每一个个体感知到的与当下面对的空间,这种空间以人的自我为中心。该空间具有一定的内容与意义,因为它不能离开人的经验与意图。

知觉的空间是一种行为的空间,以人的直接需求与实践为基础,所以,它发展出了一套明确的结构。尼奇克(Nitschke,引自 Norberg-Schulz,1971,p. 13)描述道:"知觉的空间具有一个中心,也就是具有感知的人,以及一套精妙的方向系统,它随着人的身体移动而发生变化;知觉的空间也是有局限的,它不具有中立的价值,换句话说,它并非无限,而是具有特定的性质,即,具有主观性和特定的意义;距离与方向都与人有关,其意义也取决于人自己。"所以,我们不能借助客观的立场和测量的手段去理解知觉的空间所具有的结构,相反,距离和方向都被体验为了切近或遥远、这条路或那条路的特质,甚至当它们被视为一些路径和方法的时候,人们也是通过特定的意义去认识它们的。

瓦勒斯·斯蒂格(Wallace Stegner,1962,pp. 271-273)曾描述过他在萨斯喀彻温省(Saskatchewan)父亲农场上的经历,当他走在乡间的小路上,在铁轨上漫步的时候,心中体会到的那种喜悦与满足:"……这是一种仪式性的体验,我们不仅能望见前面的大草原,甚至能感受到自己属于这里的每一寸土地。……行走于地表上如此一般的小径,让人倍感亲切,宛如坠入爱河……"。尽管不是每个人都能如此清晰地表达自身的感受,但每个人拥有的知觉空间总是能将周围的世界组织成一个"可支配的场域"(a field of domination),并从中选择特定的要素作为方法与目的供他使用,并让他感到快乐。从理论上说,我们甚至可以勾画出每个人至关重要、息息相关的那些事物的轮廓

(Schutz,1962,Vol. 2, p. 93)。然而,它们显然会随着人的意图与周围环境的变化而发生变化,就像当我们搬到一处新的地方安居的时候,过去对我们日常生活来说重要无比的那些商店、街道就会变得不再那么重要了。

知觉的空间还是我们的情感同大地、海洋、天空所组成的自然空间,以及同人工建造的空间展开的一种际遇。马斗里(Matoré,1962,pp. 22-23)写道:"我们不能只是依靠感官去把握空间的属性……我们更是生存于其中的,并将我们自身的人格也投射在了其中,我们与它们之间有着情感的纽带;空间不仅是被人感知的存在……还是用来生活的场域。"空间不是空空如也,而是充满了各种各样的事物与内容,它们既有空间本身的属性,也有着人类的意图与想象。这种"实质性的空间(substantive space)"是"界于可见的与不可见的场景之间,由天空的蓝色构成其疆界;它也可以是空旷的沙漠,一个死寂的空间;它还可以是冰雪海岸组成的冰冻空间;……它甚至可以是暴风中心那令人压抑的空间"(Dardel,1952,p. 10)。这样的空间是"地球上的空间"(telluric space),因此,我们才可以经历大地的厚重与深沉,"……这是一种随时都可以获得的经验,在其中,我们能够感受到大地表面的亲切,它是一个已然设定了的基础,作为现实地理的基础"(Dardel,1952,p. 20)。它也可以是一个神秘、封闭又让人亲近的森林空间(Bachelard,1969,pp. 185-189),抑或是由水和空气所构成的空间,"反射、阴影、浓雾和水汽,曼妙地舞蹈着,将我们的情感和世界的梦幻统统融合在了一起"(Dardel,1952,p. 31)。而且,这种实质性的空间还通过各种人造的空间,像房屋、道路和景观来让人体验它(Tuan,1974, pp. 27-29）。人对实质性空间的这种体验有时候是那样的突如其来、势不可挡，就像当我们来到一个拐角处，突然撞见一幕壮丽的风景时所表现出来的那样。亨利·米勒（Henry Miller, 1947, p. 343）描述过这样的体验："当我的目光突然撞见那一幕风景时，差点窒息过去。我从地下的密牢望见巴黎一处最古老的街区，那狭长的街景是那样柔和，令人陶醉，几乎让我嚎啕大哭。"多数时候，我们的感知经验是快速掠过的，并没有什么特别之处，都被当作了事物理所当然的一部分。但它们依然具有重要的意义，因为，它们作为空间中的个体经验成为了环境与景观之于人类意义的基础。

通过特定的际遇和经历，知觉的空间可以演化为丰富的、具有差异性的地方，或者成为个人性的特殊中心场所。保罗·谢帕德（Paul Shepard, 1967, p. 32）认为，对每个个体来讲："思考、知觉与意义的组织方式都直接关联着特定的空间"，不用说，我们每个人都具有私人空间，方便我们沉思默想而退缩其中。尤其是对于小孩子来讲，地方成为他们发现自我的基础，洞穴、树木或房屋的角落都可以成为"我的地方"（Cobb, 1970）。这些童年的地方对于人来说十分重要，人们也往往带着崇敬之情将其铭刻于心。例如，阿尔伯特·加缪（Albert Camus）[1]就发现，提帕萨省（Tipasa）废墟的童年记忆为他源源不断地提供着整体性的生命意义（Camus, 1955）。记忆中的和现在的重要地方，都位于知觉空间的结构内部，以及人类意向性的中心。它们也是日

---

[1] 阿尔伯特·加缪：法国著名小说家、散文家和剧作家，荒诞主义文学的大师。代表作有《局外人》《鼠疫》等。——译者注

常生活地理学的基本要素。达代尔(1952, p. 46)写道:"对于人而言,地理学的现实,首先是他所处的地方、童年的地方,以及能将他召唤到现身在场的那些环境。"

尽管知觉的空间具有个体性,但知觉的空间与地方并非完全孤立地存在于私人的世界里,因为它们是被人们普遍体验到的景观。忒拉德·德·查丁(Teilhard de Chardin, 1955, pp. 6-7)写道:

"他穿过的每一处风景都似乎显得令人烦躁、深感无趣。但是……当他碰巧来到一个有利的位置,看到所有的事物都从那里辐射开去的时候(交叉路口或辐射状山谷)……主观的视角就会与事物的分布形态融合在一起,知觉的感受力就会冲向一座高峰。风景忽然变得闪耀起来,发出它隐藏起来的秘密。"

或许,知觉空间得以超越个体孤立状态的途径在于文化、经验与意图相互之间产生的"主体间性"的连接。事实上,因着主体间性的缘故,知觉空间很少处于孤立状态,不仅是因为人类可以通过共鸣与移情的方式去理解之,也可以像阿尔弗雷德·舒茨①(Alfred Schutz, 1962, Vol. I, p. 133)所说的那样:

"我们的日常生活世界从一开始就是一个基于文化的主体间性的世界。它之所以具备主体间性,就是因为我们生活在人群当中,共通的影响力把我们自己同事物与人群维系在了一起。我们不断去理解他人,也同时作为一个对象被他人所理解。它之所以又是一个文化的世界,是因为从一开始,生活世界对于我们而言就是一个有意义的场域,也是一个需要我们去诠释的意

---

① 阿尔弗雷德·舒茨:奥地利裔美国哲学家、社会学家、现象学家。——译者注

义框架(Sinnzussamenhang),是各种意义相互关联而形成的一个框架,通过我们日常生活的行动而建构起来。"

简而言之,个体的人并非仅仅囿于他自我的地方之中,该地方位于他自我空间的中心。同时,从一开始,他就认识到所有其他个体也都具备各自的知觉空间与地方。他进而还注意到,这些知觉空间只是或多或少地构成了整个社会与文化群体所公认的、一致的生活空间里的一部分,他在其中也只是一名成员而已。

## 2.3 存在性的空间(existential space)

存在性的空间或生活性的空间(lived space)作为一种空间的内在结构,体现于我们对世界的具体经验当中,我们同时也作为特定文化群体的成员而存在(Bollnow,1967;Schutz,1962,Vol. II,pp. 122-127)。该空间具有主体间性的特点,能被文化群体里的任何成员所理解,因为这些成员都被整个社会内化进入到一套共有的经验、指称与符号之中(Berger 和 Luckmann,1967,pp. 130-131)。因此,存在性的空间所具有的意义也就是个体经验到的文化,而不是个体知觉空间意义的加总,尽管在很多情况下,两者存在重叠之处。此外,存在性的空间不仅是被动的空间,需要人们去体验,同时它还是一个被人的行为不断塑造与再造过程中的空间。它也是"人类将自身的意图铭刻在大地上的空间"(Dardel,1952,p. 40)。人类的这些行动方式主要是通过不自觉地建造有意义的空间结构来实施,像建造城镇、村庄和屋舍等景观。

列维-斯特劳斯(1967, pp. 132-133)举了一个例子,较能说明存在空间所具有的某些特征,其中的理念型(ideal type)来自无文字的社会,尽管不是特别清晰,但相似的结构在任何一种文化当中都能找得到。特罗布里安群岛(Trobriand Islands)奥玛拉卡纳(Omarakana)的村庄规划是按照同心环的方式进行布局的,村庄的中心是一个公共广场(图2.1)。而其中,内环是神圣的空间,由储存甘薯的仓库所构成,有很多被禁忌的事物;而外环主要由已婚者的屋舍所组成,马林诺夫斯基①(Malinowski, 1935, pp. 430-434)认为,外环是村落的世俗空间。由此,该村落的设计就具备了一种重要的结构——神圣空间与世俗空间的二元,以及中心与边缘的对立。没有被烹饪过的食物被存放于村落的内环,也禁止任何烹饪活动在此展开,这些活动只能出现于外环;另外,只有未婚者才能居住在内环,已婚者都必须居住在外环。事实上,村落的空间形式都是在不自觉中被组织起来的,整个过程所依据的是全社会的信仰与劳作实践;每一名成员都能意识到村落里各种空间要素的意义,且能严格遵守。

换句话说,存在性的空间不仅是被人类经验的空间,它还是在不自觉的情况下被建造出来的,不需要任何反思与预先设计的过程,由各种空间要素的整体布局形构出来。

由于存在性的空间在特定的文化群体里有着特殊的意义,所以,它不一定能被其他社会成员所理解,当然排除了努力去理

---

① 马林诺夫斯基:英国社会人类学家,功能学派创始人之一。代表作有《西太平洋上的航海者》等。——译者注

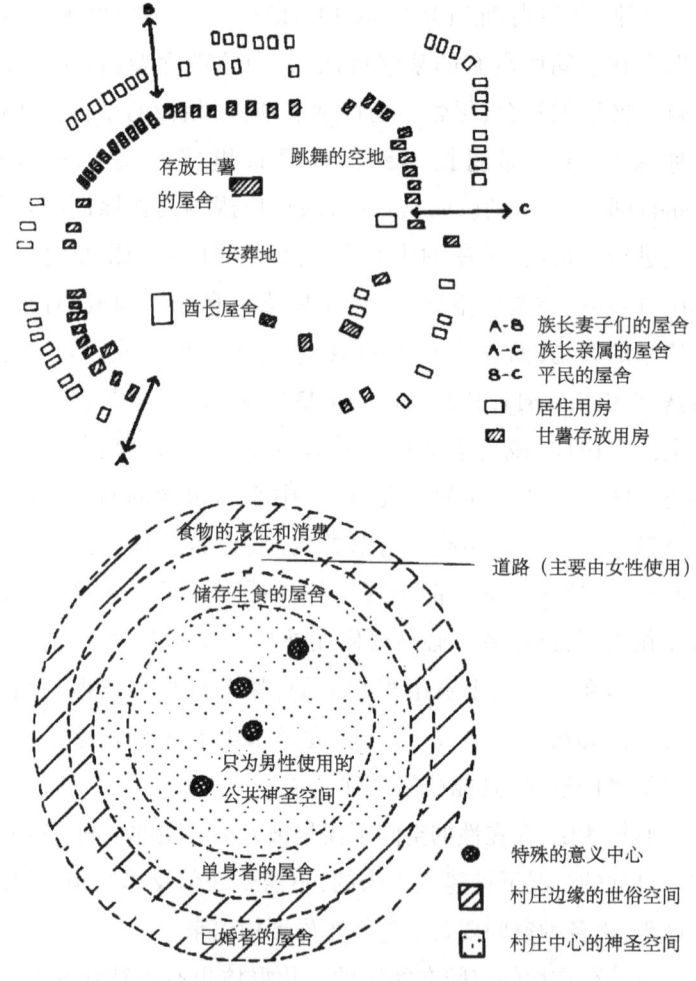

图 2.1 奥玛拉卡纳村的空间结构,特罗布里安岛民存在性的空间或生活性的空间结构(部分引自 Malinowski,1935,p.25)

图注:A-B 族长妻子的屋舍;A-C 族长亲属的屋舍;B-C 平民的屋舍、居住用房、甘薯存放用房。

解他者文化的特殊情况。

像拉波波特(Rapoport, 1972, p. 3, 3-4)曾分析过的,土著居民与欧洲人究竟如何去看待澳大利亚的西北景观:

"很多欧洲人都说,澳大利亚的景观到处都是大同小异,缺少特色。但是,在土著人眼中,却是以一种完全不同的方式在看待澳大利亚的景观。他们知晓每一处景观中所蕴含的特殊意义与形式。所以,他们能够看见欧洲人看不见的那些细微差异。这些差异要么细小难辨,要么与魔法有关,或者根本就不可见。景观中,象征性的差异比物质上的差异还要大。比如,阿叶尔斯石柱山(Ayer's Rock)就同一则神话传说里的创造者有关。每棵树、每个斑点、每处洞穴和每道裂缝都具有特殊的意义。所以,在欧洲人的眼里,这是一片不毛之地,但在土著人的眼里,这里却到处都充满了意义,蕴含着丰富的差异性。"

人们之所以重视这则案例,不仅是因为它说明了存在性的空间是由特定文化来定义的,另一个文化群体很难体会到同样的空间;同时,这则案例还说明,原始文化空间与欧洲文化空间相互之间存在差异。由此,拉波波特认为,当欧洲人——也意指现代社会中的每一位成员——通过建筑设计的方式去占有空间,并通过物质与功能来建构空间的时候;相反,土著人却是根据神话、庆典、仪式以及到处充满的属灵事物来为空间赋予意义和结构。空间里充满了重要的意义,神话历史都铭刻在了风景里,而不是记录在了物质层面或地质层面的那些特征里。在神话历史中,现代人看来不过是岩石与树木的那些事物,对土著人而言可能意味着祖先与神灵(图2.2)。因此,就出现了两种不同的存在性空间,一种是土著人文化里的存在性空间,另一种是

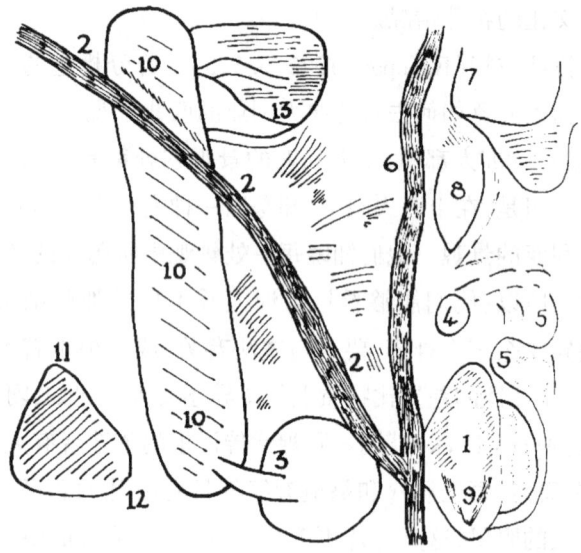

图 2.2　Gurudjmug 地区的一张土著地图（引自 Berndt 和 Berndt, 1970, 第 56 页）

图注：1. Gabari 河
2. Gabari 湖
3. Gunyiguyimi 湖
4. 在 2 的邻近地点举行 njalaidj 仪式，人们在仪式上跳舞。
5. 从北面来参加伽来底仪式的人们，现在像石头一样站在这里。
6. Namalaid，此处有一位孤儿。
7. 孤儿的哥哥走上前，变成了一块石头。
8. 参加 njalaidj 仪式的捕鱼人使用渔网。
9. 哥哥的狗。
10. Nabamuli Billabong
11. Gurudjmug 山
12. Galawan Goanna djang 位于山顶。
13. 千层树，现在成为 djang，淹死的人把它留在这里。

（djang——与特定的场所和地点相关的精神；njalaidj——一种与交易相关的仪式）

技术与工业文化里的存在性空间——前者是"神圣的",具有象征意义,后者是"地理的",主要体现为功能与实用目的。

### 2.3.1 神圣空间

神圣空间是古代人的宗教体验,并由各种符号、神圣中心与充满意义的事物分化出多种多样的形式。对信仰者而言,神圣空间的体验具有原生性,能与创世的经验相等同,衍生出对神圣事物的创造和对建筑物的营造。在某些文化里,神圣空间包括了所有建筑物的营造过程。该过程绝不是一个可以轻忽的使命,而是一个意味深长的能体现出意义的过程,它需要参与者完全献上自己。米尔恰·伊利亚德[①](Mircea Eliade,1959,p.11)相信,神圣的经验关联着"另一种存在物的显现,而该存在物属于和此世完全不同的另一种世界秩序"。该经验具有特别的意义,因为它能指示出一个方向。这个方向能被指示出来,主要是以神圣的地方(holy or sacred places)作为参照。神圣的地方是世界的中心——在那里,宇宙的三个维度:天堂、大地和地狱都可以相互贯通,并且实现相互之间的交流。这些中心不能用几何方式去理解。在任何一处地方其实都有着无数个神圣的中心,它们都被视为"世界的中央",人们也是如此去称呼它们的(Eliade,1961,p.39)。所以,每一座神庙、圣殿,和每一处人们崇拜的地方,甚至神庙当中的每一间屋舍(Raglan,1964)都可以

---

① 米尔恰·伊利亚德(1907—1986):罗马尼亚宗教史家,著有《神圣的存在:比较宗教的范型》《宇宙和历史》《永恒回归的神话》《瑜伽:不死的自由》《萨满教:古老的昏迷术》等著作。——译者注

是一个神圣的地方。

伊利亚德(1959,p.24)认为,现代社会中世俗的经验已经在很大程度上取代了神圣的经验。他观察发现,从世俗经验中产生出来的空间"既缺乏神圣性,也缺乏结构上的一致性",所以世俗的经验很难体现出纯粹的形态(pure state)。尽管如此,通过比较神圣空间经验的内部关系与基本取向,他认为,神圣的空间不过是"完整的宇宙(universe)碎裂之后散落下来的碎片而已"。

### 2.3.2 地理空间

在现代社会中,去神圣化(desacralisation)的现象无所不在,人们也不可能再产生出真正意义上的对世界的神圣体验了,相反,碎片化却成为了现代人重要的经验形式。这种经验形式乃是埃里克·达代尔(1952,p.2)提出来的术语"地理空间"(geographical space)[①]的基础,也就是"地理空间总是由不同的空间所构成,平原或山丘、海洋或雨林……。地理空间具有各自的特性,也具有各自的名字,像巴黎、尚帕涅(Champagne)、撒哈拉沙漠、地中海,等等"。地理空间反映出人对于世界的基本意识,

---

[①] 这里有几个标准。首先,伊利亚德证明了神圣空间较世俗空间来讲更具有被渴望的特性。而在此,我并非想要重申这一证明,而只是想区别空间的神圣经验与非神圣经验。其次,既然"世俗"这一术语意味着一种判断,那么,我则倾向于采用达代尔的术语"地理的"(geographical)来描述非神圣的经验。此经验并不一定是肤浅的,如果人们敞开心灵,那么它也能具有本体论上的重要意义[见文森纳斯(Vycinas)1961年对海德格尔观点的讨论]。再次,对术语"地理的空间"的使用必须在地理学的现象学立场上才能被理解。因为对于大多数专业地理学者来讲,"地理的空间"是指二维的、认知层面的地图空间。

人与环境之间的经验关系,以及人对环境的意图。它对特定的文化群体来讲是一种重要的空间类型,该文化群体会将这样的空间施以人文化的改造,比如通过命名的方式,为空间赋予属于人的特质,以便更好地满足人类自身的需要。

人们通过命名的方式去拥有空间。雅克塔·霍克(Jacquetta Hawkes, 1951, p. 151)写道:"地名为人与其领地之间建立起了最为直接的关系",他认为,从旧石器时代开始,人文化的景观都有自己的名字,这些名字增加了景观的特殊性,使其中的特征变得更加丰富。实际上,区域的名字和地名都是存在性空间的基本构成部分。欧文·哈洛威尔(Irving Hallowell, 1955, p. 186)说道:"地名、星名、各种神话传说、建筑物的方位,和各种仪式与舞蹈中的空间意义,都为空间赋予了特定的结构,并维持着该结构,让人们得以生活在其中,开展各种活动"。如果没有这些名字,环境对于人来讲就是混乱无序、没有方向感,甚至是可怖的。在没有名字的环境里,找不到属于人的事物,也让人感觉不到熟悉的参照点。所以,当肯尼亚的马塞族人(Masai)遭受逼迫而迁移到另一个地方的时候,他们还会使用曾经的山丘、河流与平原的名字为他们的新居住地命名。同样,在北美洲也散布着源于欧洲的一些地名,因为这些地名曾为这个陌生的地域带来了熟悉感(Lynch, 1972, p. 41)。事实上,当人类踏入一片荒芜之地时,首先要做的就是为环境里最重要事物命名,这样,才能使荒郊野外变得具有人性。

对于人类而言,地理空间并不是客观的,也不是冷漠的,相反却是充满意义的。达代尔(1952, p. 12)认为,地理空间"主要是通过一些具体的情境来体现,这些情境能对人构成影响"。

地理空间具有颜色、深度、密度和体积,它们相互之间具有关联性与象征性,它既能为人的经验提供可能性,同时也规定和限制着人的经验。它不是一个冷漠的空间,可以被随意地组织与拆散;相反,它总是与人类的生活目的与生存经验息息相关,具有一定的意义。所以,一片大草原才会是"辽阔的",一座山丘才会是"无路可走的",一栋房子才会是"宽敞的",而一条道路才会是"狭窄的",所以,这些事物总是与人的特定目的相关联。当然,这些事物,像大草原或房子也并不是以孤立的方式被人们体验到。人的意图与目的只是为我们的经验提供了一个方向而已。实际的经验中包含了视觉、听觉、嗅觉所构成的复杂体系,还囊括了周围的环境与意向,人们过去的经验,不断铺展开来的连续景观,以及各种文化的观念与美学情结,等等。通过这一切,人们才能不断地进行着景观的鉴赏与建筑物的识别。对于一位农民而言,乡村里的空间主要包括了农场、田野上的风景、赶集的道路——所有这些经验不仅是持续存在的,它们还会随着季节的演替而不断发生变化,它们构成了一个复杂的综合体。所以,这样的空间以及其中的景观都不是用来旁观的,而更多是"能够让人融入世界的万事万物,是人们为了生活而努力奋斗的一个个地方"(Dardel,1952,p. 44)。对于城市居民而言,只有当他们站在一个合适的角度去俯瞰全城的时候,城市的空间才是广阔的、四处蔓延的。但对于他们的日常经验而言,城市空间更是他们的家,是他们每天工作的地方。那些街道组成的空间里充满了各色风景、各种声音和不同的气味,"城市作为一种地理的实际事物,主要就是街道,因为街道是每日生活围绕的中心领地"(Dardel,1952,p. 37,同样见 Rudofsky,1969)。

乡村与城镇所具有的地理空间,关联着人类的经验,也关联着空间的创造。景观,包括城镇景观(townscape)都传达着人类的意图和在场,因为它们是人类建造出来的。海德格尔(Vycinas,1961,pp. 14-15)认为筑造就是"居";筑造是存在的本质,是男男女女生存于大地上的基本姿态,向着天、地、神、人四者敞开,并将四者接纳于自身①。在一个包含了"居"的意义的建筑物里,空间不会好像客体般地被刻意且自觉地塑造出来,相反,空间正是营造过程中的行为本身,比如景观的改造行为;也正是通过这类行为,空间才被人类所拥有。所以,地方总是处在不断演化的过程之中,类似于有机体,具有海德格尔所说的"sparing"——意指让事物以它本来的样子而存在,不会试着去改变它或操控它。于是,地方就成为了去操持与关心大地和他人的场所。这样的空间与地方充满了意义,它们具有某种能被人们直接体验到的秩序和感知,具有无限的多样性。

当"居"与"筑"融合为一个整体的时候,天、地、神、人也就融合为了一个整体,那么这时候,地理空间在本质上就是神圣的。人们尝试用无文字的乡土文化空间来识别它,在这类文化里,传统的设计与建造过程可以是不自觉的。因此,针对这样的空间,伊利亚德(1961,p. 39)说道:"在此,我们拥有的是神圣的和神话的地理学,也就是全然真实的地理学,它与世俗的地理学

---

① 在此我们无法公正地对待海德格尔的思想,尽管他的思想对于地方、空间、建筑与世界的本体论来讲是最为重要的。此外,随着文森纳斯关于海德格尔思想很出色的一部著作《大地与诸神》(Earth and Gods,1961)出版以后,对海德格尔思想进行再一次综述就无必要了。

相对;世俗的地理学是'客观的',也可以说是抽象的和非本质的——它通过理论设计出某个空间和某种世界,但我们却并不生活在理论的空间里,也不认识(know)①这样的空间。"但在工业文化里,在自觉的空间建造里,如此重要的经验太容易被人们忘却了。甚至当今城市开发最具"统一性"与"冷漠的"空间设计,在宣称自己设计出了如何与众不同的中心街区时都会忽略这样的重要经验。甚至就连最本土的郊区居民在选择安家落户,操心自己在哪儿居住的时候,也会忘记这样的经验(Taylor, 1973)。他们的经验同海德格尔(Vycinas, 1961, p. 16 和 p. 261)所说的贫农在黑森林自己家屋里②所具有的经验相去甚远;而且,他们的经验里也不具备在建筑物中传达出某种厚重深度的力量;而只要这些建筑物是在承包商的手里被设计出来的就可以了。但同时,我们也不能立刻判断说这种肤浅的经验就完全不重要,因为它们同样关涉着男男女女的希冀、忧虑与恐慌。事实上,我们根本就无法对幸福与失望这样的人类经验进行测量。(Haag, 1962, p. 199)

---

① 在原文中,know 是以斜体字的方式呈现出来的,说明这个词有不同于仅仅"知道"的更多的意思。比如,在基督教神学里,know 具有位格性(personal)相交的意思,也就是人与他者具有实质关系的意思。因此,说人认识(know)某个事物,就是指人与这个事物有着切身的关系。——译者注

② 海德格尔在《筑·居·思》一文里提到的黑森林里的家屋(农舍),象征着天、地、神、人四者共在的诗意栖居状态,成为后世存在主义哲学家、地理学家、建筑学家去表达"本真场所"的关键意象。——译者注

### 2.3.3 地理空间的结构

戈登·卡伦①(Gordon Cullen,1971)和凯文·林奇②(Kevin Lynch,1960)在城镇景观的研究中,对地理空间的结构做过较好的阐述。卡伦从街道上行人的视角里,分析了人对城市空间的体验,并试图发现该空间经验中的一些基本要素。他尤其关注连续的视景(serial vision)、不同的地方与中心,以及地方所包含的内容与意义(图2.3(A))。

林奇分析了人们的城市意象与心灵图像,认为它们对人的经验来说具有很强的功能意义,并尝试确定城镇景观在人的意象中最突出的特征是什么(图2.3(B))。他们两人的研究可能都没能准确地指出,存在性的(existential)城市空间里究竟包括了什么要素——卡伦的研究太过于强调视觉,而林奇的研究却是在街道的正式规划里展开的,是在认知空间(cognitive space)的地图里呈现出来的一些东西——但是,他们两人都共同地显明了该空间里一些十分重要的元素,是的,他们的的确确指出了该空间结构里的某些重要成分。

诺伯-舒茨(Norberg-Schulz,1971,chapter 2)针对存在性的空间,和垂直与水平空间结构的属性做出了更为正式的分析,并

---

① 戈登·卡伦:英国战后城市设计理论发展的领导者,其工作涉及城市景观理论研究和规划探索。他曾在英国两家建筑公司和西印度工作,从事插图绘画和展览设计。"二战"结束后,在《建筑评论》担任副总编。1970年被评为英国皇家建筑学会荣誉会员。——译者注

② 凯文·林奇:美国人文主义城市规划理论家。在名著《城市意象》里他提出城市意象的五元素,被后世规划理论界奉为经典。——译者注

32　地方与无地方

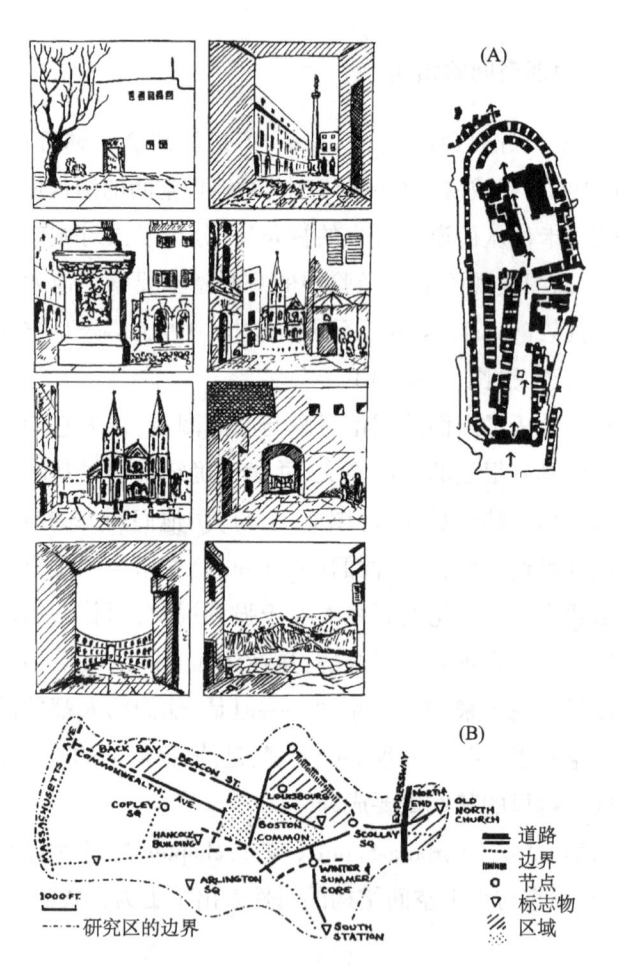

图 2.3　存在性的空间具有的两种呈现方式

(A)存在性的空间作为从街道上行人的视角里呈现出来的连续景象(引自 Cullen,1971,p.17)。

(B)经过街头调查得到的波士顿地图。存在性的城市空间经由分析、整合并绘图呈现出来(引自 Lynch,1960,p.153)。

比较多地以林奇的分析作为基础。首先,他识别出存在性空间的几个层次(图2.4(A))。最综合、最广泛的层次叫作"地理"(geography)——该层次的意义体现在国家、陆地和超越人们直接体验的一些区域中,因此,它具有认知的属性。下一个层次是"景观"(landscape),它大体上是人类行为的背景,也是人与环境互动反映出来的结果。在它的下面,是"城市"(urban),它与景观层的区别在于,该层次几乎完全是由于人类的目标和力量建造出来的。紧接着的一层是"街道"(street),是人们城市经验的基础。更下面的一层是"房屋"(house),更准确地说,是家所在的一个层次,它是人类存在的参照点,"我们的家是我们世界的角落……它是我们的首个宇宙,是每一个词语的意义所包含的真实宇宙"(Bachelard,1969,p.4)。在存在性空间的所有层次里,恐怕房屋所在的层次是最为基本的,因为像巴什拉(1969,p.5)所指出的那样:"所有真实的居住空间,都蕴含着家这一概念的本质"。最后,还有一个"事物"层(object),它要么是一个物质的空间,在那里,事物的价值由该空间的意义来确定,像餐具;它要么是一个象征性的空间,在其中,事物可以表征其他的空间或与空间相关的一些经验。

上述的结构不仅展示出从最大范围转变到最小范围的过程,也反映出空间不断人文化的过程。当然,在我们的经验里,该结构并非显而易见,而每个层次也都不尽如图中所展示出来的那个样子。总的来讲,尽管在某个特定时期,人们的注意力只集中在其中一个层次上,但其实我们似乎是生活在不同的层次里。比如在全民选举的时候,我们会关注整个国家的空间,但在搜寻投票点的时候,城市空间与街道空间才是最有意义的。

在其中任何一个层次上,都或多或少地具有由水平方向所组成的清晰结构(图2.4(B)),其中包含了三个要素。第一,它们都包含了特别重要的地区(districts)或区域(regions),它们由特定群体所具有的利益与经验来界定:"这些相互关联的领域交织在一起,形成了最为多样化的渗透区和飞地"。但它们并非一刀切开、互不关联(Schutz,1962,Vol.2,p.126)。

第二,这些地区或区域由道路(paths)来呈现,并由道路组织起来。这些道路提供了方向,反映出人类的意图与经验的强度和密度,它们组成了存在性空间里的结构之轴。道路从节点和中心点辐射开去,又汇聚于节点与中心点处。节点与中心点都因其内部性质而具有了特别的意义。第三,这些点其实就是所谓的地方。在存在性空间的所有层次上,地方、道路和区域都以某种方式不断地重复着。有时候,这些地方的结构会直接遵照景观的物质特征,像公路、房屋和狭长的街景来组织(图2.3(B));有时候,地方结构会遵照神话的现象,像通往天堂或地狱的道路,或神话传说里的一些地方(图2.2与图2.6(B));而有些时候,它们还会反映出人特定的意图或偏见,像建筑师关于房屋的观念。简而言之,这些区域的结构都不具有固定的方向或尺度,但却是某种文化群体的表达,体现出该群体的利益与关怀。

因此,存在性空间里的地方可以被理解为意义的中心、意图与目的的焦点。而由意义与功能所界定出来的地方,其形态对于任何一个文化群体来说都不一定是相同的;而且,这些中心不一定都能通过自身的物质特征清晰地界定出来。然而,这些中心必须具有能被人们体验到的且与外部环境不同的内部特质。

2. 空间与地方　35

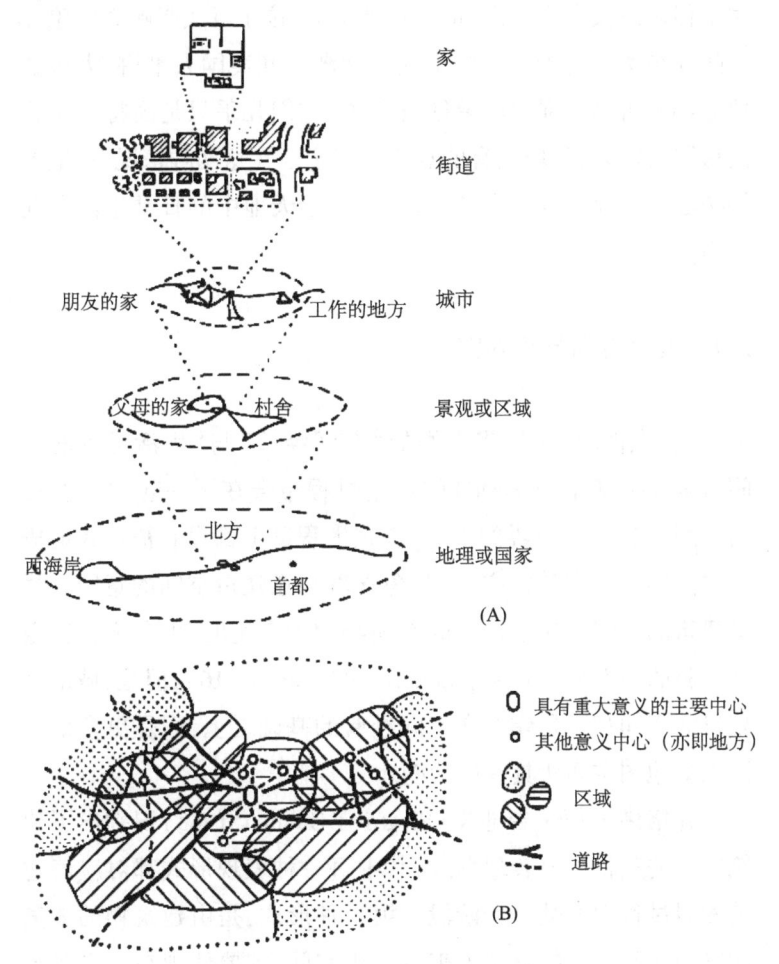

图 2.4　存在性空间的垂直与水平结构

(A)垂直结构分层,特别适用于城市空间(基于 Norberg-Schulz 的一项分析,1971)。

(B)存在性空间的水平结构。

对于很多宗教人士来讲,地方是神圣的,位于巨大影响力的象征空间和神圣空间里。而对于现代欧洲人和美国人来讲,大多数地方都不再具有强大的象征意义了,它们几乎只是由特定位置的房屋、地形与区域具有的意义来界定。在这两种情况下,地方均构成了重要的经验内核,且位于社会天地中的日常生活空间之内。

## 2.4　建筑空间与规划空间

"存在性的空间"将人类的"空间经验"与"生活世界的空间"(spaces of lived-world)的再造过程结合在了一起,"存在性的空间"与"生活世界的空间"在很大程度上都没有被正式地概念化。相反,"建筑的空间"却蕴含着刻意建造空间的意图。尽管建筑的空间是在不自觉的空间经验中产生的,也是不自觉空间经验的一部分(Norberg-Schulz,1971,pp. 13-16),但是,城市规划里的空间却不是建立在空间经验的基础之上,而是更多地关注二维地图空间所具有的功能。

齐格佛里德·吉迪恩(Siegfried Giedion,1963)识别出了建筑空间的三种主要表现形式,其中每一种表现形式都对应着建筑发展过程中的某一个阶段。第一种形式,是由建筑物的体量和它们相互之间的影响力来营造出空间,主要体现在古希腊与埃及文明的建筑物当中。由此,古希腊的神庙主要是通过建筑物体量相互之间的关系去界定空间。第二种形式,是一种空洞的内部空间。主要体现在从万神殿(Pantheon)到 18 世纪晚期的建筑物当中。这种空间不仅表现在神庙与教堂的内部,还在文艺复兴时期的广场建筑中体现出来。第三种形式,是从好几个视角同时处理空间的过程,涉及如何灵活自如地操纵现代建筑里的内部与外部空间,以及它们的关系。高迪(1969, p. 78)较好地阐述了这种分类的含义。他发现,虽然建筑物的空间具有多种表现方式,但它们基本上都与想象的空间经验有关。营造某种建筑空间的能力非常依赖于个人的天赋,但能否将该空间实现出来,则依赖于高度发达的抽象空间观念。

城市规划的空间与建筑的空间存在着紧密的联系。而在文艺复兴时期,它们两者在本质上是相等同的,并在房屋、街道和广场之间体现出一种连续性。在更晚近的时期,建筑空间成为了一种单独的建筑物,被孤立地构想与建造出来。而与关注这类孤立的建筑结构相对应的却是,随意去处理和对待位于建筑物之间的空间及其性质与经验。所以,布雷特(Brett, p. 117)提出了 SLOIP 这个术语,它是 Space Left Over in Planning(规划中剩余的空间)首字母构成的一个缩写。人们几乎缺乏针对整个城市空间的经验开展规划。现代城市规划里的空间基本上都是二维的,都只是设计图与地图里的一种认知空间而已。该现象比较明显地体现在了广为使用的栅格与曲线道路的设计当中,也体现在了精心划分的土地利用功能的类型之中,同时还体现在了随意布局的交通网络里。空间被理解为一种空洞的、缺乏差异性的、能被人们操纵的客观事物。人们也只是根据一些功能性的效率和经济目的来使用空间,甚至还融合了规划师和开发商心血来潮的狂想。所以,温格(Wingo, 1963, p. 7)将空间描述为一种资源,用来满足人们对于未来的期许。同时,他还指出,空间在当下的问题主要还在于如何高效率地建构出它自身的结构,好让社会行动与经济行为高效率地布局在其中。简而言之,规划的空间不会涉及人类的直接经验和想象性的体验,而只会涉及地图与土地利用效率所要求的那种秩序。

在此,我或许有些过度强调规划空间与建筑空间之间的差异了。当然,还有一种功能性的建筑传统,在该传统里,很少有人关注建筑空间里人的经验问题,这或许能反映出格罗皮厄斯(Gropius)提出的观点:"建筑乃空间的统治术"(architecture is the mastery of space)(引自 Brett,1970,p.46)。然而,尽管建筑师与规划师在讨论特定地方并在使用地方概念的时候,他们两者的态度明显不同。但对建筑师来讲,核心的任务却在于,正如辛克莱尔·高迪(Sinclair Gauldie,1969,p.173)所言:"是要带着某种观念去营造地方,也就是要将一种新的、特别的秩序赋予人类的居住环境"。苏珊·朗格[①](Susanne Langer,1953,pp.93-96)依据同样的思路指出,建筑师的主要任务在于空间的营造,该空间具有很强的想象性与概念性,需要将它们诠释为某种视觉印象和其他的印象。在营造空间的语境中,她发现,建筑基本上可以被抽象为"人的领域",即"一个地方是可看、可触和可感的"。进而,为了阐明这一观点,她列举了吉普赛人营地的一个例子,她说:"字面上,我们说他们的营地位于某个地方;而从文化上来讲,他们的营地本身就是一个地方",并且具有其自身的功能与象征性,它代表着世界的中心,也象征着整个世界。因此,建筑师的任务主要在于,传达出民族地域里文化与象征所具

---

① 苏珊·朗格:美国哲学家。其理论着重关注意识与审美之间的关系,并深刻影响了人文主义地理学家段义孚。代表作为《情感与形式》。——译者注

有的复杂意义,并在存在性空间的背景里,自觉并刻意地将有意义的地方营造出来。

目前,人们具有一种企图,即想要去自觉地利用"地方"这一观念。詹克斯(Jencks,1973,pp. 302-328)认为,在现代建筑领域里,产生出似乎可以被称作"地方运动"的现象,这场运动试图努力把握地方的多重意义,并为地方赋予某种身份感与某种实实在在的体验。当然,它也只是众多现代建筑方案中的一种,但我们却要认识到,不管建筑师运用怎样的原则、理论或概念,他们设计出来的建筑物都不能够脱离使用者与观察者的体验。使用者与观察者会以某种方式将建筑物视为一个地方,视为人类关系与意义的中心。

地方的概念分别在规划领域和建筑领域里具有不同的内涵。在规划领域里,地方只是一个位置,在那里,人们进行特定的交往,满足一定的功能需求。就像位于郊区邻里的某个购物中心、服务中心,或是人们主观界定出来的某个社区,以便在地图上识别。所以,这样的地方概念就与空间的经验关系不大,而只是同认知的空间(cognitive space)有关。

## 2.5 认知的空间

认知的空间由抽象的空间所组成,作为人们反思的对象而存在,目的是为了发展出与空间相关的理论。爱因斯坦曾认为(Jammer,1969,p. xiii):"空间的概念……仅次于在心理学上更为简单的地方概念"。事实上,在西方文明中,第一次真正关于地方的连贯一致的陈述,比如亚里士多德著名的地方理论,都是第一次尝试着对空间实施概念化。因此,阿基塔斯(Archytas,引自 Jammer,1969,p.10)指出:"每一个身体都占据着特定的地方,身体存在的前提就是地方的存在。既然,任何一次移动都是移动到了特定的地方当中,并且去做什么和遭遇什么其实都是某种运动,所以很显然,地方就是事物的第一性,只有在地方之中,做什么与遭遇什么才具有存在的基础。"亚里士多德的理论在本质上是对这一论点的延伸。他认为,事物所处的地方并非事物本身,地方与事物是可以分离开来的,一个地方可以由"围绕它的边界"来界定,也是"事物的所在之处,并且在逻辑上是成立的"(W. K. C. Guthrie,引自 Lukermann,1961,p. 207;Swinburne,1968,p. 12)。地方概念的本质在于事物的相对位置,它的内涵被系统化地运用在了欧几里得式的空间当中,于是,地方就被理解为能被一套坐标系所定义的位置。认知的空间正是一套均质化了的空间。在其中,无论在何处、无论哪个方向都具有同等的价值。该空间是统一的、中性的且是单维的,是几何学的、地图学的、空间组织理论中的空间(图 2.5)。该空间是可以被人们反思的一种形式,如若不是常被用来作为规划与设计的基础,那么,这样的空间对人类的直接经验来说就不具有多少意义了。

## 2.6 抽象的空间

抽象空间与认知空间之间的区别只是近来才被人们发现,原因恐怕在于人们认识到了欧几里得式的空间并不能如实地反映出某些绝对的空间,而只是一种人造物而已。反而,其他种类

## 2. 空间与地方　41

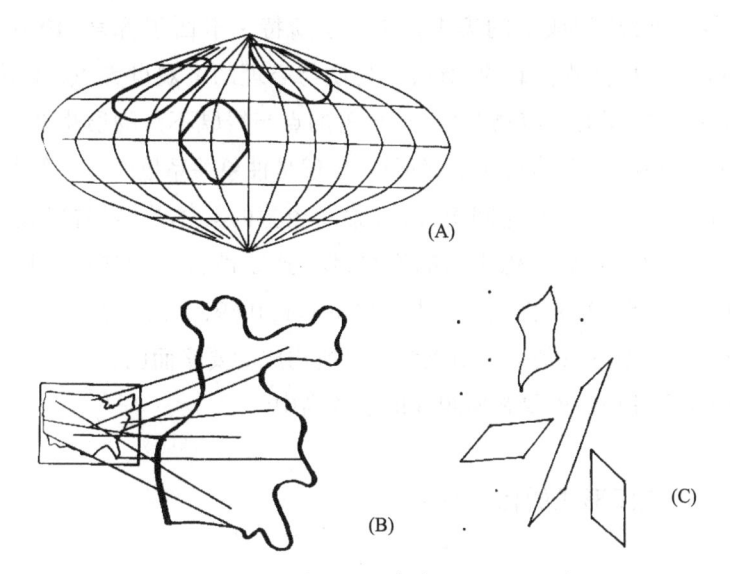

图 2.5　认知空间与抽象空间的若干形式

（A）正弦投影地图——这种扭曲的图形是地球表面上的真正圆形（引自 Patton 等，1970，p. 26）。投影地图可能是认知空间的最为清晰的呈现。

（B）美国地图的拓扑转换——把认知空间转换为抽象空间（来自 Bunge，1962，p. 221）。

（C）基本区域示例——点阵平面上的区域，通过 X 和 Y 变换把整个点阵准确填充，通过变换生成原初的点阵，从而把区域转换到平面上（来自 Bunge，1962，p. 222）。

的几何学与类型学可能还要显得更加精确一些（Norberg-Schulz，1971，p. 10；Hawkins，1964，chapter 2）。抽象空间是由逻辑关系所构成的空间，它能让我们在脱离经验观察的情况下去描述它（图 2.5）。它是经由人类的想象力创造出来的产物，也是符号性思想成果的集中体现。恩斯特·卡西尔曾言（1970, pp. 48-49）："我们必须承认，在物质与心理的客观世界里，找不到抽象空间的对应物"，"几何学里的点与线既不是物质也非心理的对象，它们其实什么都不是，仅仅是抽象关系里的一些符号而已"。在抽象的空间里，所有感知经验的具体差异都被抹杀了，空间只是被构想出来的产物，像"连续性、各个方向的同一性、均质性、有限性与无限性"（Jammer, 1969, p. 7）。在这样的空间里，地方只是一些由点和符号所构成的要素而已，它们被编织在了各种抽象要素所组成的系统当中。

## 2.7 空间形式的相互关系

对不同形式的空间意识进行分类，便能揭示出空间意义的广阔性，以及地方意义的多样性。当然，这样的分类不仅是可行的，珍妮·赫尔施（Jeanne Hersch，引自 Matoré, 1962, pp. 113-114）还区分出了另外几种类型的空间：先验空间、实用空间、社会空间、物理与物质空间（参考 Dardel, 1952; Tuan, 1975）。我们绝不能认为这些类型的空间相互之间界限分明，相反，它们在人的思想与经验里具有相互的联系。诺伯-舒茨（1971, p. 11）认为："实用的空间能将人与自然环境有机地结合在一起；知觉的空间对于人的自我身份认同具有核心的意义；存在性的空间能让人归属于某个社会与文化的整体之中；认知（cognitive）的空间意味着人可以对空间展开思考；而逻辑的空间……则为人提供了描述其他空间的工具。"在此基础上，我们还能加入建筑的空间与规划的空间，它们能将思想与经验结合在一起。该分类似乎为我们提供了一套从实用空间向抽象空间演进的模式。但这样的演进模式并不准确，因为在今天的技术社会大环境下，认知(cognitive)的概念几乎无处不在地对我们的经验造成影响，也影响着我们建造空间的过程。我们感知空间的经验里很重要的一部分正是地图知识与规划知识，它是我们赖以生存的重要知识，由此，我们才能使用交通地图在熟悉(比如居住地)与陌生的城市里搜索路径。而我们对任何一个区域和城市的突出意象也是它们各自在地图上展现出来的形状。认知的观念在自觉与不自觉的层面上都构建着我们的居住环境；大多数人也都是在城市的规划空间里，比如在被测量过的、具有几何特征的郊区里才找到了那些"自然的、有机的空间"。

同时，与空间关联着的地方，具有多种相互联系在一起的意义。地方并不是一个无差异的经验现象，地方的经验也不是在任何处境下都会保持一致。相反，地方同人类的经验和意图一样，都具有十分丰富且微妙的含义。所以，奥尔多·凡·埃克(Aldo van Eyck, 1969, p. 209)写道"一个村庄(小镇或城市)不仅是一簇地方，它们同时还包含了很多簇地方，因为每一簇地方都是为着不同的居民而存在的……"。当一名波士顿人被问及关于城市身份最重要的要素是什么的时候，他会说最重要的要素是那些旅游景点，如波士顿公园、老北教堂、保罗·热维尔故居(Paul Revere's House)；但对波士顿人自己的日常生活来讲，最重要的地方却是他们自己的家和工作地。这并不矛盾，因为事实上，以知觉空间为基础，源于直接经验的个人的地方，被组织在了存在性空间里的更为公共的地方之中，也是这些公共地方的基础。人们能认识这两种地方——个人的地方与公共的地

**44** 地方与无地方

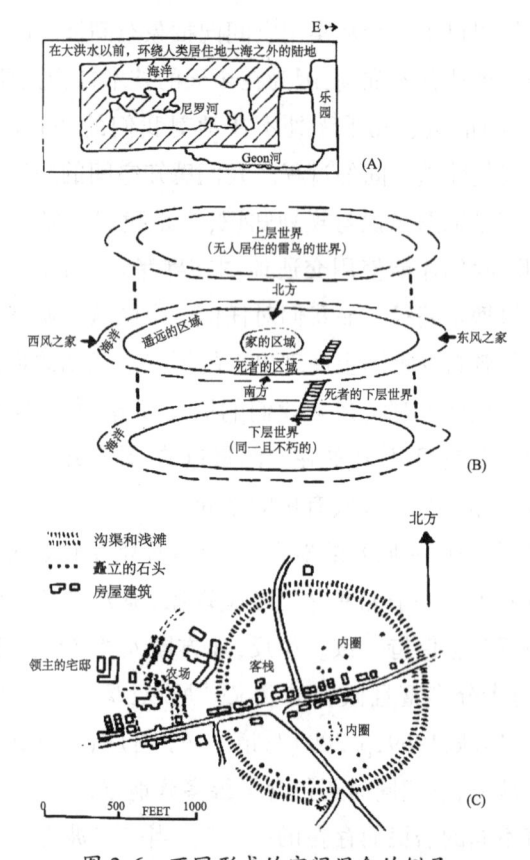

图 2.6 不同形式的空间混合的例子

(A)基督徒、地形学研究者科斯马斯(Cosmas)所描绘的世界。在他的绘图中,呈现出认知空间和神圣空间要素的原始概念的结合。

(B)索尔托(Salteaux)印第安人关于宇宙的概念(基于 Hallowell 的记载,1955)。这一概念把世俗空间和神圣空间与认知空间甚至还有实用空间的元素相互结合在了一起。

(C)英格兰威尔特郡埃维博里(Avebury)村,这个村子部分位于新石器时代的石圈内。图中列出了已经死去的神圣空间以及村庄中自发营造出的空间,两者均被展示在了地图的认知空间里。

方,主要是通过认知空间(cognitive space)里具有正式定位的地方所构成的网络来实现。当人的意图发生变化的时候,地方也会发生变化。我们不应该把这样的变化视作混乱;反而,这些变化反映出了人们丰富的地理经验,不同类型的地方相互补充着彼此。

  空间里的某些方面被识别为地方,因此它们吸引着我们不同的关注与意图,所以它们才具有了相互之间的差异性。正是因为这样一些焦点的存在,空间里的某些方面才从周围的背景里区分了出来,当然它们也是周围空间背景里的一部分。然而,空间所具有的意义,尤其是生活空间具有的意义则源于直接经验基础之上的"存在性的地方"与"知觉的地方"。该意义厚重深远,其关系也意味深长。海德格尔(引自 Norberg-Schulz,1971,p.16)曾写道:"空间从地方那里获得了自身的存在,而不是从空间(the space)那里获得……。人与地方的本质关系在于栖居(dwelling),也通过该关系进入到了空间里……该关系是人存在的本质属性。"

## 3. 地方的本质

在我们的日常生活中,地方并非孤立起来让我们去经历的事物,也不是一个可以被清晰界定的物体,供我们一目了然地用位置和外貌去描述。相反,我们感知到的地方都是置于明暗相间的背景里、纷繁芜杂的风景里,也体现在各种各样的仪式和惯例里。同时,地方也在他者的经验里、个体性的经验里、在人们对家园的关怀里,甚至也在其他的地方构成的背景里体现出来。因此,有必要仔细思考一下约翰·多纳特(John Donat, 1967, p.9)的提醒:"地方会呈现于任何一个层面的认同之中:我的地方、你的地方、街道、社区、城镇、村庄、区域、国家和大洲。但是地方却不适合按照严谨的层次进行分类。因为地方彼此之间会相互重叠和渗透,并会朝着多样化的诠释开放自身。"尽管在人的地方经验中,地方的尺度会显示出它的复杂性与多样性的特征。但是,一旦我们把地方作为一种现象去理解的时候,这些特征往往又会成为绊脚石。然而,目前还是有一种能够去诠释地方现象的可能途径。那就是,将地方视为人类经验里有着诸多方面的现象,并考察地方具有的多种属性,诸如位置、景观,以及个人的参与。我们可以根据这些方面对我们的经验与地方感的重要程度做出评价。如此,意义的根源或地方的本质就能够被揭示出来了。

## 3.1 地方与位置

当列维-斯特劳斯(1971, p. 66)首次航海到拉丁美洲的时候,他写道:"这简直不能算是一场旅行,船舶对我们而言就不能算是交通工具,而更像是在大自然(Nature)面前的一个居所——一个家。每天,大自然都在我们面前展露出新的一面。"关于这样的主题,苏珊·朗格(1953, p. 53)在建筑的地方观念中展开了更为哲学性的思索,她认为,地方是由文化来定义的,而地图感知中的位置要素,仅仅是地方的一个次要属性:

"……尽管一艘船在不断地改变它的位置,但这艘船却是一个自足的地方。同样,对于吉普赛人、印第安人或马戏团的一个营地来讲也是如此,尽管它们都在不断改变大地测量轴界定的位置。从字面上来说,一个营地位于一个地方,但是从文化上来讲,这个营地本身就是一个地方。吉普赛人的营地与印第安人的营地是不同的,尽管从地理位置上来看,前者可能正好位于后者曾经驻扎过的某一个位置。"

当然,这里也存在着一些例外,那就是多数地方都只能算是一些位置而已。但这也同时表明,尽管位置是地方的普遍条件,但它既不是必要条件也不是充分条件。这同时揭示出一个很重要的观点,那就是迁移或流浪并不能够消除人们对地方的依附。像巴西的波洛洛部落(Bororo),他们每隔三年就会把居住过的村落毁掉,又在另外的地方重建村落,但他们依然维持着与居住地的亲密关系(Choay, 1969, p. 29)。同样,在当今社会,那些最具流动性的人也不会自然而然地处于无家可归的无地方状态;

相反,他们具有迅速依附于一个新地方的能力,要么是因为新地方与旧地方在景观上相似,要么因为这些人能对全新的经验持开放的态度。伊安·奈恩(Ian Nairn,1965,p. 10)曾写道:"人们能在极短的时间之内……扎下根来;拿我自己来说,48 小时就足够了……我甚至会自相矛盾地认为,移动反而会增强人们的地方感。"

## 3.2　地方与景观

苏珊·朗格(1953,p. 99)在讨论建筑的地方时谈道:
"……若一个'地方'铭刻着人类的生命,那么它肯定就会具有一定的生命组织形式……。该地方的屋舍立在大地的表面,屋舍若被烧毁了、破坏了或搬迁了,这个位置依然会是同样的地方,它不会改变。但如果一个地方是由建筑师建造出来的,那么它就是短暂的,因为它源于某种情感或所谓氛围的视觉呈现。屋舍若摧毁了,地方也就消失了……。"

虽然这种地方观较为复杂,包含了一些难以理解的,会随着时间流逝而发生变化的性质,但这一观念揭示出:首先,地方具备某种物质和视觉上的形式,也就是景观。另外,特定的外观,不管是建筑物的外观还是自然的特征,它们都是地方最显而易见的属性之一。这些属性真实且丰富,可以对之展开描述。作为视觉景观,地方还具有明显的中心性,或呈现出某种特色,像城墙环绕的小镇、集结成核的村落、小丘顶,或河流的交汇处。这样的地方常常能够清晰地被界定出来,能引起大众的注意,并在旅行账户或地理说明书里显得举足轻重。但是作为景观而存在的地方,并不是一个简单而单纯的外观而已。劳伦斯·德雷尔(Lawrence Durrell,1969,p. 157)在对环境决定论的严肃讽刺中说到,人类是其景观的表达,人类的文化产物总是铭刻着显而易见的地方特质:

"我相信,你可以依靠蒙古人(Tartars)一口气消灭法国,再建立一个新的国家。但不出两代人,你就会惊讶地发现,原有的民族特性又回来了。像法国人所具有的永不满足的形而上学好奇心、为了美好生活的柔情满怀,以及热情激昂的个人主义,尽管他们的鼻子都是扁平的。这就是你看不见的某个地方的恒久特性。"

简而言之,一个地方的灵魂深藏在它的景观之中。同样,正如勒内·杜博斯(Rene Dubos)所言,如果不那么极端的话,地方始终具备它的"持久性"(persistence)。地方的外观与精神始终具有连续的不变性,就像一个人从童年到老年,他的外貌中始终不会改变的那些特征一样。因此,特定地方的认同也会在外观的多次变化中维持下来,因为它拥有某些内在的、潜藏起来的力量,即"内在的神"(a god within)。不论这种神秘的观点是否会引人入胜,但我们却无法否认,这些物质特征的具体关系——不管是自然的还是人造的——对于界定地方而言有着十分重要的意义。就连海德格尔(Vycinas,1961)在他关于地方、家园,以及天、地、神、人之间关系的本体论阐述中都在极力强调景观的视觉属性,并列举了像桥梁、希腊神庙、黑森林里的农舍等例子。

无论是在直观的与显而易见的感知层面上(看得见的属性为我们提供了人类行动的可见证据),还是在对人类的价值与意图进行反思的更加微妙的层面上,当地方作为景观被人类所体验的时候，它的外观始终是一项很重要的特征。但是，我们不应该把所有的地方经验都理解为对景观的体验。我们都会有这样的感受，那就是，当多年之后再次回到故地时，会发觉所有的东西都改变了，尽管这个地方的外观没有发生多大的变化。无论我们曾经和这个地方的景色有着怎样的羁绊，但现在，我们就只是来客和旁观者而已了，只能凭靠记忆去重新捕获故地的重要特质。

### 3.3　地方与时间

　　随着时光流逝，地方的变化可以在景观上体现出来，也能在我们的思想态度上体现出来。在长时间的离别之后，这样的变化会更富有戏剧性。另一方面，地方所具有的恒久特征显然与我们不断变化的经验里的连续性有关，也与变化本身的固有本质相关，该本质强化着我们的地方依附。例如，英国和威尔士地方政府皇家专门调查委员会发现，人们对家园（home area）的依附会随着居住时长的增加而增强，同时，更为普遍的是，人们对一直居住的出生地，其依附感最为强烈（Hampton, 1970, p.112）。所以，这似乎揭示出，随着居住者地方依附的增强，其家园的特征也会发生变化：一方面，在于居住者不断积累的地理知识与社会知识；另一方面，在于居住者会投入到该地方的更多事务当中。所以，依附感的增强，以及对地方持久性的感知，会让人觉得不论周围的世界怎样改变，这个地方作为一个与众不同的实体会持续地存在下去。

　　当然，上述的观点也会引起误导。事实上，被个体与文化所界定的地方,作为场所、活动或建筑物在繁荣、发展以及衰落的过程中,在获得新的意义之时,都会失去原有的意义。可能存在着一个演变的过程,那就是现在所出现的地方及其意义源自并取代着曾经有过的地方和它们的意义,像耶利哥城(Jericho)①正是如此。耶利哥城在废墟上被不断建造起来,尽管后来重建的每一座新城都位于相同的位置,但已经不再是祖先们所拥有的那座城市了。另外,还有一些消失了的地方,事实上,世界上到处都是消失之地遗留下来的残骸,像巨石阵与卡尔纳克(Carnac)②、阿兹特克与印加文明的城市废墟,以及鬼城、废弃的农场,它们都已经失去了原有的意义,或成为了游客、过路人、旁观者的休闲地仅供参观而已。此外,地方性的仪式与传统能强化人们对一个地方的持久感知,防止地方的消失和意义的凋零。这些仪式看起来可能会引人入胜,像在英格兰的某些地区,就有"敲打边界"(beating of the bounds)的仪式,每年都会有仪仗队绕着教区的边界列队行进。再比如,罗马的 lustratio 仪式,每年都会有游行队伍沿着农场甚至城市的边界行进,这样,边界线就会变得神圣起来(Fowler,1971,pp. 212-214)。在象征与法律的层面上,这些仪式不断界定着一个地方,并使当地的后人也能知晓其中的含义。几乎任何一种形式上的、反复呈现出来的传统都是为了想要不断建造一个地方,并将这个地方的永恒性与连续性传达出来,甚至是在历史动荡和激变的岁月里都是如此。

---

① 耶利哥城:约旦河西的一座古城。——译者注
② 卡尔纳克:卡尔纳克神庙,埃及中王国及新王国时期首都底比斯的一部分。——译者注

弗朗西斯·菲茨杰拉德(Frances Fitzgerald, 1974, p. 16)曾描写过越南的村民, 在过去二十年里有的人曾搬迁过十八次之多, 甚至更多, 他们的村庄被炸毁, 最后还被推土机清理得一干二净:

"这些村民的生活力量从何而来? 我在解放区采访时发现, 这一力量来自他们特定的历史观……关乎于时间, 而非空间……。在我离开那里之前, 村里的族长……向我解释, 他为什么会在当时坚持让我这样一位陌生人, 甚至是一个外国人参加他们为先祖举办的宴会。他说'你的造访是吉利的。过去, 那些外来人摧毁了我们的房屋、农田和祖先的坟墓, 但今天, 你来参加我们祖先的周年庆, 这让我们看到了和平的先兆。'在欢迎致辞里, 他提到了三十年战争的事, 但是, 他却把这场战争视为宏大家族史里的一个次要事件。他们的这种视角明显不能让绝望的情绪掺杂进来, 否则, 今日的生活就无法继续下去了。"

这样的地方情感建立在对几个世纪的时间跨度进行体察的基础之上, 尤其在于对传统的坚持以及对祖先的崇拜。一名越南妇女留在战场上开展农耕的事情就能说明这一点: "然而, 这片土地是我祖先留下的, 我不能离开这里"(Fitzgerald, 1974, p. 14)。

许多仪式、习俗和神话, 都能暂时地(如果不是刻意地)强化人们的地方依附, 该过程主要是通过不断地去承认地方的神圣性与永恒的意义来实现, 也通过不断承认人与地方的持久关系来实现。当仪式和神话都失去了它们的重要意义, 人也不再参与其中的时候, 地方的持久性就会变得岌岌可危。像在我们的文化里, 过去的传统都显得无足轻重了, 那么, 除了在个体经验的层面上, 这些地方都变得和历史无关了。这样说并不是指人们不会去关注历史,而是说,在更深的层次和意义上,地方从历史当中抽离了出来。而这正是托马斯·曼的小说《魔山》的主题(未注明出版日期,p. 105)。

"到了一个陌生的地方,头几天会觉得新鲜,让人心旷神怡。这种状态能持续六至八天左右。但随着你'习惯了'这个地方后,便渐渐觉得,光阴的步伐变得越来越轻盈,就像落叶悄无声息般地不断溜走。"①

在这里,只有惯常的照旧,表面的变化与人们的行为都失去了意义,传统也不再重要,地方也几乎不再改变,只停留在了无可抗拒的当下。我们对地方的经验最通常是和时间联系在一起的,因为该经验始终与流动性和连续性有关。而地方本身就是过去经验和过去事件乃至未来希望在当下的呈现。但正如托马斯·曼所说的那样,地方的本质既不存在于没有时间的状态,也不存在于时间的连续性之中。上述的这些维度尽管简单明了,但却深深地影响着人们对一个地方的体验。

## 3.4 地方与共同体

英国地方政府皇家专门调查委员会总结说,随着居住时长的增加,人们对家园的依附感不断增强,该依附主要"在于人与人之间的关系,而不是人与物质环境之间的关系"(引自Hampton,1970,p. 115)。换句话说,调查委员会赞成一种普遍观点,认为,地方的本质是人,而外观与风景只是微不足道的背

---

① 本自然段译文参考吴学颖译《魔山》,新星出版社,2014 年。——译者注

景而已。所以,艾尔文·托夫勒(Alvin Toffler,1970,pp. 91-94)认为,在今天的西方社会里,很多人都觉得不管居住在什么地方,只要与志同道合的人待在一起就如同在家里一样了。他们对共同体(community)的这种强调似乎过于疏忽了地方经验中物质环境的重要性。也可能是因为米纳尔(Minar)与格里尔(Greer,1069,p. 47)提出了如下观点才导致该结论的出现:"在人际交往的层面,忠诚感与认同感的建立,多数出现在人们都具有共同价值观立场的时候。"但其实,对景观与地方缺乏持续的关注并不能说明它们不重要。在很多时候,我们都会将自己的外貌与朋友的外貌视作理所当然,尽管外貌是构成身份认同的基本要素。

共同体与地方之间的关系强烈地影响着彼此的身份认同。而且,地方的景观也是共同体的信仰、价值观与人际关系的呈现。例如,刚果姆布提族卑格米人(Mbuti pygmies)就根据人际关系中的敌与友来安排村落的位置,以及屋舍与门径的朝向。因此,村落与屋舍的规划是灵活多变的,能直接反映出共同体内部的社会关系(Turnbull,1965,p. 357)。我们所处的地理环境,不太可能具备这样的灵活性,但我们的社会阶层却往往能明显表现在丰富的景观里,像中产阶级的景观、穷人的景观等等。通过住房与付租等形式,很多人都能形成特定的身份认同,也借此来维护自身的稳定性,防止变化的出现。所有的文化都以某种方式蕴含着共同体及其营造出来的地方所具有的相互关系,瓦格纳(Wagner,1972,p. 53)对其中的机制进行了很好的总结:

"公共事业将一个地方的所有家庭聚集在了共同的目标之下,比如,家庭之间对土地的分配,对用水的供给和对其他公共设施的建造,像一起修路、树立公共建筑,如陵墓、圣祠和崇拜场所。居民点尽管存在布局的分散性,但人们却因共同的努力而居住在了一起。他们共同的命运与身份认同也通过独特的符号和其他的方式呈现了出来。"

这尤其体现在了景观里,景观成为相互交流的媒介。借助景观,所有的要素都具有了意义,街道、游行队伍、乡村足球队,等等,它们不仅将共同体联系在了一起,也让整个共同体的意义突出地呈现在了人们的眼前。同时,人们共同经历的这些景观信息和象征符号都能维持奥尔多·凡·埃克(1969,pp. 17-18)所说的"集体的条件性地方意识"(a collective conditioned place consciousness),它给予当地人共同的源于地方的认同,该认同属于地方本身,但反过来也是如此。罗纳德·布莱斯(Ronald Blythe,1969,pp. 17-18)在研究东安格利亚(East Anglia)①的阿肯菲尔德(Akenfield)村的时候,也发现了类似的现象:

"当地村民从未离开过他们出生的地方……他们始终保留着村落的特殊标志。如果有人说他自己是从阿肯菲尔德来的,那么他就是在告诉邻居们更多的信息,比如他的外貌和政治立场,等等。"

总之,人就是地方,地方也是人,尽管在概念上两者是可以区分的,但在经验的层面上,它们两者很难区分。所以,地方是公共性的。地方因着人们共有的经验被建造和被认知,地方内部也存在着共同的符号与意义。

---

① 东安格利亚:英国英格兰东部地区,包括诺福克郡和萨福克郡。——译者注

35 　　　还有另一种类型的公共地方——人们不是在共同体的基础上去理解它们，而是从地方性的物质或符号的层面上去理解之。所以，某些飞地、围场、城市广场、围墙环绕的城镇、聚集成核的村庄都能给人带来独特的内部体验，这是一种独特的地方经验（Cullen，1971，pp. 21-36）。同样，十字路口、中心聚集地、自然地标和人造地标，它们不仅引人注目，同时，它们都以某种方式，从周围的环境里凸显了出来。由于它们具有的中心性或显而易见的模样，或庞大的体量、不拘一格的设计风格、不同寻常的自然面貌，或由于某些相关的历史事件，如著名人物的诞辰或逝世、赫赫有名的战役与条约，等等，这样的地方就会具备很强的可意象性（林奇，1960）。可意象性并非一成不变，也不是地方绝对的特质，过去极其重要的一些地方都可能被更大体量的建筑物替换掉，其意义也会逐渐消亡。比如，到了19世纪，中世纪城镇里的教堂尖顶就逐渐隐没在了四处林立的工厂烟囱里，而到了20世纪，它们两者又竞相在直插云霄的摩天大楼里显得低矮和卑微。但尽管如此，那些具有高度可意象性的公共地方依然保持着中心地位，供人们去体验，像莫斯科红场、尼亚加拉大瀑布、雅典卫城，等等，这些地方都借助流行元素、政治体系与信仰的变革吸引了大量的公众。

　　公共的地方借助高度可意象性来吸引大众关注的过程并不是单纯的——这些地方所具有的独特外观与形式恐怕会被官方郑重其事地利用，还会被进一步地打造，如此，"权威"就在普通人的面前显得望而生畏了。刘易斯·芒福德（1961，pp. 386-391）研究了文艺复兴时期的建筑，尤其是巴洛克式的城市规划与纪念性建筑物，发现它们几乎都是世俗军权的呈现，该权力在地方统治者管辖的军事工程师手中得到贯彻。同样,皇家宫殿、第三帝国的巨型广场、斯大林俄国纪念性建筑物、华盛顿大道,它们都毫无疑问地传达出权力的中心性,也彰显了背后的统治者。最近,这些宏伟的建筑物更多属于大型企业所有,高耸入云的办公大楼赫然矗立在城市的中心地带,由最负盛名的建筑大师所设计,并由企业创始者的名字来命名,像匹兹堡的美国钢铁公司、波士顿的约翰汉考克大厦、伦敦的壳牌,以及多伦多的多伦多道明中心。它们都以欲与天公试比高的姿态渴望成为世界最高的建筑。但是,不论它们的缔造者是最高元帅、独裁者,还是大型企业,其背后都充斥着马基雅维利式的(不择手段的)公共地方建造的野心。诺伯特·古德曼(Robert Goodman, 1971, p. 103)对此进行了很好的总结:"当官方建造的公共地方越是显得宏大、越具有纪念性的意义,那么,市民的个人环境就越会显得微不足道,因此,人们就越容易震慑于官方环境的权威性……"所以,正是借助这种官方的公共地方,中央集权的政府与组织机构才能彰显它们自身的地位与权威。此外,各种类型的盛会与游行活动,比如红场的劳动节游行,圣彼得广场上的教皇祝福等,都是在不断强化着这类地方的权威性。

官方的公共场所并不都是显而易见地呈现于大众眼前。事实上,电影与电视这类媒介都将这些建筑物的尺寸缩小了,以至于不能完全传达出它们的震慑力,可能还会将其宏大的体量呈现为一种抱残守缺的过时元素。当今,那些具备分量、表达权力的公共地方,像唐宁街10号的阶梯,白宫椭圆形的办公室与前厅草坪,都是小而严谨的地方。尽管这些地方不常常向公众开放,但它们都是重大决议的产生之处,也是在众多摄像机与麦克风面前发表重要讲话的场所。

## 3.5 私有的与个人的地方

官方的公共地方,以及那些被公众共同经历的地方,都是地方的一种特定形式。尽管人们的共同经验为理解地方提供了必要的元素,但还不足以让人们把握地方的本质。人们对地方与景观的经验都是个体化的,因为每个人都是从自己的角度、态度、经历、目的与背景去看待某些地方与景观的(Lowenthal, 1961)。J. K. 怀特(J. K. Wright, 1947, pp. 3-4)也认为:"整个地球都是由无数个微小的新大陆构成的一张拼贴画",也就是个人的私有地理学。尽管不得不承认所有景观都具有个人化的色彩,但我们更需要明白的是,人们对于每一处景观的经验既有个人化的色彩,也被赋予了共同的背景,因为,每个人既是个体化的人,也是社会的成员。

更为重要的是,对于我们而言,由于私有化的地方所具有的物质特征或独特的含义,使得它们从公众的世界里分离了出来。理查德·哈格特(Richard Hoggart, 1959, pp. 32-38)发现在英国劳动阶层的文化里,客厅或厨房构成了高度私有化的地方,是家庭与个人生活的中心。进而在这些地方,每个人还有属于他自己更微小的地方———一把椅子,或一堆别样的事物。这样的情况在其他文化里也同样存在,例如,在多伦多较富裕的一个街区——森林山酒庄(Forest Hill)里,西利等人(Seeley et al, 1956, p. 56)发现,家里"应该有一张桌子或一个被划分出来的区域,供辈分较高的家庭成员使用。这些区域要么是一个房间,要么是一处角落、架子或抽屉什么的……。当一个人占据了他的私有空间时,就不会感到焦虑不安了。"

很显然,这些个性化的,以及被公众尊重的地方对我们每个人来讲都十分重要,因为这些地方展显了我们的个性。但是,私有化的地方并不一定会直截了当地、显而易见地呈现出来。人们对这些地方不具有共同的知识;相反,这些地方对于人们来讲,其意义是非常独特的,是铭刻在心里而非直接呈现出来的。尤其是像童年的故地,它对于很多个体而言都构成了人生的重要参照点。它可能是一些地点或场景,即或那些场景并非是当下正在体验的场景,也都能唤起特殊的个人体验。所以,雷内·都博斯(Rene Dubos, 1972, p. 87)写道:"我所能记住的,是地方的情感,而不是那些准确的特征,因为,地方在我心中唤起的是生活里的情境,而不是某个地理学上的地点。"或许,有些个人化的地方也是某种"巅峰体验"(peak experience)的来源,正像马斯洛(Maslow, 1968)所言,它是一种纯粹个人化的、个体认同的狂喜体验,源于同某种地方的相遇。华莱士·斯特格纳(Wallace Stegner, 1962, pp. 21-22)写道:

"有的时候,我仍然会梦见……在马丁大坝(Martin's Dam)下方的那段曲曲折折的白泥河(Whitemud River)。每次做过这样的梦,醒来后,就会被一种长久压抑的恋乡之情萦绕心头……让我魂牵梦绕的竟然是河流的一段死水,在好些年里,我的意识里满是冲动……让我的潜意识就像一匹老马奔向谷仓似的,想要奔向那个地方。"

斯特格纳的情况说明,人们梦见的或牢记于心的地方会生发出有意义的个人体验。但是,当下正在遭遇的地方也同样会产生意味深长的体验,不管是突如其来的狂喜,还是慢慢酝酿出来又不断深入下去的感受,关键在于这个地方对于你来说是独一无二的,你对这个地方的体验也是完全私人化的。当阿尔伯特·加缪(1959,p.70)见到佛罗伦萨的波波里花园(Boboli Gardens)的时候说道:"我明白了,尽管有成千上万的人见过这样的美景,但对于我来说,它仍旧像是天空中绽放出来的第一缕微笑。望着它,我能深深感受到,我已经不再是我自己了"。这种情形就是所谓的恋地情结(topophilia),是与某处有意义的、私人化的地方展开的强烈际遇(Tuan,1961,1974)。

## 3.6 扎根与地方关怀

在公共与私人的层面上,在人们已知的,和正在被揭示出来的地方经验里,总是存在着人们对于特定地方的紧密依附与熟悉感。这样的依附就形成了人们在一个地方的根;而该熟悉感不仅体现为丰富的地方性知识,还更体现在了对一个地方的深切关怀中。

依附于某个地方,并深切地与之相连,乃是人类的一项基本需求。西蒙娜·韦伊(Simone Weil)①在《需要扎根》(*The Need for Roots*,1955,p.53)中写道:

"扎根,或许是人类灵魂最重要、最基本的需求,但同时它也是最难定义的概念之一。人类通过积极、真实,且自然地参与

---

① 西蒙娜·韦伊:20世纪法国哲学家、社会活动家、神秘主义思想大师,犹太人。——译者注

到社区的生活里,并在某地扎根。人类的这一参与过程体现出对未来的期许,该期许又构成了人们的生活形态。同时,这一参与过程由某地的特征、出生的环境、职业和社会的状况自然而然地诱发出来。每个人都需要多重扎根,进而形成他的整个道德体系、理智与灵性所构成的生存环境,他作为环境的一部分生存于其中。"

韦伊含蓄地指出,人对扎根的需求与对秩序、自由、责任、公平与安全的需求同等重要。事实上,在一个地方扎根或许是人类灵魂能在其他方面得到满足的前提条件。这也是罗伯特·科尔斯(Robert Coles, 1970, pp. 120-121)在研究美国儿童失根(uprooted)现象时所总结的:

"需要扎根,乃完全是我们的本性,我们拼命地渴望扎根,渴望归属感,用尽全力让某地成为你的、我的和我们的地方。尽管国家、区域、州、县、城镇,所有的这一切都与政治、地理和历史相关,但却又不仅限于这些层面,因为它们还反映出了人类的本性,那就是人类需要滞留在一个地方……去了解他人……而我正在谈论的这些事物都可以被称为某个特定的环境、空间或是邻里。"

在一个地方扎根,意味着拥有一个安全的立足地,我们可以从此出发去观看世界;也意味着可以在事物的秩序里去把握我们自身的立场;还意味着,我们能够在物质与灵性两个层面上形成对某地的有效依附。

我们最深切依附的地方恰好是我们给予了关怀的地方,在那里,我们拥有丰富的体验,并拥有一套复杂的情感与责任。但是,地方的关怀却不仅于此,它还涉及更意味深长的一些东西,比如，它不仅是一种出于过去经验而展开的未来期望，它还是对一个地方，对地方里的人以及自己所肩负的责任和具备的尊重。换句话说也就是人对一个地方的全然委身（commitment）。委身的状态是人类所能达到的最高状态，因为"关怀"正是"人与世界相互连接的基础"（Vycinas, 1961, p. 33）。

这种委身与责任蕴含在海德格尔所说的"sparing"里（Vycinas, 1961, p. 266），它是指让事物，或事物所在的地方以它们自己的状态存在，也是允许这些事物存在于它们各自的本质里，在放弃让事物臣服于人的同时，借着建造与培育的方式来关怀事物。sparing 就是让事物以它自身的状态待在那里，不要因某种原因刻意改变它、开发它。这在海德格尔黑森林农舍的例子里得到了很好的表达，这个例子展示出他所说的"人类存在最为本质性的四个方面"——对天、地、神、人的尊重（Vycinas, 1961, p. 261）：

"在这里，当一个人把房屋建造在朝南避风的山坡上，在牧场之间靠近泉水的地方，那么反映出的，是大地本身决定了房屋的营造；而人开放地面对大地的这些条件，则仅仅作为一名响应者而存在。当他给房屋一个宽阔伸展的木板屋顶，并具有适当倾斜度的时候，他考虑到了冬季的暴风雨，使得房顶足以承荷冬日积雪的重压。在此，天气，或者说天空，决定了房屋的结构。另外，一处祷告的角落则是对上帝的回应，而一处放置摇篮与棺材的场所则是此人道德的反映。"①

只有通过这样的 sparing 与关怀,人类才能恰当地认识自己的家园。拥有家就是"栖居"(dwell)——对海德格尔来说,栖居就是人类存在的本质,也是存在(Being)的基本性质。

## 3.7 家一样的地方:作为人类存在意义深远的中心

文森特·文森纳斯(Vincent Vycinas,1961,p.84)以释义的方式重述了海德格尔对家的描述:"家是我们无以抗拒且无法改变的一种存在,我们不仅归属于它,它还决定了我们人生的轨迹与方向,尽管在许多年以前我们都曾远离了自己的家园。"作为单个人以及社区的成员,家是我们认同的基础,也是存在(being)的栖居之地(dwelling-place)。家不仅是你刚好住进去的那套房子,也不是遍地都是、能让我们随意替换的玩意儿,相反,它是不可替代的意义中心。这样的表达或许过于形而上学了,让人不好理解,但是,它的的确确是我们日常经验里不可或缺的要素,并具有普世性的意义。在下面这段关于阿巴拉契亚农民的叙述中,罗伯特·科尔斯(1972,p.358)很好地阐明了该现象:

"这个地方已经说不上是个家了,已经不再是一个你拥有,你的家族也拥有,你将来的小孩儿还会继续拥有的一个地方,一直持续到世界末日,上帝审判的那一天。这个地方——说真的,

―――――――――

① 本自然段译文中的某些语句适当参考了孙周兴翻译的《筑·居·思》,收录于马丁·海德格尔著《演讲与论文集》(生活·读书·新知三联书店,2005年)。——译者注

房子还真不赖——但也就是我有的一个地方而已吧。我爸爸的一位邻居过去在这栋房子里住过一阵子，现在离开了。我听老爸说他离开了，我就免费把它弄了过来，又把它修理好了。我们很努力地工作，往里面塞了很多东西，也很珍惜它，但是呢，它从来都不能算是一个真正的家，既不是我曾经熟悉的那个家，也不是我和妻子过去拥有的那个家。我们再次回到这里来，发现这里已经不再是我们小时候记忆中的那样儿了，我们不会觉得自己住在祖先们曾经住过的一个地方。我们曾经是这片土地的一部分……"

倘若，家以它最深远的意义呈现出来，它的形态便是对特定场景和环境的依附状态，这区别于其他意义十分有限的地方连接。这是一个可以让我们由此出发，并让自身确定方位的点，这样，我们才能拥有世界。奥斯卡·翰德林(Oscar Handlin, 1951, p.8)在他关于美国移民的研究中记录道：

"'……我出生在该教区下辖的一座小村庄里'，可见，说这句话的农民就是这样一成不变地开始讲述自己的。所以，这暗示出乡村的意义蕴含在农民自身的存在性当中；乡村是一个牢固的点，由此出发，农民便能知晓自己在世界之中的位置，以及他与整个人类的关系。"

而当今社会具有的一个明显特征就是，人类想要维持对家园的依附是相当困难的。上文讲述了阿巴拉契亚农民回望那栋已经消失了的房子；而海德格尔则用过去式展开了对家园的描述，并声称："家在今天，已经是一个被人们曲解了的对象，它仅仅就是房子而已，还可以无处不在。家反而从属于我们，而不是我们从属于家；甚至还可以用价格去衡量它"(Vycinas, 1961, pp. 84-85)。恐怕正如许多存在主义哲学家与社会学家所宣称的那样，现代人真的已经是无家可归了，家园依附的丧失可谓无处不在。但海德格尔说到的家园意义的消失状态可能有点言过其实，因为在完全的依附和完全的疏离之间，还具有很多依附的中间状态。另外，人与家园之间的连接，以及人对家园的委身都会被人们的物质态度所掩饰。通常，只有当人遭遇了严重的丧失和极其艰难的处境时，人对家园的连接与委身才会显露出来。精神病学家马克·弗莱德（Marc Fried, 1963, p. 151）曾调查了波士顿西区居民在房屋被征收后，搬迁到其他地方时的反映，他们大多数人的情感"可以描述为悲伤的……包括对失丧的痛苦感受……无法抑制的渴望……无助……以及理想化看待故地的倾向。"哈维·科克斯（Harvey Cox, 1968, pp. 423-424）也讲述了一则案例，是捷克村庄利迪策（Lidice）被纳粹摧毁以后的事件。一名妇女说道，尽管她失去了丈夫，也与孩子分离，令她伤痛万分，但是，当她再次登上那座山丘，发现曾经的村庄被摧毁得连痕迹和废墟都找不到的时候，才是最令她震惊的。R. J. 利夫顿（R. J. Lifton, 1967, p. 29）在研究广岛市幸存者的时候也同样谈到了类似的情景：一位历史学教授在描述自己对毁灭事件的反映时说道：

"当我爬上比治山向下俯瞰的时候，发现广岛已经全都不见了……我简直被这样的景象吓呆了……无法用言语表达我当时的感受，直到现在都还是如此。当然，这件事情发生以后，我也见过大大小小令人伤痛的事情，然而，当时的那种经历——向下一望，发现广岛市不见了——却是那样的震惊，简直不能用言语来形容！"

尽管在日常生活中,我们很少会意识到自己与居住地之间的这种深度连接,这种连接是心理上的也是存在性的。但该连接的重要性却并不因我们没有意识到而打上折扣。该连接或许会以物质的外观呈现出来,比如对我们意义深远的地方景观,人们感受到的一个地方历经沧桑的永恒性,或者是仅仅被人们知晓的一个地方的实际状况,以及生活里的重大事件。而当我们真正地扎根于一个地方的时候,以及,当这个地方成为我们家园的时候,上述的所有这些方面都将显得意义重大,与我们自身的生存密不可分。其实,家园就是人类存在的基础,不仅为人的活动提供了场景,还为个体与群体的安全感与认同感提供了归属之地。埃里克·达代尔(1952, p.56)写道:

"在能够做任何选择之前,已经有一个地方提供给我们了,它是我们能在大地上存在的基础,是人生存的基本条件。我们确实可以更换地方,不停地搬迁,但我们寻找的却仍旧是一个又一个地方,正因为如此,我们才需要一个能支撑起存在(Being)的基础,进而认识到我们自身的可能性,那就是:在此处(here),世界正向我们揭示出来,而在彼处(there),我们可以向之出发。"

与地方的深度连接对于人类来说是必需的,更是无可逃避的。若没有这样的连接,人类就会丧失存在的意义。

## 3.8 地方之苦

1678年,瑞士医生乔纳斯·霍弗(Johannes Hofer)提出了"怀乡病"(nostalgia)的概念,用来描述伴随如下症状的疾病:失眠、厌食、心悸、昏迷、发烧,再加上不断地思念故土(McCann,1941)。虽然我们也会使用 homesickness 作为 nostalgia 的同义词,但后者的意义更为强烈。因为霍弗同之后17、18世纪的医生都认为,当病人无法返回家乡时,这样的疾病还会威胁人的生命。怀乡病显明了我们之前分析过的人和地方之间深层次的依附关系。但是,诺伯特·伯顿(Robert Burton,1932,p. 344)在16世纪《忧郁症的解剖》(Anatomy of Melancholy)中却写道:"……死亡,或者说另一种类型的地狱……就是让人永远只待在一个地方。"人们普遍觉得,伯顿的这一发现,就是人永远被限制在了一个地方的状态,也是会引发怀乡病的原因之一。同时,他的这一观点表明,依附于一个地方也不总是令人幸福的。人类全然委身的一个地方可以是生存的中心,但也会变成限制和压抑人性的处所。

地方存在着一种根本性的苦痛,它会把人无情地捆绑在一套既定的景物、符号和惯例之中。作为日常生活的基础,地方肯定有着亨利·列斐伏尔[①](Henri Lefebvre,1971,p. 35)所说的"每日生活之苦",其中夹杂着乏味冗长的劳作,最基本的需求占据着人类的身心,让人变得卑微渺小,甚至各种艰辛愁苦也会令人变得卑劣而贪婪。所以,人和地方之间并不总是融洽和谐的,其中也存在着张力。罗纳德·布莱斯(1969,pp. 16-17)在描写东安格利亚村庄时写道:

"在他们父亲那一辈之前,村民们就已经开始外出打工了,

---

① 亨利·列斐伏尔:法国马克思主义哲学家、地理学家。日常生活批判理论的代表人物,提倡城市的正义以及社会空间的生产。——译者注

他们不得不远离同呼吸、共命运的这座村庄……。因为,村里的生活开始变得令人压抑起来,村民们在那里几乎找不到任何一次偶尔外出的机会。所以,年轻人纷纷参军了,年长的人也都陆续离开了这座监狱般的家园。"

当我们全然委身于一个地方的时候,苦与痛总是如影随形。但凡委身,总会伴随着接纳一个地方时所带来的限制和苦痛。我们对一个地方的经验,尤其是家园,总是在需要它与逃离它的张力之间摇摆不定,努力寻找一个平衡点。而当其中的某项需求被满足以后,我们要么会思乡心切,被无根所折磨;要么就会深感一个地方的压抑与监禁。

### 3.9 地方的本质

地方是行为与意向的中心,"是我们在自身存在状况里体验重要事件的焦点"(Norberg-Schulz,1971,p. 19)。事实上,当事件与行动以地方为背景时才会显得有意义,这些事件与行动会被地方所影响,被地方的氛围所渲染。就像梅洛-庞蒂的一则著名例子所说的:塞尚①描绘的不是纯粹的景观,而是普罗旺斯的景色。

这样,地方就融入到了人类的意识与经验的意向性结构(intentional structures)之中。意向性(intentionality)的概念表明所有的意识都是关于某物的意识,也就是:我无法脱离某物去展开思考(Husserl,1958,pp. 119-121)。我们对人类意向性的理

---

① 塞尚:法国著名画家,后期印象派的代表人物。——译者注

解,不能仅以刻意选择的方向与目标作为出发点,而是要关切到人与世界之间所具有的存在性的关系,从该关系出发才产生出了意义。这样,人才能借着意义经验到世界的特征和各种事物,它们不能同意义分开,因为正是我们的意识赋予了事物以意义,无论我们是在自觉地关注某物还是抱着一种不自觉的态度,这样的过程都会展开。

一方面,地方为人类有意识地去界定某个事件与物品提供了背景;另一方面,地方也可以因其自身的特征,成为人类意图的直接对象。第一个方面,地方作为一个背景主要是指:所有的人类意识都不仅是关于某物的意识,还是关于在一个地方之中的某物的意识,而这个地方的意义也关联着该物的意义。第二个方面,地方本身作为人类意图的直接对象主要是指:地方通常都具有固定的位置与特征,始终保持着某种特定的形式。因此,人们可以从社群与个体的经历或者功能性的角度去界定一个地方。地方还能呈现出各种尺度。尺度的大小取决于我们的意图、目的与关注点。比如,作为一个民族主义者,我所拥有的地方就是自己的国家(nation),而在其他情形下,我所拥有的地方就是自己生活的省或区,或者一座城市、一条街道,或者是我家所在的那栋房子,等等。

简而言之,生活世界里的这些层面都能被人们识别为一个地方,它们各不相同,并且牵连着人类的意图、态度、目的与关注点。正是因为人类的关注点,差异化的地方就从周围的空间里凸显了出来,而同时也作为周围空间里的一部分而存在。我们在世界里的经验之所以会呈现出有序的状态,就是因为地方这一根本性的要素将我们的世界组织了起来。马克思·舍勒

(Max Scheler,引自 Matoré,1962,p.16)写道:"要在世界里找到一个和人类有关的地方,那么该世界就必然是一个宇宙(cosmos),因为在混沌(chaos)里没有任何地方存在。"

地方的意义与本质,不在于它所处的位置,不在于它显而易见的功能,也不在于占据其中的共同体,甚至不在于人们世俗肤浅的经历——尽管这些东西都是地方意义普遍且重要的一些方面。相反,地方的本质在很大程度上取决于人类不自觉的意向性(unselfconscious intentionality),不自觉的意向性将地方界定为人类存在的重要核心。我们每个人都真真切切地与这样一些地方紧密相连:出生与成长的地方,目前的居住地,有过独特搬迁经历的地方,我们也都深深地关切着这些地方。这些联系似乎构建起了个人与文化的认同,也是人类安全感的来源,是我们由此出发的坐标,能让我们在世界当中找到自身的定位。一位法国哲学家加布里埃尔·马塞尔(Gabriel Marcel,引自 Matoré,1966,p.6)曾总结道:"我们不能把一个人和他所在的地方区分开来看待,因为他自己就是那个地方。"

## 4. 论地方认同

有两个方面的原因促使人们想要理解地方的现象：第一，地方作为人类融入世界的基础，人类便对它产生了兴趣；第二，人类想要提高对于一个地方的认识，以便维护与使用好现存的地方，并营造出新的地方。但目前的问题并不在于这种研究是否合理，而在于该研究可行性不够强，即目前我们还没有充足的概念与方法来开展研究。首先，我们需要确立一个基本的认识，即，如瓦格纳(1972, p. 49)所言："地方、人物、时间与事件构成了一个不可分割的整体。一个人想要成为某种人，就需要一个地点，并在特定的时间做出特定的事情。"由于意义、事件与场景是相互融合在一起的，所以有些时候，对一个地方进行归纳概括会是一件非常困难的事情。休·普林斯(1961, p. 22)说道："区域和作者，地点与人物，都具有独特性，正是因为它们的独特性，我们才能找到它们的本质特征。"由此出发，抓住并理解一个地方的"本质特征"(essential character)，又在很大程度上依赖于艺术的洞察力；而能否有效地表达出地方的本质特征，则依赖于文学的功底。这样的研究已经在不少文学家与艺术家的作品里得到了一定的诠释，例如，像罗纳德·布莱斯的《阿肯菲尔德》(*Akenfield*, 1969)。作者对英国村庄的研究，主要通过对当地居民细致入微的记录来展开；或者像劳伦斯·德雷尔(1969)所写的与希腊群岛有关的小说，题目是《地方的精神》

(*The Spirit of Place*)。而另一种研究方法则是对一个地方进行系统性的描述,加上客观的分析,重点在于去把握一个地方的总体特征。比如,峡口城市(gap towns)、通勤中心、中央地域,或者趋同性的空间(isotropic space),等等。事实上,在上述的研究方法中,还没有哪一种方法能将地方视为人类的经验现象来理解:前一种方法太过于具体,而后一种方法又太过于笼统。我们所需要的,是能用来分析"地点、人物与事件"所构成的一个整体单元的一套方法和概念,该方法能关切到地方的独特性与整体性之间的联系,而不会把它们割裂开来看待。

本章论述的目的,在于考察与地方"认同"概念有关的一套方法及概念。首先要认识到:尽管地方与景观因其所具有的内容会显示出各自的独特性,然而它们依然是普遍的文化与象征元素和过程所产生出来的结果(Wagner,1972,p.5)。地方认同既是主体间性的意图(intersubjective intentions)所具有的功能,也是人们对建筑物与风景外观所形成的经验。地方认同不仅关乎地方的独特性,还关乎不同地方所具有的共性。

## 4.1 地方认同

在我们的日常生活中,"认同"是一个基本的概念。海德格尔(1969,p.26)曾说:"无论我们在哪里、以何种方式与任何存在者产生关联,认同都使得它们向我们有所澄明",由此,我们才对人、植物和地方,甚至对民族身份(identities)有所认识。或许正是因为认同的概念是如此基本,它才成为一种无法简单定义的现象,尽管它的某些主要特征是那样显而易见。我们尤其需要注意"关于什么的认同"（identity of）和"与什么相认同"（identity with）之间的差异与联系。何为"关于什么的认同"？比如，关于某物的认同指向了一种连续的一致性与整体性，这就使得该物在周围的环境中凸显出它的独特性。这种内生性的认同（inherent identity）与"同其他事物相认同"是分不开的。爱利克·埃里克森（Erik Erikson, 1959, p. 102）在讨论自我认同（ego identity）时写道："认同这一术语……不仅意味着某人内在的同一性……也意味着他与其他人在分享过程中所具有的在特征上的一致性。"因此，认同不仅建立在个体性的人与物之上，也建立在人们所拥有的文化当中。它并非一成不变，相反，它会随着环境与态度的变化而发生变化；同时，它也并非不可分割，反而，它包含着不同的成分，表现出了不同的形式。

凯文·林奇（1960, p. 6）只是因为某个地方所具有的个性或独特性，能与其他地方区别开来，具有辨识度，便界定出了地方认同的内涵。但这只是告诉了我们一个事实，那就是任何一个地方都具有自身的独特性与可辨识度。伊安·奈恩（1965, p. 78）对凯文·林奇的界定进行了拓展，他发现"地方认同的数量与人的数量一样多"，因为认同蕴含于人的经验之中，蕴含在人之所见、所想和意图之中，以及在人所看到的纷繁芜杂的城市景观之中。但是当每个人都自觉或不自觉地将某种认同赋予特定地方的时候，这些认同都会因着主体间性的缘故而相互结合在一起，进而构成一个普遍性的认同。该情况的发生，可能缘于我们每个人都共同经历着相同的事物，并且我们的文化群体教导我们要按照特定的视角去看待这些事与物。因此，地方的性质和其中的事物就会呈现在我们的地方经验里，进而构成特定的习俗,该习俗决定着地方的哪种独特性会留在我们的印象里,以及决定着我们对某些地方所产生的认同或强或弱以及真实与否。

显然,地方认同绝不仅仅是像地名索引中的地址,或地图上的点那么简单,而是人们地方经验里的基本特质,该特质既能对我们的经验构成影响,还会反过来被我们的经验所影响。并且,地方认同不仅是能认知各个地方的共性与差异,而在更基本的层面上,是去认同地方的差异性中所蕴含的共性。与此同时,不仅是"关于一个地方的认同"(identity of a place),更重要的是:某人和某群体"与某个地方相认同"(identity with that place),尤其是在考虑外地人或当地人对同一个地方的经验时更应当看到这一点。

在后文的讨论中,我将从以下几个方面来对地方认同展开思考:第一,地方认同的构成要素;第二,与某地相认同,或者说,外部性与内部性的形式与标准;第三,个体、群体与地方的大众意象与地方认同之间的关系;最后,地方认同的发展、维持与变化的途径。

## 4.2 地方认同的构成

当我们对地方展开思考,仅关注它们具有的特定内容时,地方就会呈现出明显的差异;它们之间的共同点反而变得不明显了。此外,我们的地方经验都是直接的、包罗万象的,通常也是不自觉的。所以,构成地方认同的各个成分都是结合在一起被我们整体性地体验到。然而,从较间接的角度来看,我们可以识别出地方认同里的要素。尽管这些要素相互紧密结合在一起，但我们却能够将它们识别出来。它们可以形成基本的物质，这样，地方认同便具有了自身的特征；同时，人们对于地方的经验也由此构筑起来。它们如同绘画的基本要素——画布、颜料、符号一样，尽管不能彼此替代，但也不能相互分割。所以，我想采用阿尔伯特·加缪描写北非的散文来阐述地方认同的构成要素。其实，任何一种对特定地方的直接描述与观察都是具有说明意义的。

在描写阿尔及利亚的生活与景物的散文中，阿尔伯特·加缪(1955,1959)采用了结构化的方式展开清晰描述。他描述了自己的亲身经历。而当他以旁观者的视角展开描述的时候，不仅揭示出了所有地方认同的基本要素，还揭示出了这些要素相互交织在一起的关系。比如下面这则关于奥兰市(Oran)的描述(1955, pp. 130-131)：

"奥兰市有一片荒芜的海滩。每年冬、春两季，海关附近就会展现出一片荒芜之景。而在其他时节，附近的高原都会开满美丽的水仙花，茂盛的花丛掩映着光秃秃的屋舍……每年都会有一个时刻，海滨涌现出一大群携带着鲜花的女孩儿……每天上午十一点左右，就能见到她们从高原处徐然而下。五彩斑斓的衣裙裹挟着年青的姿色，衬托着沙地岩层展露出来的小断层，宛如五彩纷飞的海浪翻滚着……。这里，似乎是一处从未堕落的圣洁之地，铺满了沙与石。但是，人类却早已忘记了如何生存于这一片原始的地域。因为，人类都在灯火阑珊的繁华都市里觅得了避难所，并在那里打发着一个又一个无聊的生活之梦。但尽管如此，这片海滩依旧是奥兰市无法比拟的价值所在，是一座被纯洁与美梦包裹起来的无人沙都……"

加缪清晰地把握了奥兰市周围的景观特征。首先,这里有着丰富的物质景观:沙滩、大海、天气和建筑物。而它们都为人类的外在可见活动提供了背景,也被人类的活动所充实。对于加缪来讲,蕴含在这两者之内的是一种意义——是纯洁与荒芜的张力所展现出来的对立效果。

在加缪的作品中明显透露出地方的三个要素:静态的物质景观、人的行动和意义,它们是构成地方认同的三个基本要素。不用说,这种显而易见的划分是最基本的。比如,我们在观察一座小镇的时候,可以马上看见,小镇是由一栋栋房子和其他事物组成的,就像航拍时所见到的那样。而一名客观细心的观察者还会见到物质场景里人的行动,就像昆虫学家观察昆虫一样。有些人的行动很有规律,有些人正携带着东西,有些人正从事生产,有些人正在消费,等等。然而,人们对于这些事物的经验还远不止于此,因为这些事物还具有美与丑的特征,是否合用,有的地方是家,有的地方是工厂,有的让人愉悦,有的却令人避而远之。总之,这些事物都有意义。而地方认同的前面两个要素都比较容易把握,但是,意义层面的要素则较难准确把握了。

地方的意义恐怕根植在物质场景与各种行动之中,但地方的意义本身却又不是这些事物具有的性质。相反,地方的意义是由人类的意图与经验所赋予的。意义,可以从一个事物转移到另一个事物那里,但意义却始终具有它自身的复杂性、模糊性、明确性或其他特性。在一个案例中,斯蒂芬·斯特拉瑟(Stephan Strasser, 1967, pp. 508-509)对此进行了详细描述。1084 年,圣·布鲁诺(St. Bruno)正前往法国阿尔卑斯山过隐修生活。在此之前,阿尔卑斯山的环境对于他而言不具有任何意义。但是,随着圣·布鲁诺和他的追随者们在山间某处地方冥想的时候,山间的这些地方就被他们赋予了意义:"危险的""安全的""有用的""冷淡的"。后来,随着他们的目的与意图的变化,比如当他们觅得一处适合耕作的地方,并在那里尝试犁田的时候;或者,当他的追随者们打算定居下来,以摆脱令人疲惫的旅行生活之时,他们的处境就变了。换句话说,处境所具有的意义,也就是地方的意义,是由圣·布鲁诺和追随者们的意向来定义的。当然,这一案例是如此浅显易懂。但由于人的意向性具有高度的复杂性,所以,意义本身就比这个案例所体现出来的要复杂得多,它关联着个体与文化的多样性,而该多样性又关涉着特定的兴趣、经验与视角。然而,从圣·布鲁诺的例子可以看出,人们可以仅仅通过地方的意义去认识一个地方。

地方的三个基本要素既不可以相互化约,也不能彼此割裂,而是交织在一起与地方的经验发生着关联。而在阐明地方经验的过程中,我们可以将这些要素的个别特征识别出来,并在其内部展开进一步的细分。如此,物质的要素就可以理解成由大地、海洋和天空所组成的环境,其中,每一种成分的特征对于人的经验来说都是独特的(Dardel, 1952)。同样,人类的行动及其功能也可以分为创造性与毁灭性,积极的与消极的,公共的与私人的。这些成分的相对意义对于特定地方认同的形成来说可能具有极其重要的意味,所以,我们才对煤矿城市与山区村落有所认识。华莱士·斯特格纳(1962)发现,对于他自己来讲,曾经的家园——大草原上的白泥镇——所具有的精神(spirit)主要体现在狼柳(wolf-willow)散发出来的气味上。

当然,人会重点选择哪种地方认同与哪种地方特征联系在一起,取决于当地的环境以及人的目的与经验,而不在于当下的一般性观点。真正重要的是物质环境、人的行动与意义三者是如何关联在一起的。像梅洛-庞蒂(1967)所指出的:在人的行动里,物质性、生命性与精神性的成分能够相互构成一套辩证的关系,形成一种普遍的结构。物质环境与行动结合在一起,为人类提供了一种事物,它类似于动物"功能圈"里的位置(见 Cassirer,1970,p. 26);环境与意义两者结合在了人类对景观或城镇景观(townscape)直接的与带着移情的经验里;而行动与意义则结合在了与物质环境关系不大的诸多社会事件与人类共享的历史之中。所有这些辩证关系都与某个地方相关联,正是它们的相互融合才构成了某个地方的认同。物质环境、人的行动和意义都是地方认同的原始素材,它们之间的辩证关系则是地方认同的基本结构关系。

然而,以这种方法去分析地方认同的成分并不全面。因为,还存在着一个更为重要的方面,它显得更加无形,但却将上面说到的那些要素与辩证关系囊括了进来。这就是地方认同的属性,它可以被称作"地方的精神"(spirit of place)、"地方感"(sense of place)或 genius of place、genius loci,所有这些术语都指向地方所具有的个性。显而易见,地方的精神与地形地貌、外观形态、经济发展、功能定位、社会活动都有关,尤其是与历史中的事件与当下的处境有关,但地方的精神又不是这些方面的简单加总。尽管地方认同的基本要素会发生变化,但地方的精神却能保持不变。勒内·杜博斯(1972,p. 7)写道:"地方的独特性不会因为地方的变化而消失。意大利与瑞士、巴黎与伦敦在无数次社会、文化与技术的革新中,始终保持着它们独有的身份认同。"在诸多变化里保存下来的地方精神既是微妙的,也是朦胧的,很难用精确的概念化术语来分析。但同时,在我们的地方经验里,又是那样的可触可感,因为它们构成了地方的个性与独特性。D. H. 劳伦斯(D. H. Lawrence,1964,p.6)写道:

"地球表面的不同地方,具有不同的生命流溢、不同的心灵感应、不同的生化呼吸,以及不同的星象宿命,不管你怎么称呼它,地方的精神始终是一个伟大的现实。"

## 4.3 内部性与外部性

地方认同的这些核心要素不仅适用于地方本身,也蕴藏在了各种形式的地理、景观、城市与家园之中。地方的本质(essence of place)并不体现在与外部(outside)相区别的内部(inside)经验中,而是尤其体现为,它能在空间中将一个个地方区别出来,并界定出一个包含着物质特征、行动与意义的特定系统。内部化于某个地方,就是不断地属于某个地方,并与该地方相认同。一个人越是深入地内部化于一个地方,就越是能强烈地与这个地方相认同。

诺伯–舒茨(1971,p.25)曾写道:"内部化乃地方概念的主旨,也就是存在于某处,并远离外部性"。同样,林顿(1962,pp.34-35)也指出,地方的基础在于营造出内部性,并从外部性那里区别出来:"存在于内部就意味着你知道自己在哪里。"其中包含着多个对立元素之间的差异:安全与危险、宇宙与混沌、封闭与开敞,以及单纯的这儿与那儿。站在外部去看一个地方,就好像游客带着距离感去参观一座小镇一样；而站在内部去经历一个地方，你就会被这个地方包裹起来，成为它的一部分。"内部"与"外部"是简单且基础的二元划分，一方面，它对我们关于居住空间（lived space）的体验来说是基础性的；另一方面，它们还呈现出了地方的本质。

内部与外部之间的差异是丰富且明显的。就像老建筑的围墙与古城墙、城镇的界标、国家的边疆，以及"在城里"（in town）与"不在城里"（out of town）这样的短语[①]。所以，在这样的语境下，大门、出入口、门槛的重要性就体现了出来。伊利亚德（1959，p. 18，p. 25）总结道："门槛的意义不仅在于它是内部与外部之间的边界，还在于它还是从这一边转向另一边的通道"。正是在此意义上，巴什拉（1969，p. 211 与 pp. 217-218）才语重心长地提醒道："外部与内部构成二元性的区分，但这种显而易见的几何结构却不能让我们轻易看见……外部与内部之间存在着紧密的联系——它们总是相互交换着位置，互换着彼此的对立性。"就像很常见的一个例子，我们出城进入到乡村，又从乡村进入到城市。因此，外部与内部的二元性并不像人们所看见的那样清晰明了。

这种内部与外部之间翻转的出现，是因为我们每个人都在一定程度上成为了"某种精神空间的中心，被编织在了一个同心圆的区域内，从内到外，人的利益与依附性都在不断降低"

---

[①] In town 与 out of town 的短语在英美社会十分常用，甚至俚语化，比如在英国它们分别指"在伦敦"与"不在伦敦"；在美国，out of town 还指"在监牢里"，等等。——译者注

(Gabriel Marcel,引自 Tuan,1971,p.185)。该区域由我们的意图来界定:如果我们关注的焦点在自己的家,那么家以外的所有事物都位于外部;如果关注的焦点在当地的一个街区,那么街区以外的所有事物都位于外部,以此类推。简而言之,当我们的意图发生变化的时候,内部与外部之间的边界就会相应发生变化。由此,内部性具有多个层次。此外,在一定程度上,当我们四处移动的时候,我们又总是以自我为中心地携带着这样的区域,我们总是位于我们知觉空间的中央;也正因此,我们才能位于一个地方。以自我为中心的空间结构,能淡化内部与外部划分时所产生的尖锐感,这样的划分可能源于物质与文化所定义的边界。而这类物质边界自身也可能被弱化,比如中世纪的城墙逐渐被外围郊区环绕起来;现代城市会逐渐消隐于四周的郊区与都市化的乡村地域;而郊外的住宅区也会逐渐隐没在乡间的田园里;甚至,城市的边界还会隐没于,如卡伦(1971,p.28)所言,"户内的景观与户外的屋舍"当中。

至少在某种程度上,正是因为内部与外部之间差异的不明显,才形成了地方强度的多个层次,借此,我们才能体验到地方的内部性与外部性。我们可以识别出多个这样的层次,尽管它们并非相互分散,也不能精确分割开来,但我们却或多或少能借助体验地方的不同途径去识别它们。彼得·伯格(Peter Berger,1971,pp.20-21)发现人类学者被文化同化(assimilation)的过程中,呈现出了三个层次:(1)行为的层次(behavioral)——人类学者在行为上参与到了某种文化当中,却不带有任何情感,始终保持着旁观者的姿态;(2)移情的层次(empathetic)——人类学者将自身的行为与情感都投入了进去,却依然保持着客观意识,不让自己完全成为文化中的一员;(3)认知的层次(cognitive)或"成为本地人",在此情况下,人类学者就无法开展文化人类学的研究了。尽管该分类具有特定的方法论背景,但它确实指出了地方的内部性所具有的可能分类。因此,存在着三种内部性:行为的内部性——物质性地临在于一个地方;移情的内部性——与情感的参与有关;以及存在的内部性①——完全地、不自觉地委身于一个地方。它们都是人类的直接经验所具有的模式,但也存在着不那么直接的人类经验模式,即,替代性的内部性(vicarious insideness),它是指:第一,人们通过小说或其他媒介获得的地方经验;第二,附属的外部性,地方只是某种社会行动的背景;第三,从客观的外部性视角出发,地方只被视为一套概念和一组地点;第四,存在的外部性(existential outsideness),人与所有地方都产生了深度的疏远。

### 4.3.1 存在的外部性

"对我而言,这座新城始终弥漫着无法接近、冷若冰霜的灰暗色调,仿佛我根本不属于那里。就连离我最近的这些事物都懒得向我表露它们的情怀。狭窄的巷道沿着街边的照明灯孤独地向上延伸,我只能望见它的落寞"(Rilke,引自 Pappenheim, 1959, p.33)。

里尔克的诗表达出某人被一个地方弃绝后的境况,这个人

---

① 此处使用的"存在的内部性"术语不要与书中其他地方使用的"认知空间"(cognitive space)相混淆。伯格使用的"认知"一词在上下文里与"存在"一词明显具有同样的意义。

总是处于外部观察者的立场上,他能感受到一股被压抑了的意义,却又无法置身于那样的意义之中。这种存在的外部性让许多19、20世纪的作家与诗人深深为之着迷。

存在的外部性,关涉着人能够自我意识和反思到的非参与状态,与他人和地方保持着疏远的距离,感到无家可归,也觉得世界缺乏真实性,缺乏归属感。这样的视角传达出地方无法成为人存在的意义中心,只是作为行动的背景而杵在那里。人的行动只是毫无感情的拼贴,而最坏的情况就是沦为虚空无益。因此,普鲁斯特(Proust,1970,p. 288)评论道:"我们目前所知的这些地方,只是在空间中用来绘制地图的一些小小的世界,目的是为了方便而为之。"亨利·米勒(1947, p. xv)严厉地批评美国:

"美利坚的大地上充满了各种各样的地方,但都是空空如也,却又人来人往,飘荡着虚空的灵魂。这些人无所事事、消遣作乐。仿佛存在的唯一目的就是被遗忘。每个人都在寻找享乐,甘愿臣服于享乐,而不愿面对各自的真正遭遇。这些人永远找不到理想之地,但又假装是找到了,若在这里觅不见,便会立刻搬迁至他处。"

当人处在这种存在的外部性状态时,所有的地方都只会呈现出无意义的认同和一些肤浅的特质。

### 4.3.2 客观的外部性(objective outsideness)

当人们刻意采取不掺杂任何情感与态度去看待一个地方的时候,就会在人与地方之间造成深层次的隔离。在这种情况下,人就会选择性地思考地方的位置、事物与行动的空间性。地方就在人的自觉意识中,从直接经验的事实变为了具有特定属性的事物,被置入到一套区位系统里,由此,人们就可以用诸如"中心地理论"等区位理论来进行解释。这种客观的外部性态度在地理学圈子里有很深的传统,也在一种隐秘的地理学信仰里体现了出来,也就是相信地理学乃是一种超科学(superscience)的集合体,或者相信存在着一种真实客观的与地方相关的地理学,由此,人们可以一劳永逸把它刻画出来。在圣·埃克苏佩里(St. Exupery)①的《小王子》(*The Little Prince*,1943, p. 65)里,就有一位地理学家曾说道:"'地理学'是万书之书,关注的都是重要的事儿。她永远不会过时,记录的都是永恒之物。"这样的评价对于不少地理学家而言显得十分真切,尽管在今天,巴特尔斯(Bartels, 1973, p. 25)所谓的"工具理性"在很大程度上取代了信息的客观分类,圣·埃克苏佩里也曾经讽刺过这种客观分类的做法。工具理性要求人们采取"中立的思考,以对抗主观性所造成的不必要影响",这样才能以科学的姿态去解释地方所具有的空间形式。

不少规划设计师都会以一种类似的理性姿态去开展研究,以便做出方案将地方重新组织起来。这样,便能保证个人的情感不牵涉进正在规划的这些地方,也能使人们完全依照逻辑、理性与高效的原则把一个地方重新结构化。卡伦(1971, p. 194)曾写道:"这就好比上帝创世的过程,他始终能居高临下地从外部的立场去俯视被造物。"

---

① 圣·埃克苏佩里:法国作家、飞行员。他于1943年出版了世界著名的童话《小王子》。——译者注

### 4.3.3 附属的外部性(incidental outsideness)

如果说客观的外部性在本质上是人们刻意采取理性的态度,那么附属的外部性则表达出一种不自觉的态度,也就是地方在人的经验里,几乎就只是行动的背景而已,也只是行动的附属物。梅尔文·韦伯(Melvin Webber, 1964, p. 113)在讨论"都市地区无地方性"的时候说道:"作为遍及全球的病毒研究专家群体中的一员,他完全无法成为一个地方社区的成员。他的实验室尽管位于某一座城镇或一座大都市,但他可能与其他人的居住地没有任何的关系,也无法产生出有意义的联系。"同样的情况也能体现在一位生意人身上,比如他从一座城市飞往另一座城市,只是为了参加名目繁多的座谈会和研讨会。此外,对空勤人员、卡车司机来讲,到访的地方本身都没有多大的意义。其实,这种附属的外部性是每个人的地方经验里的一种特征,因为我们很难避免的是,自己所做的事情会令某个地方黯然失色、沦为背景。甚至我们最频繁造访的地方都可能是短暂即逝的,除非采取刻意的努力去维持与某个地方的相遇(Tuan, 1974, pp. 93-94)。

附属的外部性往往存在于我们作为游客的所到之处,在那里,我们的目的是有限的,还会产生偏见。相反,在家乡,无论我们做什么,无论我们的目的如何聚焦在社会事件与行动上面,我们都能成为"附属的内部者"(incidental insiders)。

### 4.3.4 间接感受的内部性(vicarious insideness)

人们可以通过二手的方式,或替代性的方式去经历一个地方，也就是不必真正到访一个地方，但这样的经历也可以是对一个地方的深度感受。艺术家与诗人去描绘一个地方的目的就是想要传达出那里的事与物，进而为人们提供一种地方感。大卫·麦克德(David McCord, *Museum of Fine Arts*, 1970, p. 11)在介绍安德烈·惠氏(Andrew Wyeth)的系列油画时说道："诗人、画家与音乐家有时候也会选择性地，以严肃的姿态处于某种独特的世界之中，他们为该世界设定了的边界，并置身其中，绝不会抽身而出，因为他们好像生来就是居住在这些世界之中的一样……。所以，当我们阅读、思考并聆听他们的作品时，其实就已经步入了他们的王国……"借助旅行账户、电影宣传或其他媒介方式，我们便能步入到另外的世界之中，置身于其他的地域之内。有时候，它们显得真实可信，有时候，它们却充满幻想。惠氏的作品将我们带往了宾夕法尼亚州与缅因州作者本人居住的那一片小小的土地上；而赖特(Wright)[①]的《艾兰迪亚》(*Islandia*, 1942)则向我们呈现出一个完全想象出来的世界，描绘得栩栩如生。某个地方的特色能被传达到何种程度，以及地方的认同能以怎样的方式被呈现出来，其实都取决于艺术家的功底，还取决于读者自己的想象与共鸣的程度。当描绘出来的这些地方与我们所经历的地方刚好吻合的时候，间接感受的内部性就会最为强烈地呈现出来，亦即，由于我们对此处的特征了如指掌，我们就能完全明白彼处的特征了。

---

[①] 奥斯丁·赖特(1883—1931)：美国幻想文学家。——译者注

### 4.3.5 行为的内部性(behavioral insideness)

行为的内部性由三个方面构成：一、存在于一个地方；二、将该地方视为由特定方式组织起来的事物、观点与行动的整体；三、具有可以被观察到的性质。附属的外部性只是将地方体验为一种事件的背景，相比而言，行为的内部性则牵涉到一种刻意去关注某地外观的状态。当某个地方具备了围墙、飞地、围场或其他物质边界的时候，该内部性状态就会以最明显的方式呈现出来。或许正是在这样相对狭隘的感知中，此内部性才能最普遍地被人们所理解。

行为的内部性自身仅能显明我们身在何处，但却是借助地方内部的形态、结构与内容告诉我们身在此处而非彼处。最初，这些形态乃是我们的直接经验，而经验里最核心的要素可能是视觉。当然，要最丰富地去理解地方的经验，需要连同其他感官的功用，即其他感观与视觉一起相互增强、相互诠释。在描绘行为的内部性，以及该内部性在地方认同里所起的作用时，视觉形式是最为基本的。

戈登·卡伦(1971，pp.193-194)在考察城镇景观(townscape)的时候，对地方的直接经验展开了研究。他尝试将"主观世界的结构绘制出来"，并挖掘"环境里的艺术性"。他采取的方法主要是：考察当人们面对建筑物、空间、物体以及行动之间的相互关系时，人们是如何回应的；同时，尝试对这些关系的模式进行分类，给予诠释。卡伦认为，在我们的环境经验里存在着三种基本要素：第一个是"地方"。卡伦对"地方"这个词赋予了类似法语"place"①的广义解释,指通过可见的飞地或围场来直接定义我们所处的位置;第二个要素是"内容",指地方的外观性质,包括颜色、质地、尺寸、风格等属性;第三个要素是"连续的景象"(serial vision),指当人们出入某地,或穿梭于各个地方的时候所产生的一系列景象,这是一种不断期待又不断展露出来的景观,它们彼此之间相互作用,将各个静态的地方与地方的内容联系在一起。这三个要素可以组合出无穷无尽的样式,尽管它们都被组织在了这里——那里、这个——那个的二元关系里。其中的核心要旨很明确,即"环境里的各个事物是不能相互分割的"(Cullen,1971,p.189)。更为重要的是,这些事物相互连接的方式和地方的外观物理特征在人们的地方经验里提供了独特的地方认同,而人们是作为行为的内部者去经历这些地方的。

### 4.3.6 移情的内部性(empathetic insideness)

在移情的内部性与行为的内部性之间并没有截然的区分,却存在着一种过渡,即,从只是关注地方的外观特征变为情感上的融入。这种过渡并非一定会发生,如段义孚(1971,p.190)曾说:"身体的在场或许必然会发生,但这并不能保证经验的在场。"简而言之,移情的内部性需要某种刻意而为之的在知觉层面上的努力。

斯蒂恩·拉斯穆森(Steen Rasmussen,1964,p.40)描述了人

---

① 法语单词 place 具有十分宽泛的意思,包括:地方、广场、专用场地、要塞、位置、座位、地位、名次、岗位等。——译者注

们在图片上看到一个地方,与之后造访这个地方时的差异。但此描述同样适合于仅仅身处某地,同既身处某地还敞开胸怀去感受此地的方方面面之间所具有的差异:

"任何一位亲自造访过某地的人都知道,图片上的样子和实际的样子存在多么明显的差异。当你到了一个地方,那里的氛围就会环绕你,你就不会再依赖图片上的视角去感受这个地方了。你呼吸着那里的空气,听着那里的声音,感受到在你身后,在你视线之外的那些房屋不断地发出共鸣。"

移情的内部性需要人自愿地朝向某个地方所具有的意义敞开自己,去感受它、认识它,并欣赏它的符号与它的象征意义。这很像一个人在不具有什么宗教信仰的情况下,去体验一个神圣的地方。这其中,不但包括了参观(looking at)的行为,还包括了去切身体会(seeing into)、去欣赏当地地方认同的一些本质要素[1]。这种移情的内部性可能会出现于任何一位不会被成见所局限的人身上,也能体现在那些具有特定环境意识的人身上。

想要移情地内部化于某个地方,就需要理解某地丰富的意义与内涵,并与之相认同。因为,这些意义与内涵不仅同地方的经验与符号相联系,而且还是从个人的经验里生发出来的。因此,通过移情的内部性所体验到的地方认同,就比通过行为的内部性获知的地方认同要深刻与丰富得多。地方认同不仅是一个地址或一套外观,它还是一个完整的位格(personality),由此,地

---

[1] 阿道夫·珀特曼(1959)与保罗·谢帕德(1967)区分了 looking 和 seeing 之间的差异(例如,在行为与移情的内部者之间进行区分)。而这样的差异不应该是在科学和艺术之间的层面上。seeing 对于科学家和艺术家来讲同等重要。而 looking 却要肤浅一些,主要体现在对标准化制度科学或商业艺术特征的观察当中。

方的内部人士才可以与之产生深度的连接。而这样的地方认同也不会自动呈现出来,而是要求人们必须刻意锻炼自己对地方的观察力与理解力才能实现。拉斯穆森(1964,p.236)在对建筑的释义中谈道:"……如果我们能敞开胸怀地面对地方留给我们的印象,并进行移情,那么地方的本质就能向我们显现出来了。"

### 4.3.7　存在的内部性(existential insideness)

让自己内部化于一个地方并尽可能地去体验它,并不意味着我们在存在性的层次上是属于这个地方的内部者。内部性最基本的形式在于,人们去除掉任何刻意的、自觉的与带着反思的方式去体验一个地方,而这个地方依然充满了意义。这种内部性往往呈现于人们待在自己家里的时候,也包括在自己的家乡及其整个区域的时候。他们非常了解这个地方和其中的居民,自己也能被这个地方所接纳。存在的内部性表达出一种完全归属于某地,深深地、完全地与这个地方相认同,该认同构成了地方观(place concept)的基础。

存在的内部性能让人隐晦地意识到这个地方是我的归属,而所有其他的地方,无论我怎样朝着它们所具有的符号与意义敞开自己,我都只是存在的外部者。这样布鲁斯·哈钦森(Bruce Hutchison,1943,p.36)对魁北克这样描述道:"魁北克的生活是由这些房屋支撑起来的,而不是那些纪念碑、广场和公共建筑物……。故此,魁北克的生活就永远与陌生人的目光相疏离。当望见那些紧闭的窗户、锁上的大门时,他立刻明白,就像远处飘来的芳香、花园大门背后所发出的声响一样,魁北克的生活永远是向他关闭的。"这个人找不着任何一个能够去认同的地方,实际上就是处于无家可归的失根状态了。然而,当一个人从存在的内部性去经历一个地方的时候,他就成为了地方的一部分,地方也成为了他的一部分。因此,正如约翰·斯坦贝格(John Steinbeck)在《愤怒的葡萄》(*The Grapes of Wrath*, 1969, p.39)里所描写的,人和地方之间存在着很深的纽带,一名自耕农表达出了当地农民和土地之间的这种关系:

"很有意思的是,如果一个人只有很少的土地,那么,这些地就是他的一部分,也就是他自己。如果一个人拥有一片地,他可以在上面走来走去,耕种它,如果收成不好,他就会伤心难过,如果天下雨,收成好,他就会幸福快乐。这块地就是他,或者说是大一点儿的他,因为他拥有它。即使他不成功,他也在不断地耕耘着那块地。就是这样。"

## 4.4 意象与地方认同

尽管通过对地方认同的主要成分展开分析,能让我们较深入地洞察地方认同的本质,但是,地方认同不仅是由它的构成要素产生出来的,还更是社会建构出来的产物。换句话说,地方认同会因个体、群体、或人们共有的意象而发生变化。事实上,在大多数情况下,地方的意象就是地方的认同,而对其意象背后的社会结构展开思考,就是理解地方认同的前提条件。

博尔丁(Boulding,1961)曾对"意象"一词下了定义,认为它是一种心智图像,从人的经验、态度、记忆和直接感知当中产生出来。因为意象能在具有意义的事物与概念之间的关系里提供较为稳定的秩序,所以意象可以被人们用来诠释信息与指导行为。意象并非只是对客观现实的选择性抽象,而是对事物是什么和我们相信什么的有目的的诠释。一个地方的意象所包含的元素,全都与个体或群体的经验以及他们朝着一个地方的意向性(intentionality)密切相关。由于人们的意向性具有聚焦性,也有各自的独特性,因此,产生出来的意象就可能会被他人认为是狭隘的或偏见的,但是,对于这些意象的持有者来讲,这些意象却是整全的,并构成了整个地方的现实处境。

地方意象同时具有水平与垂直的结构特征。意象的垂直结构是指经验的强度与深度,且基本上会因外部性与内部性的不同层次而产生不同的层级。意象的水平结构是指在个体、群体与公共媒体的内部与相互之间,地方知识在社会中的分布。

### 4.4.1 个人的地方意象

对于单个人来讲,由于混杂在内心的经验、情感、记忆、想象,加上现实的处境与意图如此地富于变化,因此,他可以从好几个角度来看待同一个地方。而同一条街道对于步行者与小车司机来讲也是各不相同的,甚至他们所关注的事物与符号都各自不同,原因在于,他们具有不同的经验与目的——而在不同的时间点上,同一个人也会前前后后在同一条道路上步行与驾驶(见 Luijpen, 1966, pp. 67-68; Kockelmans, 1966, pp. 81-84)。事实上,对于一个人而言,同一个地方也会有诸多不同的认同。这些认同相互之间能否整合起来,以及相互之间如何整合,我们都还不清楚,但是,一个地方相对持久的特性与社会都认可的那些特征却能为人们提供参照。

在不同的个体之间,还存在着对待地方的不同态度。詹姆斯·博斯韦尔(James Boswell,引自 Briggs,1968,p.83)曾言:"我常常在想,同样是一个地方,但是对于不同的人来讲会有多么大的差异啊",事实上,每一名个体对同一个地方都或多或少有不同的意象。这不仅是因为每个人都是从他自己独特的一套时空瞬间去经历某个地方的,更因为每个人都有他自己的一套人格、记忆、情感与意图,这些因素也为地方赋予了独有的色调,并形成了独有的认同。恩斯特·卡西尔(1970,pp.160-161)讲述了路德维格·里克特(Ludwig Richter)与他的三位朋友外出写生的故事,他们一同来到托斯卡纳的一个地方,尽可能逼真地记录那里的风景,"然而,他们却创作出了四幅完全不同的风景画,而画作的差异与他们的性格非常吻合。"同样,一个地方的认同也会因人的意图、性格与处境发生变化。

### 4.4.2 群体或共同体的地方意象

曾有学者认为(Lowenthal,1961,p.248):"一个完美的组合数学"可以将不同的个人意象结合起来而成为一个普遍的地方社会意象。但是该观点的错误之处却在于它认为所有的个人意象都是相互独立的。事实上并非如此,个人的意象总是借助公共语言、符号与共同的经验而实现社会化(Berger 和 Luckman,1967,pp.130-132 和 pp.32-36)。此外,如同所有的意象,地方认同也都以古尔维奇(Gurvitch,1971,p.xiv)所谓的相对的三极为基础:我(I),他者(Other)与我们(We):"'我'与他者的交流主要是通过符号与象征作为媒介,而这些媒介的基础则在于'我们','我们'赋予了符号以有效性。如果想要把'我'、'他者'与'我们'分开,则会消解并破坏人类的意识本身……"而"我们"的普遍性基础并非牢固不变,它反而具有强度与深度上的变化。主体间性的深度连接,可以让意象完全地结合在一起,进而产生"我们"的最紧密联合。这就是人与人在交往过程中的社会化,它赋予地方以认同,它源于存在的内部性,或者产生于神圣的地方所具有的神圣体验,它是高度个人性的,但同时也能实现共享。当某个地方的意象不容易被外部人士所理解,而"个人性的气场与行动中最为本质的部分融合成为了'我们'时",社会就是由共同体来建构的;倘若意象的结合是脆弱的和肤浅的,那么整个社会就会由大众的(mass)认同来建构。

  共同体是处于个人与大众之间的一种形式,位于伯格与拉克曼所说的"第二次社会化"(secondary socialisation)的层次上,它是由群体的态度、利益与经验所构成。然而共同体与群体(groups)也不尽相同。共同体可能具有群体的结构,但却是自发形成的,其知识的社会形态也不太稳定;而群体则是正式的、有组织的。然而,借着利益群体的力量,一个共同体就能形成。而且,一种具有意义的地方认同所形成的意象也能投射在某个群体的身上,反映出该群体所具有的利益与偏见。由此,一座特定的城市就能在不同的群体身上展现出不一样的地方认同,就像住在贫民窟、犹太人社区,或郊区里的人所具有的地方认同就各自不同;开发商、规划师与公民群体具有的地方认同也不一样。认同所具有的差异比起群体之间的对抗来讲显得隐晦得多。由此,发展与保护就成为了群体之间相互冲突的原型。就像赫奇水库(Hetch-Hetchy)这样的案例,这座水库与其所在的山谷对于圣弗朗西斯科的水利工程师来讲,是一个绝佳的水资源地,可以通过修建大坝开发它的潜力。但是对于塞拉俱乐部(Sierra Club)①而言,这个地方则充满了灵性,是一处圣所和神庙,会因着开发的缘故而遭到破坏(Nash,1967)。

简而言之,因为各个群体与社区所具有的不同利益与知识,地方的认同就不一样。而为了收获功能性与政治性的利益,或为了在群体中获得安全感,个体的偏好与态度都会被囊括在群体所主导的意象之中。

### 4.4.3 共识与地方的大众意象

尽管在不同的群体眼中,一处特定的地方具有完全不同的地方认同,但却存在与地方认同有关的一致立场,这就是地方的舆论认同,也是认同所具有的最小共性。按照 C. W. 米尔斯(C. W. Mills,1956,pp.298-324)的观点,它体现为公共的认同与大众的认同两种形式。

在一个特定的社会里,对于不同的共同体而言,公共认同都是大家共有的,并或多或少构成了人们都认可的物质特征与地方中所能识别出来的某些要素。因为它是从群体与个体的自由观念和体验里产生出来的,所以,它成为了一种共识或舆论。尽管描述性的区域地理也能提供一些与地方有关的事实,为共识性的认同提供大量的基础;但在本质上,地方的公共认同只是共同体的社会性所具有的一种特定的流行形式,它以表面的共同利益为基础,关系到一个个群体的地方意象。

---

① 塞拉俱乐部:又叫作山岳协会、山峦俱乐部和山脉社等,是美国的一个环境组织。——译者注

与此相反的是地方的大众认同。这样的认同不是从群体与个体的经验里产生出来的,而是由观念的制造商直接提供的。即,将一种制作好了的观念提供给老百姓,借助大众传媒尤其是广告传播并普及开来。这是地方认同最肤浅的一种形式,它和移情的内部性相去甚远,它通过破坏人与地方相认同的基础而将存在的内部性全部瓦解掉。这完全是因为,大众的认同不是建立在象征与意义的基础之上,它也不会承认地方本身的价值观,而是建立在了武断拼凑起来的华丽辞藻,与刻意制造出来的陈辞滥调的基础之上。

大众传媒随随便便就将一种简化了的,经过筛选了的认同提供给某个地方,完全不管受众真切而直接的地方体验是如何,由此常常制造出一个虚假的世界和虚假的地方。而当某些人被这些拼凑起来的认同与陈辞滥调影响之后,他们就不可避免地按照这些虚假的观念去体验一个地方了。正如威基基海滩与迪士尼乐园的开发商们长期盘算的那样,他们想要在虚假的地方假装创造出真实人生。杰里米·桑福德和洛格·劳(Jeremy Sandford, Roger Law, 1967, p. 89)观察说:"英国包价旅行的游客们已经看不见任何新奇的事物了,因为地中海若干公里的海岸都按照他们的梦想和意境被打造了出来……",而无以数计的游客中心、购物街甚至居住小区都是如此被打造出来的。事实上,意象与真实的物质环境都已经被操控了,几乎生产得一模一样。其结果就是肤浅的地方认同不断渗透到人们的地方经验里,而只有借助大量的智力劳动与社会劳动才能超越这样的肤浅性。

## 4.5 地方认同的发展与维持

有一种很普遍的现象,那就是,一个人首次造访一座城镇,城镇所形成的意象里包含了一系列的中心点,具有不同程度的意义,这些中心点被特定的线路连接了起来。但人们也可能会认为,到访者的心灵最初只是一张白板,地方认同只是在他去观察、体验的过程中建立起来的。但事实并非如此,认同的建构明显包含着一个复杂的、渐进的秩序化过程,也包含着此人在期盼与所见、先验与经验之间去平衡差异的过程。最终,一个稳定的意象才得以建构起来。

人认识世界的结构化过程在让·皮亚杰[1](Jean Piaget,1968,1971)那里得到了很好的阐述。皮亚杰认为(1968, pp. 7-8),人类的任何行为都是不断在"同化"与"适应"之间去寻求平衡的过程。

"……首先,所有的需要都会将人与物纳入到主体自身的行动当中,比如,将外在的世界同化到现有的心灵结构当中;接着对心灵的结构进行不断调整,这种功能就像一种微妙的转变,好让我们的心灵去适应外部的事物。"

他认为,知识并不只是产生于对自我与事物的认识,它还产生于两者之间的相互关系。该过程同时包含着"同化"与"适应",并将新的知识与旧的知识结合起来,由此,我们的心灵就

---

[1] 让·皮亚杰:瑞士人,近代最著名的儿童心理学家,其主要贡献为认知发展理论。——译者注

把世界组织了起来。

就地方而言,显而易见的是,对地方认同的理解,不能只是依据地方的物质形态和可见特征,同时也不能只是将地方认同理解为地方态度的产物;相反,地方认同恰恰是这些方面不可分割的融合。地方认同是同化、适应与知识的社会化过程相互交织在一起的产物。而在大多数场合里,地方认同也是"超稳定的"(ultrastable),也就是说,不管这三个要素怎样变化,地方认同始终能为人们的物质生活与社会包容度提供最基本的指导(Ashby,1965,chapter 7)。换言之,世界上并不存在没有地方认同的地方。

对于存在的内部者(existential insider)而言,他是在同化与适应的过程中不断地寻找平衡,当然,该过程是在不自觉的状态下展开的。因为人从幼年时期开始,贯穿一生之久,与某个地方的认同会微妙而持续地发展下去。对于那些"时刻准备好,朝着新的地方体验敞开胸怀的人来讲,若去询问地方会为他们带来什么,以及他们将如何面对新地方的时候"(Gauldie,1969,p. 184),对于这类移情的内部者(empathetic insider)而言,在同化与适应之间寻找平衡的过程始终是在自觉的层面上展开的,且带有目的性。内部化的程度不仅取决于他跨越自身文化与价值观的能力,还取决于他敏锐的感悟力。但是对于外部人士而言,对一个地方的体验,则只会立足于粗浅的、似乎是内部的一些行为与动作,或只是根据大众的认同、既存的态度与观点罢了,这些东西都磨灭了他自身对于一个地方的直接体验。如果人们观察一个地方的过程同大众传媒生产出来的认同相符合,或者符合于一套既定的观念图式的话,那么,地方本身所具有的差异性就很容易被人们忽略甚至敷衍了事地掩盖掉。

无论是通过个体、群体,还是借助大众传媒,一旦发展出了某种地方认同,只要它与社会认可的交往方式相符合,有一定的合理性,那么该认同就能够被维持下去(Berger 和 Luckmann,1967,pp. 92-108)。当认同是在信仰团体(communion)或共同体(community)的经验基础之上被发展起来的,那么它就具有可持续性,只要那个地方的象征与重要特征始终能维持固定的意义即可。在史前时代的原始社会里,认同所具有的功能是可以恒久维持下去的。甚至在一些地方性的社会里,地方认同的变化也显得即为缓慢,随着世代的更替,其变化都很难在几代人的时间里显现出来。但是反过来,大众认同的合法性却很少是基于有效的象征,而只是借助照片或描述性的资料呈现出来的一种"客观"事实而已。而这样的事实被设计得能否迎合制造商的利益才是最重要的,所以,大众认同本身会不断发生变化。

地方认同失去合理性的途径有两种。第一,环境条件的变化会让地方认同不再能满足于社会交往与个人行动的目的,就像一名科学家本来坚持一种尚未证实的理论,随后发现因彼此冲突的论据越来越多,理论观照下的研究就无法继续进行下去了。第二,态度、时尚或其他信仰体系的变化,也会使得某种意象失去它的合理性。比如,遍地工矿、烟囱林立的一座工业城镇可能在过去被视为制造业的中心和时代进步的象征,但随着"环境意识"的觉醒,它可能会被视为环境污染和生态破坏的始作俑者。其实,地方认同失去它的合理性,并不存在某种固定的过程和方式,从一种认同向另一种认同的转变也不是一蹴而就的,相反,该转变是渐进的,方式也是多种多样的。

大众认同,是一种同地方的肤浅特征关联在一起的认同,它比存在的内部性与移情的内部性所具有的认同更加容易失去自身的合理性。背后的原因显然是因为借助大众传媒对大众知识与态度的操控,比起地方象征与本质属性的变化来说容易得多。大众认同只是被刻意捏造出来的一件肤浅外衣,也是被人们接受了的一套符号而已。它无法为地方提供根性,也无法让人产生地方的归属感。它显然与那些从个体和群体的深度体验里发展出来的地方认同有着天壤之别,后者往往是可持续的,具有可以被识别出来的"象征领域"(territories of symbols)(Klapp, 1969, p. 28)。

## 4.6 地方认同的类型

地方认同由相互关联的三个要素所组成:物质的特征与外观、可见的行动与功能,以及意义与象征,它们相互之间不可化约。它们各自包含的内容非常广泛,能以无穷无尽的方式相互结合在一起。因此,多种多样的地方认同相互之间并不存在明显的界线,而同时,每一个可以辨认出来的地方都具有独一无二的内容与关系类型,并在地方的精神里表达出来,并得以维持。

但是,我们却不能认为认同的独特性与个体性是我们地方经验里唯一重要的事实。尽管每个地方都是独一无二的,并在其自身内部具有稳定的同一性,但同时,每个地方也与其他地方分享着各种各样的特征。根据我们的经验,各个地方对共同特征的分享显示出来的一致性可以让我们区分出一定数量的地方认同所具有的类型。

1. 从存在的内部性所具有的个体视角与社会性出发,地方充满了生机活力,不需要进行反思,人们就能体会到其中的丰富意义。

2. 对于移情的内部者而言,他通过社会与共同体形成对一个地方的认识,地方是文化价值观的记录与呈现,也是地方的建造者与居民的经验。

3. 站在行为内部者的立场上来看,地方只是周遭的环境,其景观或城镇景观的特征构成了一个地方共识的基础。

4. 就附属的外部性而言,它往往获取的是地方的某些重要功能,而地方的认同不过是构成了那些功能的背景而已。

5. 客观的外部者对一个地方的态度能将地方本身降格为单纯的位置,或具有位置性的事物与行动的空间。

6. 地方的大众认同是一种远离了地方直接经验的共识性认同,因为它或多或少是由大众传媒制造出来的。它是一种肤浅的认同,因为它可以轻易被操控与改变,但只要它还维持着最低程度的信用,就能成为一个微不足道的虚假掩饰。它也是四处蔓延的认同,能深度腐蚀一个人的经验,也能瓦解地方认同的象征内涵。

7. 对于存在的外部者而言,地方认同代表着遗忘了的、不可企及的存在,地方在我们的生命中只是一个偶然的事物,其存在也只是昙花一现。

其中,存在的外部性是一个例外,它能将其他类型的地方认同取而代之,而其余的认同都不会相互独立与排斥,而是能够相互转换。这样,我们就能明白,一座充满生命意义的家园,可能会被专业规划师、地理学者从客观的外部性视角去看待,也甚至会被卷入到大众的认同里。因为任何一处场景、任何一个人都具备多种多样的地方认同去反映不同的经验与态度，它们源于共同的外观与行动要素，也取自于大众传媒的意象，这种意象源于带着偏见的直接观察不断变化的相互交织。

　　地方认同不是一个简简单单的标签，可以通过简明扼要的描述总结与呈现出来。我们也很难证明具有一种真正的与存在的内部性有关的地方认同。事实上，在某种情况下，就地方感而言，外来者可能会比当地人看到更多的事物，正如当事者迷、旁观者清，尽管他不具有当事者的那种参与性。简而言之，认同既不能被化约，也无法与地方的性质相互分开。地方认同既非绝对持久，也非变化无常。地方的认同具有多种形式，但它总是我们关于某一个地方的经验之基础，并与其他地方相对。

## 5. 地方感与本真的地方建造

伊安·奈恩(1965,p.6)写道：

"似乎普遍的现象是，几乎每个人生下来都需要借着周围的环境，以及与环境之间的关系来获得他们自身的特征，也就是说，需要一个能够被识别出来的地方。因此，地方感并非某种特殊的精致艺术，而是人类根本无法离开的一样东西。"

"地方感"最浅显的含义是能够识别出不同地方及认同的能力。但是，奈恩也指出：当地方感关乎着方位感，甚至关乎着生存时，地方感就意味着是比位置划分更为复杂且意义深远的一种能力，即，关于某个地方的身份感知力。哈维·科克斯(1968,p.423)将这种能力描述为"对地方延续性的感知，它对于人感知现实事物而言十分必要"。这其中包含着十分广泛的感知域，从浅显的方位识别到不同地方移情性的认同，再深入到人与地方之间的深度连接，深度的连接乃是人类生存与个体身份的基石。

在本章以及后面的章节里，我会考察地方感与无地方感的一些具体形式，并描述它们如何在景观的层面上体现出来。地方感既可能是十足本真的，也可能是虚假发明出来的。本真(authenticity)与非本真(inauthenticity)两个概念都源于现象学，但又在各种各样的虚假掩饰下流行了很长时间。sincerity 这个概念过去的含义同 authenticity 具有高度的相似性(Trilling,

1971);而约翰·罗斯金(John Ruskin,未注明出版日期,p. 143)提出的真实生活(true life)与非真实生活(false life)这两个概念尤其传达出了本真与非本真的内涵:

"人的真实生活……展现出一种独立的力量,人能借此把外界的事物形塑和组织起来;这是一种能同化外界事物的力量,能将人周围的一切事物转化到他的饮食与工具性的领域之中,并……永远不会丧失人对事物的主导权。而一个人的非真实生活却体现为死亡或麻木的状态,尽管每天都还在运转,但却不能被视为还有生命力,也无法从真理的角度去认识生活本身。那样的生活只是某种照旧的惯例或偶然的遭遇而已,我们许多人都在这其中流逝了太多时光……外界的事物层层叠叠加诸在生活之中,把生活形塑了起来,却无法以生活本身该有的形态去内化这些事物……"

本真——非本真的划分为后面的讨论奠定了基础,但它们还并不足以提供一个完整的框架去刻画所有的地方经验,而且我也不试图让这样的分类显得过于绝对化,相反,这样做只是为了方便阐释。正如尼采(1955)所言,真理可以从谬误中产生,而善良也能脱胎于邪恶,那么,本真性也能从非本真性里产生出来,反之亦然。况且,这两种经验模式之间的界线也还不明确。但是,人们并没有重视这种反合性中所具有的复杂性,为了更明确地阐述我的研究,现对地方感与无地方感做如下区分。

## 5.1 本真的地方感

莱昂内尔·特里林(Lionel Trilling,1971)在他的一本名为

《诚挚与本真》(Sincerity and Authenticity)的书中谈到,在莎士比亚的时代,sincerity是指借着真实地面对自己从而避免虚假地面对他人。但是,这个词却最终被人们所忽略,又在一定程度上被authenticity所取代,而后者更加强调某种强烈的道德体验。但是,authenticity也同样意味着真实、纯粹、无虚假、诚实地面对自己,并且具有深度、避免肤浅。在既准确又模糊的存在主义术语当中,authenticity是指一种存在的形式:此在(Dasein),它表明人能够自由且负责任地承担起自己的存在性(Heidegger,1962,p. 68和p. 220)。因此,一个人的责任在于他自己,因为他是直接现身于世界的,而在本真的存在状态下,一个人度其一生,总是能充分意识到同世界之间的根本关系,也是无法逃避的关系。然而,这种关系的可能性却部分地存在于社群里,因为我们的行动始终是镶嵌在社会环境当中的(Tymieniecka,1962,p. 182)。如此,一个本真的人能够直面他所做的一切,并且能不自觉地与世界的意义建立起直接性的公共关系,或者能自觉地直面他自身存在的现实状况,并诚实地做出他是否能够改变现实状况的决定。与此对立的是另一种人,他不但拒绝承认自身存在的基本状况,还会找各种各样的借口来搪塞,比如命运的捉弄、神灵的旨意、历史的不可抗拒、环境的不得志、经济的匮乏、潮流的左右,等等。所以,本真的人能够为自身的存在承担起责任,而非本真的人却将责任转嫁给一些说不清道不明、无法抗拒的宏大力量,这样,他们就能避免因无所作为而遭受的责备了。

因此,直面地方的本真态度可以被理解为整个地方认同的复杂体系中一种直接且真实的地方经验。这种经验不会被特定的社会思潮或流行观念所裹挟与扭曲,也不会随从老套而刻板的习俗。它要么直接来源于饱满充实的地方感,这样的地方感是人类意向的产物,也是人类活动的舞台;它要么来源于对一个地方不自觉的深度认同。

### 5.1.1　不自觉的地方感

在不自觉的经验里,本真的地方感类似于马丁·布伯(Martin Buber, 1958)所说的"我—汝(Thou)"关系。其中,主体与客体、人与地方之间的区分完全被关系本身所取代,因为关系本身是完整且关乎彼此的。人们常常觉得,这样的人地关系往往在"自然的原始人群体中被高度发展了起来。部分是因为他们的生存依赖于优良渔场和牧场的地理知识,也部分因为他们的世界里充满了无以言表的神秘力量,这些力量会将某个地方变为吉利的或晦气的,那些晦气的地方需要被供奉起来,以息神灵之怒"(Gauldie, 1969, p. 171)。世界之中充满了各种地方神,所以,紧缚于大地的乃是属灵的事物,而非物质层面的事物。尽管,我们可以在原始文化里去搜集深度地方感的丰富案例,但误解却在于认为:原始人与拥有较为先进技术的人类之间,不自觉的环境经验有着明显的差异。保罗·谢帕德(1967, p. 42)写道:"原始人在自己的领地里长距离穿行而不至于迷失方向的能力会让现代人感到惊讶,尽管现代都市人也同样会和原始人一样无意识地观察周围的标识,在城市里穿行。"

然而,我们依然可以认为,原始人与现代人的文化是存在着差异的,体现为各自依附于地方的意义所具有的复杂度与深度上的差异。绝大多数现代人已经脱离了精灵和灵性符号所充满的世界,也不再生活于神圣地域的世界之中。对于澳大利亚的土著人来讲,空间具有神圣性,地方是神性的汇聚之处。然而对于现代人而言,在不自觉的层面上,空间被人们体验为功能的与世俗的事物,地方只是可以相互交换的位置而已,所以,在一定程度上就肯定会带来对环境的祛魅与去符号化,尤其是体现在日常生活之中。然而,对不少人来讲,他们与地方之间的深度心理连接依然是存在的,当遭遇压力的时候,这些连接就会明显地被逼露出来。哈维·科克斯(1968,p.422)认为,很多人依然没有从城市改造计划带来的"与地方持续性失联"的状态中"彻底恢复过来";而居民与业主不定期地抵制开发商的戏剧性尝试也表明人与地方之间的这种深度关系,尽管这些居民可以在其他地方获得更好的居住条件(见Pawley,1971,pp.98-107)。

本真的地方感,首先是指人作为一名个体和共同体的成员,能够在不经反思的情况下,直观到自己存在于地方的内部,并归属于他自己所在的地方。这种不自觉的本真地方感在自己的家、家乡、所属的区域或民族那里都可以明显地体现出来。它对于现代社会的重要性来讲,不亚于之前的任何一种社会,因为它是个体身份认同和社区认同的重要来源。然而,尽管人们极需要这样的地方感,但随着技术的进步与社会的发展,不断增强的空间流动削弱了地方的文化,地方的象征意义也逐渐式微。对于原始人和中世纪的艺术家来讲,一个地方的归属感贯穿于他生活的方方面面,但是对于现代都市人而言,这样的感知却从来不会引起关注,人们甚至可以借着交易的手段去寻找一个更优越的邻里、更美丽的新家。

### 5.1.2 自觉的地方感

在不自觉的地方经验里,地方以其本来的样子被人们真诚接纳;然而在自觉的地方经验里,地方成为了人们理解与反思的对象。人与地方之间的关系就成为哈维·科克斯对布伯的篡改版:从"我—汝(Thou)"关系变成了"我—你(You)"关系。后者尽管显得更为肤浅,主客之间的关系也更不完全,但是,人与地方之间的密切关系还是存在的。"我—你"关系在本质上来说是外来者或陌生人试图敞开胸怀去体验一个地方,并积极回应地方的独特认同。这可能是基于辛克莱尔·高迪在阐述建筑时传达出来的观点:"在脱离野蛮生存的层次上,地方可以传达出愉快、惊讶、怀疑与恐惧的意义。人与这些意义之间能进行知识性的交流并参与其中,也能提升生命的价值。"这里,知识性的参与其中是指一种明确的"判断行为,是将新的经验与个人的期望进行比较",同时,人也试着敞开胸怀,主动调动自己的感知,开放式地面对地方的方方面面,移情式地去体验一个地方,与之产生共鸣。当然,这并不意味着每个人对一个地方敞开胸怀的体验程度是一样的,因为地方认同在某些方面受制于观察者自己的意图与经验。这里所讲的只是一种地理上的理想状态,即,外来者能够像当地人那样体验到地方各个层面的性质与意义,与此同时,还能体验到存在的内部者不太能够明显意识到的那些地方功能、美学或其他性质。这样的体验越是敞开,越是真诚,越少受制于理论或知识中既有概念的局限,就越能明显地体现出本真性。

然而,外部者也能以直接地、非常个体化的方式去体验一个地方,这就不涉及上述的理想状态了。这样的体验直指场所精神(genius loci):"它是观察者与环境之间,人与地方之间活灵活现的生态关系",它是自我知识的来源,也是生命的参照点,尤其对于小孩子而言更是如此,它能够成为人格成长持续一生的核心要素(Cobb,1970,p. 125)。此外,它或许还能借着"地方感"为作家与艺术家赋予某种特质。区域主义与区域写作常常不过是"软弱者表达多愁善感的途径而已……"(Grigson,1972,p. 859),事实上,地方也处于作者的外部。但是,某个区域却能借着地方感内化于作者,他的描写就不再是肤浅的临摹,而是超越了某个地点,传达出潜在且真实的场所精神。对于阿尔伯特·加缪(1955,p. 144)而言,这种深层次的人地关系是在提帕萨(Tipasa)与阿尔及利亚的废墟上体现出来的。他在多年之后再次去到那个地方,只是为了发现如下事实:"……为了不像一个好看的橘子,最后干瘪得只剩果肉……一个人一定要不断地将新鲜感维持下去,就像凉爽的清泉带来的喜悦,热爱生活中那些远离了不公平的日子,满怀激情地重新投入到赢得光明的战斗之中。"

## 5.2 本真的地方建造

由于我们自始至终都居住在地方之中,地方就有了一定的意义,地方里的建筑和人造的景观就不会是多余之物,因为人类的生活始终需要依靠某套地方的系统,该系统具有一定的结构、形式和意义。(Norberg-Schulz,1969,p. 226)这种独特的地方系统可以在自觉与不自觉的地方感中被建造出来。后者通过不自觉的设计来实现,它建立在采用传统途径解决传统问题的基础之上,这使得地方反映出了蕴含在某种文化里的需求,包括物质需求、社会需求、审美与灵性的需求,等等。在其中,所有的元素都能良好地彼此搭配(Alexsander,1964)。而自觉的本真地方感却与目标性的设计过程相关,对问题的解决方案也并非一成不变。它建立在一套完整的人观基础之上,也以人和神灵、人与自然的关系为基础,且能在特定的场景中将这样的关系尽可能地传达出来①。其结果便是:地方既具有了内部的和谐,也能与当下的情境相符合。

我们可以借助一种抽象的方式将本真的地方建造进行清晰地分类,却不太容易找到特殊的地方案例来完美地刻画每种类别。后文所附的照片都无法传达出最纯粹的本真地方建造,而只具有一定的说明性。尽管本真性在一定程度上也能显露出某种虚假性和非本真状态,但本真性依然是这些案例想要传达出来的核心内容。这样,这些照片尽管不能完整地传达出我在后文想要传达的意思,但通过把地方建造的态度里必然具有的复杂性阐释清楚,就能达到我的目的了。

### 5.2.1 不自觉的地方建造

前文已经表明,本真的与不自觉的地方感对于现代社会来讲,其意义与对原始社会而言同等重要。尽管,这样的论述能表明地方感的重要性,但却不能说明,现代高科技生产出来的这些

---

① 这是海德格尔思考的一种本体论(Vycinas,1961)。在第3章里,我也对此做了部分讨论,尤其在3.7与3.8节里。

地方比原始社会与本土文化营造出来的地方更具有本真性。高迪(1969,p.71;同样见 Cox,1965,Chapter 8)认为,对于原始人而言:"地方的现实与迷信——两种情感并行不悖,对于日常劳动和宗教生活来讲,地方不能一分为二。"事实上,人的地方经验是一个整体,这样的经验借着设计的过程体现了出来,包括:"……将人的地方经验不自觉地直接转化为某种文化的物质形态,它融合了人的需求与价值,以及人的渴望、梦想与激情在内。"(Rapoport,1969,p.2 和 p.5)该过程的特点在于,缺乏理论和美学上的矫饰,更多注重场址的选择与天气的考量,以及对他人与建筑物的尊重,进而带出对人造环境与自然环境所构成的环境整体的尊重;而且,地方的功能与经年历久的某种形式有关,其中的变化都是极其有限的(图 5.1)。最终,地方与其文脉产生了高度的融合,充分传达出设计者的意图,体现出位于特定场景中建造者所具有的身份认同。贝纳德·鲁道夫斯基(Bernard Rudofsky)的影像论文《没有建筑师的建筑物》(Architecture without Architects)为此提供了很好的例证。其中关于村庄和景观的描述,表达出源于本真地方感的和谐人文精神,这是一种不自觉的地方建造过程。

在所谓后工业社会里,不自觉的设计过程依然很重要,这至少产生出了难以数计的建筑与地方。多克斯亚蒂斯(Doxiadis,引自 Jencks,1971,p.49)曾做过这样的估计,世界上只有百分之二十的建筑物携带着建筑师的理念,当单体建筑被设计出来的时候,它与某个地方的结合很少在建造之前被考虑到。但是,在以大众文化和传媒所主导的社会里,几乎所有的建筑物与地方都受到了公共流行观念与专业化设计的影响。事实上,在北美

*112* 地方与无地方

图 5.1 本真且自然生成的地方:威尔特郡的库姆堡(Castle Combe),以及奥弗涅大区的维埃耶·布里乌德(Vieille Brioude)"直接又自然地转向文化的物质形态及其需求与价值"(Rapoport,1969,p. 2)。

5. 地方感与本真的地方建造　113

图 5.2　由于人的生活而获得本真性的地方：位于多伦多的南威尔士和肯辛顿(Kensington)市场，特雷奥奇(Treorchy)

"司空见惯的街道和呆板雷同的房屋后面的背街……对于内部人士而言，这些背街就是一个个小世界，它们各自的内部是均质的，就像清晰界定出来的一个个村落"(Hoggart, 1959, p. 52)。

地区，不自觉建造出来的本真地方在社会主流的冲击下几乎处于边缘地位，像在基督教胡特尔派（Hutterites）与孟诺斯派（Amish）的传统社会里，以及"回归自然"的公社（'back to nature' commune）和街头集市里所表现出来的那样。在欧洲，本真建造出来的景观与地方也基本上都是过去手工艺时代残留下来的遗留物。于是在欧美，这样的景观具有了怀旧的价值（Newcomb，1972），并被人们积极地保存下来，甚至被再创造出来，进而又变得非本真化了。

但是，我们不应过分焦虑地将绝大多数现代西方世界都统统归入到非本真的地方范围里，因为不自觉的地方建造不能被理解为一次性瞬间完成的过程。尽管地方的建造是一个跌宕起伏的重大事件，但它却是一个持续不断的过程，人的居住和对地方的使用与体验都能为地方赋予本真性。尼古拉斯·泰勒（Nicholas Taylor, 1973, p.193）在描写两次世界大战期间英国毫无明显特征的市郊时，他发现："那些以家为中心的核心家庭，总是能在心中感受到自己属于某个地方。在一个明确界定出来的地方里，特定的人生活在一个不可取代的环境里，并负责让自己的生活充满秩序。"这是一个必定会出现的过程。当外部世界变得均一化和无地方化的时候，便会产生内部的分化，此过程源于地产的个人化，也源于当地的各种事件和对一个地方不断变化的迷思，以及在地方之中的真实生活，所有这一切都赋予了地方以本真性，而这个地方却又是在非本真的状态下被建造出来的，就像以大众化的方式建造出来的都铎式建筑或鸽子笼式的高层公寓一样（图 5.2）。这样的本真化（authentification）过程会一直持续下去，因为它始终无法抵达地方感最深的层次。

5. 地方感与本真的地方建造    115

图 5.3 一个本真且自觉生成的地方：古雅典城
"在古代雅典那个短暂的时代里，诸神之道、自然之道与人之道合而为一。"（芒福德，1961 年，第 166 页）。

这就像原始创作的绘画,同依据原有画作临摹出来的另一幅画作之间的区别一样,尽管后者也融入了再创作者的个人感受,但始终是不完全的。对于这种不完全的感知,凯文·林奇(1972,p.41)曾写道:"大多数美国人都居住在二手房里,但这些房子都不是他们自己的。因此,他们最终离开了美国,去欧洲体验在家的感觉。"

### 5.2.2 自觉的地方建造

本真且自觉的地方感体现为建造出来的地方能清晰地展现出全人类的整体观念,并且能让人感受到地方对于日常生活的意义。它往往体现出精英的某种特权,而非共同体所有成员的价值观。我们很难找到本真建造出来的地方是恒久不变的,但后面的例子可以让我们一窥这种地方所具有的重要特征。

(1)刘易斯·芒福德(1961,p.166)曾说:"在雅典的短短一个世代里,诸神之道、自然之道和人之道都合而为一。"古希腊时期,在诸神创造的大地上,在当地的理想环境里,在市民的自由里,雅典体现出了美与自然之用的信仰。"在某个时期,城市与市民合而为一,生命里的所有部分都包含在了自我形构出来的形式化的日常行动里";这完全是一个真实且本真的城市,在那里,人的意图、行动以及事物的形式都是那样的相辅相成。

尽管雅典的形态在某种程度上经历着不自觉的演变,但其背后的人观、自然观和神观,以及它的选址和诸多建筑的设计都是非常自觉的(图 5.3),这尤其体现在了雅典的神庙那里。斯库里(Scully,1962,p.213)写道:

"希腊的建筑师……同时处理着自然的形式与建筑的形

式。借着这些形式,建筑师强调三个永恒的主题:大地的神圣,地上有限生命的悲剧形象,以及人类所能认识到的以神灵为基础的现实世界的全部特征。"

(2)另一个颇为不同的关于本真地方建造的案例,是沙特尔(Chartres)①的大教堂,该案例所表明的现象也多少体现在了欧洲其他哥特式的教堂那里。与希腊雅典的演进历程不同,这些建筑物的形态与选址都是由建筑师刻意设计出来的。然而建筑师同样也是从人、人与上帝之间的普世关系来展开设计的。这座建于12世纪、位于沙特尔的大教堂不仅是工匠们的杰作,还是"……信念的产物,工人将石材从采石场运输至教堂处……,还有王公贵妇们也参与进了运输的队列里,他们体现出完美的纪律和崇高的肃穆。人与人的心都连在了一起。"(Clark,1969,p.56)大教堂完全是在人们的共同努力下,在物质和精神完全合一的状态下建造出来的。"运输队列的祭礼"可以被视为基督徒激情的高潮(Henderson,1968,pp.24-37)。沙特尔与其他地方的案例表明大教堂与修道院完全是一种信仰的表达,是人与上帝之间"我—汝"关系的呈现,也是人与大地(大地作为上帝的居所)之间关系的显现。恐怕正是因为这个原因,哥特式的宗教建筑几乎无一例外地满足了圣·托马斯·阿奎那对美的定义,这是"一种既有的整全或完美"、"一种合宜或和谐"以及"清晰或明朗"(引自 Allsopp,1970,p.35)。而且,这种对于美的追求不仅体现在了建筑物身上,还体现在了建筑物周围的景观(landscape 或 townscape)背景里。沙特尔的案例很

---

① 沙特尔:法国北部城市,位于巴黎西南。——译者注

好地诠释出了在建造哥特式的宗教场所背后,人们强烈的情感委身。而由此矗立起来的建筑物,反映出人们去自觉地建造本真地方的力量。

(3)在文艺复兴初期,地方建造的本真性更多是以人文主义而非宗教观念为基础的。杰弗里·斯科特(Geoffrey Scott,1961,p. 120)认为文艺复兴时期的建筑师满怀着"人文主义的热情,使建筑物成为所有精神力量的对应物。"他们认为,人们根据建筑物来诠释自身,也根据人自身来诠释建筑物,以古希腊的人文主义观念为武器,加上可观的工程实践技术来实施房屋的建造和城镇的规划,这是本真的地方建造,其目的是为了彰显人性(图5.5)。不过,这样的建造过程也是有局限的,因为其背后的资助者是教会与商人群体里的精英分子,因此无法表达出所有人的利益与价值观。差不多在两代人以后,这些艺术家与建筑师的建筑作品就沦为了美学与智识的炫耀。宏伟的广场、宽阔的道路、纪念性的建筑或许都是依照人文主义的传统打造出来的,但是,它们越来越华丽,最后沦为了名声、财富和权力的刻意夸耀(Mumford,1961,p. 166)。

(4)尽管出自精英阶层之手,文艺复兴之后的本真地方建造渐渐变成了一件不可能实现的事情。但是像罗伯特·欧文、埃蒂耶纳·卡贝(Etienne Cabet)建造出来的乌托邦共同体却带有一定的本真性。它们或多或少建立在了人与社会的完整观念基础之上,尝试建造出各个部位之功能都能和谐一致的单一社区。当然,这样的社区绝大多数都很短命,要么因内讧而解体,要么因外界压力而垮塌。此外,"他们都试图建立慷慨的、相互同情的人际关系典范,与文艺复兴时期的理想城镇不太一样",

5. 地方感与本真的地方建造 119

图 5.4　哥特式宗教建筑本真与自然的地方建造:左为沙特尔大教堂,
以及廷腾寺
展示人与神之间的我—汝关系,以及人同作为神之居所的
大地之间的关系。

后者象征着一种人文秩序(Benevolo,1967,p. 84 和 p.129)。这些乌托邦背后的机制与价值都不如人道主义者那样充满人文主义的色彩,同时,博爱与政治的色彩也不够浓厚。欧文的"新和谐社区"(New Harmony)或者拉普特社群(Rappite colony)[①]事实上都是以技术为基础的社会实验。一旦他们的理念建立在社会应有状态的宏大意象上,其地方的建造就会沦为一种狭隘的、

---

① 拉普特社群:源于19世纪德国虔诚的传教士乔治·拉普(George Rapp)。借助资金支持,他在合作的基础上,实验性地建立起一个以宗教为根基的社群。在宾夕法尼亚州、印第安纳州都有其社会实验。——译者注

非本真的、工业技术模型下的产物。①

图 5.5 文艺复兴时期本真而自觉的地方建造：佛罗伦萨"人文主义情感的一种表达，让建筑成为精神力量的对应之物。"（Scott，1961，p. 120）。

（5）19 世纪，从欧洲迁移至美洲的开拓者，多数时间并非只是为了逃避过去的经济压力和社会环境，相反，他们却是以更为决绝的姿态同原先生长的地方彻底决裂开来（见 Handlin，1951）。他们在灌木丛里开辟新家，顺利扎下根来，通过劳作并委身于一种全新的生活方式去本真地营造出一个地方。修建在空地上的小木屋是他们希望的表达，也是他们全身心投入到移居生活中的方式（图 5.6）。谢里丹·霍根（J. Sheridan Hogan，

---

① 傅里叶的"法兰斯泰尔"或者戈定的"大家庭"特别予人一种印象，即它们都是极富效率的生活与生产的工厂。边沁甚至把其模型监狱称为"工业—家庭机构"（industry-house establishment）（Benevolo，1967）。

引自 Cross,1970,p. 72)在 1855 年加拿大巴黎展览会获得第一名的散文里写道：

"那一片小小的空地……对其他人来讲，或许只能保证基本的生存需要，但是对于那些孤独的定居者来讲却是光明快乐的梦想。他们观察着那里的一切，一点也不觉得那地方太小，反而会认为，那是一片能够去实现玉米丰收的地方，也是能建设出伟大农场的新起点。"

图 5.6　经由个人努力所营造的具有本真性的地方:安大略省欧皮安戈路(Opeongo Road)上的一所定居者的小屋,1901 年(图片来自安大略省公共档案馆的 Macnamara 收藏品)

"这一小块空地，对我而言仅仅是投射到视网膜上的一张难看的照片，但对于他们来说，则是富于精神记忆的象征，分明在颂扬着一首关于责任、奋斗与成功的赞歌"(William James,1899,pp. 151-152)。

当然,这或许有点过于罗曼蒂克了,况且,这其中还渗透着拓荒者公然诉求的商业主义、道德滑落和物质主义。同时,这些定居者在建造他们的本真地方的时候,也经常破坏印第安人的本真地方。然而,对于这些拓荒者而言,在荒郊野外建造起来的家园是真真切切的本真之作,尽管到了后来,某些地方沦为了经济的产物,有些农场也变得时髦起来。

(6)到了现代社会,这种本真且自觉的地方建造恐怕在很大程度上只是为了激发个人的灵感而已了。我们绝大多数人则生活在由他人建造出来的房屋和机器搭建的场所里。但是像阿尔瓦·阿尔托(Alvaar Aalto)①、弗兰克·劳埃德·赖特(Frank Lloyd Wright)②这样的建筑师却能呈现出一种敏锐的地方感。像赖特建造在沙漠里的房屋,尤其是西塔利耶森(Taliesin West)。高迪(1969, pp. 172-173)写道,他不仅模仿了当地人的栖居形式:"……他还将自身强烈的地方情感和丰富的想象力与当地景观里的突出要素结合了起来,进而为建筑物赋予了真情实感,能让人委身其中。"

除了这种德才兼备的人物所创造出来的作品以外,现代化的自觉设计往往会导致地方只具有单一的目的性,和追求效率的功能性,其风格与周围的环境也会显得格格不入,几乎只能体现出大众的价值观和流行风格。今天的大趋势似乎远离了本真地方建造所具有的多样性,这样的多样性能反映出不同价值观

---

① 阿尔瓦·阿尔托:芬兰现代建筑师,人情化建筑理论的倡导者。——译者注
② 弗兰克·劳埃德·赖特:美国最伟大的建筑师之一,建筑"田园学派"的代表人物。——译者注

与物质环境相互之间的和谐状态,以及对环境的尊重;相反,如今的趋势却是朝着无地方的都市化、国际化景观,以及整体的无地方性靠拢。

## 5.3 本真性与地方

"本真性"作为一种存在的形式,其含义在于人对自身的存在所承担的责任具有完全的接纳与认同。在人的经验里和在地方的建造中,很少能有纯粹的本真性,反而,本真性会以不同的强度和非连续的方式呈现出来。"我—汝"的地方经验是一种不自觉的人—地融合,其中,人与地方之间是一种不可分割的关系。这样的关系在现代社会可能很罕见,而且难以实现。但是,人与地方之间的"我—你"关系却较容易实现,它体现为人对地方的意义、象征与特征能够给予真切的回应,并能与之相认同。其实我们应当倡导这样的人地关系,因为,它是让我们以地方本身的样子去观察和欣赏它们,而不是盲从那些大众化的价值观,或者盲从技术专家们的态度和观点。

由于地方可以在不同程度的本真性层面被人们体验到,所以,地方可以因不同的本真性被建造出来。一个极端的情况是,人们通过不自觉的设计传统将一种文化完全传达了出来,并且在自觉的状态下传达出了人类自身的状况,就像古希腊的建筑所体现出来的那样。但是本真的地方建造似乎从希腊时代以来在社区的层面上表现得越来越弱,到如今仿佛成为了一种非常个人化的表达。建造本真地方的可能性越来越少,但幸好,人在地方之中依然需要真切的自我表达。奥格斯特·赫克歇尔

(August Heckscher,引自 Brett,1970,p. 140)写道:

"每个人需要的……不仅是一块地面,而是一个地方——在那里,人才可能充实自我,并且成为他自己。站在这一层意义上来讲,地方是不可以被买来卖去的,它只能在长时间借着人普普通通的日常俗事不断地生成。它需要人们通过爱去给予特定的界限与意义。同时,它还需要人们的精心呵护。"

## 6. 无 地 方

今天,有一种氛围正在四处蔓延,那就是前工业社会与不自觉的手工艺文化所代表的地方与景观,以及它们所具有的地方性和多样性正在不断减少,以至于完全消失。按照诺伯-舒茨简明扼要的说法:我们创造出了"平面的景观"(a flatscape),缺乏意向性的深度(intentional depth),对此,人们只具有平庸和次要的经验。C. W. 莫尔(C. W. Moore,引自 Lyndon,1962,pp. 33-34)写道:"世界上丰富多彩的地方正在迅速地被无意义的建筑样式、千篇一律的混乱所替代";而戈登·卡伦(1971,p. 59)认为:英国"显然放弃了节点性的事物(nodal points),转而追求从一片大陆肤浅地蔓延到另一片大陆,人、食品、权力和娱乐都在这其中被不断地复制出来;全球性的荒漠……高铬板材料的滥觞。"这些论述表明无地方的地理现象正在逐渐成为现实,多样化的景观和重要的地方正在消失,也意味着我们自己也在不断遭受着无地方的冲击,逐渐失去了原本具有的地方感。

当然,文化与地理的均质化并不是一种全新的现象。古希腊文明、罗马帝国、基督教的扩张,甚至是城市观念的传播都在曾经多样化的文化与景观里注入了同质性。而目前的新现象则体现出了更加宏大的尺度,包括无法与当地的地理状况相融合的无地方性,以及四处蔓延的肤浅体验。亚历西斯·德·托克维尔(Alexis de Tocqueville,1945,II,p. 20)曾针对 19 世纪 30 年

代的这种均质性说道:

"人类的多样性已经消失了,全世界都具备了相同模式的行为、思考与情感。不仅是因为国家相互之间的合作与照单复制。也在于每个国家的人民都不断放弃独特的观念与感受,比如某个阶级、职业,或某个家庭的观念与感受。他们都不约而同地具有了类似的架构。因而,彼此愈益相似,即便没有刻意模仿都是如此。"

对于托克维尔来讲,这种普遍的人类架构并未激发出多高的热望,反而沉降到了"数不清的存在物当中,按照相似的样式互相形构,一切都成为了平平展展的"(p. 350)。这些观点向我们指出:尽管无地方性的确是由相似的景观所构成的,其机制在于不断发展的通信技术、不断增强的流动性和四处蔓延的仿造,但其背后所隐藏的态度则是想要把人与地方全都均一化地对待。这种"无地方的非本真态度"正在四处蔓延——在很大程度上,我们所建造与体验的地方都是极其肤浅的,是在简单因果关系的基础之上被制造出来的。

想要随口批评一下这种态度其实并不难,我们也都知道这种现象并不受人欢迎,甚至也知道这尽管很不幸,但它确实是技术社会的必然产物。然而,这样的批评显得既不明智也不恰当。在任何一个时代与社会中,总会存在着多多少少的无地方性,在缺乏地方关怀的情况下就会产生出这样的场景,这在人的地方感中扮演着十分重要的角色。

此外,肤浅的无地方性肯定不能生发出具有深度的地方态度。然而,当人在一个地方居住的时候,也可以因为一些不重要的甚至冷冰冰的大一统景观而生发出些许的本真性。理查德·

哈格特(1959,p.52)针对英国 19 世纪的工业城镇景观描写道："对于到访者而言，这个普罗大众的生存场所是令人压抑的。一条街道连接着另一条街道的简陋屋舍、阴暗的甬道和昏黑的角落……但对于当地的住户来讲，这里面却充满着一个个小世界，类似于一座座村庄。"简而言之，我们不能轻易简化无地方性，不能简单地认为在后工业时期无地方无处不在，进而想要通过更好的规划设计将这些无地方清除掉。其实关键在于，我们应当将无地方视为一种越来越占据主流地位的态度，以及围绕此态度出现的各种现象；在此期间，人们越来越不可能拥有深度的地方感并本真地建造出地方了。

## 6.1 非本真性

本真性里面蕴含着敞开面对世界的胸怀以及对人类状况的觉察；而非本真的态度，则是以封闭的心灵去面对世界，以及对人类身上多种可能性的不闻不问。它们都是两种存在(being, existence)的模式，海德格尔煞费苦心地强调：非本真性并不比本真性更低级，而是另一种不同的秩序。非本真性不仅与本真性一样对人类的生存来讲很必要，而且它还是日常生活的基本特征——我们像别人那样做事情，不经过任何反思，因为这就是我们的行为方式。但在实践的层面上，非本真性则很难让人保持客观态度，并会被认为是消极的。因为非本真性里面杂糅着陈腔滥调，包含着人造的、虚假的、不诚实的和来自他人的计划，而不是抱着真诚的态度去反思人们所具有的信仰体系，这些体系里涵盖着存在的各个方面。

非本真性尤其会呈现为"他们群体('They'(das Mann))的专断"。我们的快乐与愉悦同"他们"的一样；我们也像"他们"一样去阅读、鉴赏和评价文学与艺术。(Heidegger, 1962, p. 168)它涉及对存在可能性的消解，借着流行的大众态度与行为，掩盖了真实的反思与体验，其价值只是从外部资源舶来的平庸之见。约翰·怀尔德(John Wild, 1955, p. 130 和 p. 132)说道："在非本真的世界里，新颖和差异化的观念会在既定的熟悉事物中被弱化掉。因为人们已经知道了眼前的一切，所以例外总是会被齐一化地处理掉。"

但这只是非本真性的一种状态，即，在很大程度上，个体在不自觉的主观状态中不知不觉地被"匿名的他者"(anonymous they)所左右，而自己却不自知。然而，还存在着另一种非本真性的状态，它是一种更加自觉与刻意的状态，它关联着大众化的客观的人工世界(Olson, 1962, pp. 135-136)。在其中，人们依据公共利益与决策来掌控一切事物，而大众的利益与决策又取决于人为设定的世界与同质化的空间与时间。尼采曾写道(引自passmore, 1968, p. 470)："这大大改变了世界，一个思想者既可以站在人际关系当中去看待自己的问题，进而看见自身的命运、需求和极大的快乐，但是，他也可以事不关己地去看待上述的一切，借着冰冷的触角和一种窥探式的想法。"这种缺乏委身的"冰冷和窥探"正好道出了实证主义的哲学进路，也道出了物质性社会规划的技术进路。这完全是非本真的，因为它是疏离与狭隘的。萨特(Sartre, 1948, pp. 98-99)将这样的非本真性描述为一个人仿佛是一名服务员，他能够良好地完成自己的工作，拥有较高的天赋与才能，但他的工作对于他本人来说缺乏真实的意义,也很难感受到对工作的真实委身。这种非本真性的状态尤其表现在雅各·埃吕尔(Jacques Ellul,1967)的"技术"(technique)中①,它是指对效率、客观组织与控制性规划的极度重视。由于"技术"的缘故,人们的注意力就只能在各种事物之间忙碌地周旋下去,只知道关心各种事物,寻求最佳方案以严格达成既定目标。不可避免的是,实施技术的人在掌控公共社会的同时,也会忽略"人格结构(personal structures)的重要性,而人格的结构能为事物赋予意义;同时他还会忽略为人类自身的存在去寻找意义"(Wild,1959,p.104)。他把自己与他人的个性都囊括在了一套程序里,这套程序取决于社会工程与规划的技术特征。

显而易见,在工业化与大众化的社会里,非本真性十分普遍。同时,大众价值观与没有感情色彩的规划是今天社会、经济与物质领域中最主要的表现形式。但是,很少有人去考察,它们在人的经验与地方的外在景观上是如何表现出来的。后文,我将大致勾勒出地方非本真态度的主要特征,它的形式,以及它在地方与景观里的表现。

---

① 这个法文术语不完全等同于英文 technology 的含义,它比后者要更丰富一些,还包括了一种"做的方法"比"做的对象"更重要的社会风气。如果埃吕尔的分析是对的,那么 technique 就能被视为现代生活里影响最为广泛和深刻的一股力量。除非一些个体刻意拒绝之,否则该力量是不可逆转的(例如上文对本真的地方营造的讨论)。应该注意的是,埃吕尔认为,从起源上来说,technique 并不仅仅是今天的现象,它在一切从事发明创造的文化中都能找到。但是,他却指出,自 18 世纪以来,technique 经历了广泛的扩散,如今已渗透到了生活的方方面面(Ellul,1967,Chapter 6,pp. 64)。

## 6.2 地方的非本真态度

地方的非本真态度本质上是一种无地方感(no sense of place),它包括,人对地方的深度象征意义缺乏关注,也对地方的认同缺乏体会。这种态度只是为了实现社会的便捷,对各种陈腔滥调缺乏反思,同时对知识与审美的流行方式不具有真正的委身。非本真的地方经验要么只关心地方里面多少还有点用处的那些特征,要么,这种经验则以抽象的先验模式,以及思考和行动的严格惯例为基础。总之,这样的地方经验是因果关系式的,也是肤浅片面的。

非本真的地方态度既可以是不自觉的,源于对大众价值观无批判的接受;它也可以是自觉的,建立在以效率为目的而严格采纳的客观技术基础之上。对前者的讨论,需要放在"媚俗"(kitsch)的背景之中来展开,尤其是当这样的态度表现在了"家"(home)与旅行者身上的时候;对后者的讨论,则主要以技术性的规划为参照。

### 6.2.1 媚俗

严格说来,"媚俗"是指那些平庸、艳俗、能唤起甜美感受的事物,通常作为纪念品和礼品出售,同时还包括与此相关的家用品、音乐、建筑与文学,以及蕴含在其中的形式,在这些事物的背后有着特定的媚俗风格与态度。亚伯拉罕·莫尔斯(Abraham Moles,1971,p.7)谈到了该态度的几个主要特征。他说,媚俗是任何一个丰裕社会所具有的特征,是日常生活的重要组成部分。

在那里，人人都会消费华而不实的琐碎事物与赝品。这种现象在当今社会尤为普遍。其中包含着人与物之间的特定关系，物只是为了大众消费的目的而被创造与生产出来的。这种态度是对随和友善、离奇有趣、娇小可爱的人工事物的一种回应，进而导致了平庸虚假，而非卓越与真诚。

地方中的媚俗有很多种表现形式。作为一套物质的表现形式，它可以在任何一个层次上体现出来——从花园里的小矮人到点缀着塑料仙人掌的黄松牛排屋；从装饰着导弹模型的民兵汽车旅馆，到巴洛克的夸张华丽；从路边的梦想乐园到魔幻森林。它作为一种态度，也明显体现在了怀乡病里，并在大众旅游的需求与经验里表现得十分突出。事实上，媚俗是一种非本真的态度，地方被当作一件与人相疏离的事物，在那里，琐碎的东西被视作重要的，而重要的东西反而成为了琐碎的，幻想也变为了现实；本真性被贬值，而真实的价值却完全通过肤浅的价格、颜色与形状来衡量。

家。在本真的经验之中，"家"——不管是一栋房屋、一座村庄、一个区域，还是一个国家，它都位于存在的中心，是个人认同的中心点，人们从此出发去观看周围的世界。在新的土地上安居和盖新房对于人们来讲都是最基本的事情，这有点类似于创世的过程。在原始的地方文化里，人的地方实践与宗教情感是交织在一起的，而且是多维度地、深深地与家所在的区域依附在一起，而家也是一个有着明确定义的对象。在当今社会里，对于很多人来讲，"职业生活、家庭生活、宗教生活与地方之间"是相互分离的（Gauldie, 1969, p. 171）。家只是房屋所在的位置，每三、四年搬一次家，一点也不会觉得内疚。伊利亚德（1959,

pp. 56-57)借用勒·柯布西耶的表述——房子是"居住的机器"写道:"你可以更换居住的机器,就像更换自己的自行车、电冰箱、摩托车一样。你也可以更换居住的城市或省份,在此过程中,除了会遇到不同的天气以外,不会遭遇任何障碍。"(图6.1)这种"家"的可更换性是随着"家"之意义的衰微而产生的,同时也反过来加剧了衰微的过程。据估计,在北美,搬家的频率基本上是每三年一次。

"家"的意义不仅因为社会流动的加剧而衰微,还会因着房屋功能的独立而被削弱,甚至也会因为情感化与商业化的凸显而式微。今天,人们可以找到很多媚俗的小古董、小摆设来营造出甜蜜之家(home-sweet-home)的氛围。甜蜜之家的主题在德文 Heimweh 里有很好的表达,另外像 homesickness 和 Heimat 也能表达出该意思。莱昂纳多·多布(Leonard Doob, 1964, p. 66)依据澳洲人的年鉴译解出以下文字:"当我们亲切地说 Heimat 这个词的时候,就会有一股暖流涌上心头;当我们独自一人的时候,并不感到孤单,在我们悲伤的时候,也不会失去安慰。"同时,商业利益也在不断挖掘家园的理念。多伦多一家大型公寓开发公司的广告词里写道:"如果你想拥有一处叫作家的地方,不妨和我们联系"。而房地产经纪人也不再单纯卖房子了,相反,他们开始经营起昂贵的家来,包括独一无二的家、公寓式的家、乡间的家。"家"成为了市面上的商品,成为了一件可交换的、融入了情感的商品。

旅游业。没有什么比旅游业更能表现出地方的非本真态度了。因为在旅游业中,个人对地方的评价,以及对本真性的评价都总是被专家的意见和社会的公共观念所裹挟。或者,旅游

图 6.1 居住的机器:安大略省埃利奥特湖(Elliot)的活动式住屋,以及多伦多郊区的新建住宅

"你可以像换自行车、换冰箱和换汽车那样频繁地更换你的居住机器"(Eliade,1959,p. 50)。

的行为与意义比游览的地方本身更具有价值。拉斯穆森（1964，p.16）在描述游客参观罗马圣母大教堂（Santa Maria Maggiore）的情景时说道："……他们几乎都没有去关注一下周围的环境特征，只是单纯地查看了导游手册上所标的星星数目，然后匆忙地赶往下一个景点。他们对地方的体验是欠缺的。"这就是最明显的非本真性了。旅游团队只会参观价值已经被设定好了的建筑艺术作品。我们既能在飞机和巴士运载的欧洲旅游团队里，还能在诸如导游绿党米其林公司精美的旅游手册里看到这些情况。一系列的风景、城镇、村庄甚至壁画在简便易行的三星级分类中，让人们觉得这些值得到此一游的地方是多么美丽和独特（图6.2）。就像巴特（Barthes，1972，pp.74-77）曾指出的那样，这样的导游图册旨在强调美景和纪念品，它们极少提及当地的地形，像平原和高原，以及"隐藏在纪念碑后面的普通百姓的生活"。这样的非本真性往往被狭隘的个人利益和高度的文化偏见所强化。前者主要表现在目的性较强的学术考察里，像文艺复兴时期的绘画参观，动脉指数的测量或叶形态的研讨会；后者主要表现在了比如像从英国到西班牙的包价旅游里，杰里米·桑福德（1967，pp.43-49）曾引用此现象说道：

"人们到欧洲大陆去旅游的主要原因在于，它是身份地位的象征。隔壁邻居做了这件事情，你也得去做。"

"我给没有同来的人带回去了很多礼物，这样很公平。我给两个侄儿带了斗牛士表演的海报，上面签了斗牛士的名字，看起来很像是真的；我还在弗拉明戈舞蹈家的亮相闭幕演出上带回来了一个大灯泡；同时，还带给粉丝们印刷着西班牙山丘风景的照片，以及两把廉价的托雷多失落之剑（Toledo swords）。"

*136* 地方与无地方

> **EAST–WEST CROSS-COUNTRY PROGRAMME**
> **From Bort-les-Orgues to Bergerac (3 days—272 miles)**
>
> ◉ BORT　Overnight stop　▲ Another thing to see
> 　　　　Castle or château　: View
> 　　　　Dam, barrage　　 p.157 Route described on p. 157
> To distinguish each day's journey, sepia and black are used alternately.
>
> **BORT-LES ORGUES**
> **1st Day**
> Lunch at Argentat
>
> **Bort-les-Orgues – Roc-Amadour** or vice versa
> 120 miles by car plus 3½ hours sightseeing
> The road follows the picturesque Valley of the Dordogne from Bort-les-Orgues to Castelnau.
> The great dams that are a feature of the upper valley—the Bort** (¼ hour), the Aigle** (¼ hour) the Chastang* and the Sablier—are succeeded, first by the old houses rising one behind the other above the river bank at Argentat*, and then by the two masterpieces of the church at Beaulieu-sur-Dordogne* (½ hour) with its south doorway and Castelnau Castle** (½ hour). The red mass of its walls and towers stands on a promontory, overlooking the confluence of the Cère and the Dordogne.
> The Padirac Chasm*** (1½ hours) is one of the wonders of the underground world.
>
> **BORT-LES ORGUES**
> Lunch at Argentat
> **3rd Day**
>
> **2nd Day**
> Lunch at Souillac
>
> **Roc-Amadour – Montignac** or vice versa
> 58 miles by car plus 4½ hours sightseeing
> Adding to the interest of the day's run across the limestone plateau and along the Valley of the Dordogne are the sightseeing opportunities to be found at Roc-Amadour*** (2½ hours), an ancient pilgrimage town built into the cliff-face, at Treyne Château* (½ hour) with its valuable furnishings, at Souillac* (½ hour) where there are fine Romanesque carvings in the church, at Sarlat** (1 hour) where there is an interesting old quarter and at Lascaux*** with its caves decorated with unique prehistoric paintings *(tours temporarily suspended)*.
>
> Lunch at Souillac
> **2nd Day**
>
> **3rd Day**
> Lunch at Sarlat
>
> **Montignac – Bergerac** or vice versa
> 94 miles by car plus 4½ hours sightseeing
> The last day of the tour is spent in the heart of the Périgord countryside and brings the tourist to the most beautiful settings in the Vézère and Dordogne Valleys: Les Eyzies-de-Tayac** (2 hours) which, since the discovery of its many prehistoric shelters and deposits, may be considered the capital of prehistory; Roque-Gageac** (½ hour) picturesquely clinging to a cliff-face above the Dordogne; Domme* (1½ hours) an ancient *bastide* and Beynac-et-Cazenac* (½ hour) overlooked by its castle.
> Beyond Trémolat, a tourist road enables one to see the Trémolat ring of water**, formed by a great loop in the river.
>
> Lunch at Sarlat
> **1st Day**
>
> **BERGERAC**　　　　　　　　　　　　　　　　**BERGERAC**
>
> 33

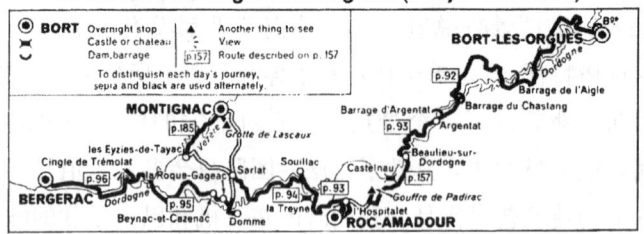

86　　图 6.2　游客对于地方的标准化体验：来自米其林指南上为佩里格尔所做的行程计划（注释：＊＊＊值得游览；＊＊值得顺路一看；＊有趣）；意大利里维埃拉斯波托尔诺（Spotorno）海滩（下图）

"他们几乎都不会留意周边事物的特征……他们不会去体验地方"（Rasmussen, 1964, p. 16）。

"在帕尔马的阴暗小巷里,一个布告栏上写着:'茶壶 10 品脱'。旁边一扇门上写着:'英国薯条',接着是'英国啤酒'。"

似乎对大多数人来讲,旅行的主要目的不是为了去体验那些独特别致的地方,而只是为了把一个个地方搜集起来(尤其是出现在电影里的那些地方)。因此,这就逼使着那些跃跃欲试的旅行者们踏入地球最人迹罕至、最具异域风情的角落里。这是社会性的旅游业,旅游是因着社会目的而产生的,而不是为了经验本身,它的最终形态则由本杰明·威斯特(Benjamin West,引自 Briggs,1968,p. 81)描述为:这名画家觉得自己没有必要去一趟希腊,因为,他已经把自己感兴趣的地方所汇编起来的名录都通读了一遍。同样,在北美与欧洲,机动车式的露营已经使得旅行本身变得不再重要了,他们携带着多个房间的帐篷,是拖车式的活动房屋,里面配备了电视机、淋浴器,甚至还内置了篝火,他们从一个标准化的营地转移至下一个营地,这样,他们就将这些营地变成了自己"家"的一部分,只是碰巧可以移动而已,同时,他们也将自己从周围陌生的地域里孤立了出来(Lowenthal,1970)。

如此,旅游所必备的机器与道具本身就变成了一道迷人的风景线。总之,这就使得旅游的方式比旅游的目的地显得更为重要。而旅游者对地方、地方的过去与未来都缺乏真实的感知,正如枢机·纽曼(Cardinal Newman,引自 Hoggart,1959, p. 159)所预见的那样:

"他们观望着城市与荒野里的景色;他们置身于人来人往的集市与南方的诸海岛;他们凝视着庞贝古城的残垣断壁与巍峨的安第斯山脉;然而,对于他们来讲,这一切都仿佛是过眼云烟,他们望不见这些事物的过去与未来,也体会不到它们的伟大理念。在这里,没有什么事物与他们相关,既无历史,也无应许。每件事物都只是单纯地杵在那里而已,一件一件地从眼前依次刷过去,就像移步换景似的演出,最后将观众留在原地。"

### 6.2.2 技术与规划

如果说,对地方不自觉的非本真态度关系着大众价值观与媚俗,那么自觉的非本真态度往往是透过技术化的地方使用,尤其是通过多种形式的规划而呈现出来的。多数物质规划和社会规划都是建立在了一个隐含的预设之中,那就是空间是连续一致的、客观的,人在其中的行动是可以被操控的。那么,意义的差异化就变得不再重要了,而只是因巨大的开发潜力之故,地方被约减成为了单纯的地点(location)。理查德·莫瑞尔(Richard

Morrill)针对这种普遍的态度说道:"如果要说人文地理学具有一种普遍的态度,那么,其实就是人与社会始终尝试着以高效率的方式组织空间,以最优的方式去安排社会行动并利用土地";由此,很容易导致一种流行观念的出现,即规划的主要目的在于解决空间的不一致性与低效率的问题(Abler等,1971)。由此,人们便不太可能将地方视作存在的意义中心,也不太可能根据地方的外观来考量存在的意义,而更多是建立在平均理性经济人的基础之上,借着分析性与可控性的计量工具去看待某一个地方,而后面这种态度对于地方和人而言都不会具有情感,也是非人格化的(图6.3)。

| 变量<br>功能 | 气候 | 空气 | 水 | 固体垃圾 | 噪音 | 摄入量 | 安全性 | 私密性 | 数量 | 密度 | 持久性 | 频率 |
|---|---|---|---|---|---|---|---|---|---|---|---|---|
| 家 | | | | | | | | | | | | |
| 学校 | | | | | | | | | | | | |
| 购物 | | | | | | | | | | | | |
| 通勤 | | | | | | | | | | | | |
| 工作 | | | | | | | | | | | | |
| 休憩<br>(精神的) | | | | | | | | | | | | |
| 休闲娱乐 | | | | | | | | | | | | |
| 体验自然 | | | | | | | | | | | | |
| 愈疗 | | | | | | | | | | | | |

图6.3 地方的规划?——一项技术功能的矩阵(Edward,1967,p.281)
采用主成分分析法,得到可控变量的"有意义的组合",
就有可能使用这一矩阵把功能与变量关联起来。

瓦尔特·格罗皮厄斯(Walter Gropius,1943,p. 155)写道:

"特定国家里的大部分居民,都有相似的居住和生活需求;所以,很难理解为何我们建造的住房不能大同小异,就像我们身上所穿的衣服、鞋子,和开的汽车。"

"居住机器"这一简单的表述,忽略了生活中工具与行为的多样性。正是在这些多样化的工具与行为之中,人们的需求才得以满足。而该多样性不仅体现在了居住小区里、也体现在了整座城市里。言下之意,今天的规划师或开发商运用他们的技术原理,不断建造出连自己都缺乏感受的地方;尽管他们的体验是直接的与个人性的,但他们却依然借助大众生产的方式客观地建造出了一个又一个地方。通过大众化的方式,他们设计出一套套崭新的高速公路网或拟定出贫民窟重建计划,而这些事物与设计师本人之间也是相互疏离的,"……因为他们所具有的任何一种感同身受,都丧失在了被方法论所局限的视野之中。"(Pawley,1971,p. 92)

这种规划设计背后的原因,其实也是很多社会科学与行为科学背后的机制所在,这种机制在诺姆·乔姆斯基(Noam Chomsky,1969,pp. 57-58)那里得到了很好的总结与评价。他写道:

"科学,就像每个人所知道的那样,是可靠的、公正的、不牵涉情感的,也是很不错的。而行为科学则告诉我们,我们仅能通过行为与对行为的控制去理解人,同时借助适当的奖惩措施来控制行为也是可靠而公正的、不牵涉情感的,是很不错的。相反,关注人的忠诚与态度则是情感的与非科学的。作为理性人,作为科学道德的信奉者,我们应该关注的是,如何以有价值的目标为导向对行为进行操控;而不要被那些所谓自由的、个人需求的、自由意志的迷思所欺骗了。"

当然,这种观点听起来有点做作,但令人不安的却是,这一略带夸张的表述背后隐含着一种偏狭的科学态度和伦理观,它们正是地方建造项目的基础所在,就像越南共和国绥靖项目(Pacification Programmes in South Vietnam)的效率提升计划一样;为了经济增长的目的而将住宅区拆迁,以便修建新的办公大楼;或者是为了应对印度的洪水而兴建水力发电设施。只要能获得满意的效率,完成既定的目标,这些地方都只是暂时的存在而已。这种途径的偏狭性在于只强调了抽象、经济与公共利益的层面,而忽略了个人与共同体的生活与价值,这必然导致严重的非本真性。事实上,这是一种技术至上的规划,它与我们日常生活所体验的地方相疏离,也将这些地方随便忽略甚至摧毁掉。

维特根斯坦(引自 Passmore, 1968, p.472)或许夸大了他的当下处境,他说:"当所有的科学问题都得到解决之时,生活本身的问题仍旧是一堆迷。"但总体而言,这句话表明了科学的方法在解决生活世界的问题时所具有的价值与意义是极为有限的。事实上,在地方的文脉里,运用类似科学的规划与社会工程之时,需要融入极其强烈的感受才行。然而,这类感受性的要素在大多数地方规划里面却并没有充分体现出来。这些规划不但以非本真的地方感为基础,甚至还让原有的地方感完全丧失掉了。

## 6.3 无地方

通过各种途径，或者更准确地说是借助"媒体"的力量，地方的非本真态度被传播了出去，这直接或间接地导致了无地方的产生。换言之，地方认同的弱化主要在于这些地方不仅看起来相似，而且感受起来也大同小异，由此为人们提供着相同的经验与可能性。这些媒体包括：大众传播、大众文化、大财团、大企业、强大的中央集权，和涵盖一切的经济制度。它们作为媒体的话，在具体的传播效果之间并没有多大的差异，因为它们都以某种方式关联着媚俗与技术的价值观；它们最明显的核心特征既在视觉与经验上都相似的景观建造中，也在对已有地方的毁灭过程中相互交织着，并且融合与互补。而从它们自身来看，并不存在必然的无地方，人们也不会生活在一个无差异的地理世界之中。但关键问题却在于，它们其实都是景观变化背后的权力运作过程，它们绝对不会想要去建造与维护地方的差异和意义。

### 6.3.1 大众传媒

托德·斯诺（Todd Snow, 1967, p. 15）写道："一条老路肯定是一处地方，也是在其他地方之间产生连接的一条陆地。"这是一条不得不放慢驾驶速度的老路，它能让社会关系在那里生成，也能把旅行者直接带入到景观之中。"由于一条老路基本上是某个地方的延伸，所以，它分享了地方的一切属性，并且同旁边与尽头的地理特征相关联。"与此相反的是新修的公路（图6.4），后者在本质上是20世纪的产物，是交通工具的延伸。它

图6.4 老路与新路:安大略省埃林代尔(Erindale),1904年(来自安大略省公共档案馆Hammond藏品),以及正在修建的多伦多401号公路和427号公路立交桥

"老路是对某地方的延伸……与道路旁边的地理互相关联"(Snow,1967,p.14)。

"新建的宽阔公路……引入了一种完全陌生的无地方的地理"(Briggs,1968,p.92)。

们并不能将地方和地方之间连接起来,也与周围的景观没有任何关系。"新修的公路似乎总是在城市之间穿行,然而它们的基本规律在于,它们起始于人们的所在之处,却不明确它们将延伸至何处。它们看起来并不像是在地方和地方之间穿行,也不是意图把人引向某个地方。所以,老路起源于城市,也终于城市;而新修的公路可以从任何一处开始,但最终导向的是不知其所的去处。"(Snow,1967,p.14)当然了,不光是新修的公路会有这种效果,正如布里格斯(Briggs,1968,p.92)曾言:"在高速公路撕裂城市的中心地带而带来无地方性之前,人们的地方感其实……早已被铁路摧毁了。"

公路、铁路和机场将景观切割了开来,对景观横加干涉,却并没有让景观本身得到发展。因其自身的能量,它们不仅构成了无地方的特质,还制造出了大众化的群体运动,让人们的居住与时尚方式到处蔓延,造成无地方的四处扩散,使得无地方的影响力早就不局限于当下了。1887年,弗里德里克·哈里森(Frederic Harrison,引自 Briggs,1968,p.86)抱怨道:"在精神与时间上类似于现代狂热的那些事物,伴随着我们的生活方式,被我们随身携带着,它们往往替代了某个场景下才能看到的地方性事物……。我们常常访问他国,却再也找不到旅行的感觉了。"这段文字是在大众旅游刚刚兴起的那个年代里写出来的。那时候,旅游业将自身的形式与价值观越来越强烈地加诸在了那些真正值得去关注的地方身上。

交通通讯只是通讯的一种方式。四处传播观念的媒体——报纸、杂志、广播和电视——以不太明显的方式对地方造成了强烈的影响。它们减少了人们面对面交往的需要,将共同体从地域的局限下解放了出来,因此,这就降低了共同体基于地方的重要性(Webber,1964)。于是,许多问题就被笼统对待了,也被视为是普遍的,而不再是当地的与特殊的了。当前的社会科学与规划设计,总是基于抽离地方的原则提出一些总体性的解决方案。例如,这明显体现在了郊区风景如画、弯弯曲曲的街道风格里,也体现在了当下国际风的建筑里,它们借助混凝土、钢筋水泥与玻璃架构来实现某种功能与效率。但是,大众传媒的影响却在大众文化的环境里体现得更为淋漓尽致。瓦格纳(1972,p.57)写道:

"非本地的人造事物与外来的信息像洪水一般袭来,令地方性失去了自身的意义。而今,标准化的行动所产生的影响力比历史上任何时期都要广泛……。借助电子传媒,大众屈从于均一化的交流方式,这在过去是根本不可能的。美国变成了一座大都市,而加拿大则努力不要让自己沦为美国的郊区。"

简而言之,大众传媒借助标准化的品味与时尚的蔓延,导致了景观的均质化和地方性差异的衰减[①]。

### 6.3.2 大众文化

当人的移动和观念的传播都以大众化的方式进行的时候,大众文化与价值观就会四处蔓延。迎面而来的是大众消费文化的时尚设计,它们都不是由人们自己创造出来的,而是被制造

---

① 媒体进一步导致了齐一化的现象,而媒体针对的是"平均化"的人,它为人们提供单一的生活方式与"设计好了的"生活态度。然而,不同的媒体可能创造出不同的景观——这显然引到了哈罗德·茵尼斯(Harold Innis)与马歇尔·迈克克鲁汗(Marshall McCluhan)1964年的文献里对交流与通讯的探讨。

商、政府和专业设计师建构出来的,由大众媒体主导并四处传播。人们的需求和品位都被设想为整齐划一,因此,商品被统一地生产出来,地方也被千篇一律地建造出来,反过来又塑造出了千篇一律的需求和品味。正如阿沙·布里格斯(Asa Briggs,1968,p.92)所言:"人们的需求并非不一样,相反,都是一样的。"这样的现象最能体现在旅游地和乡村都市化的景观当中,尤其是那些"迪士尼化"(disneyfication)、"博物馆化"(museumisation)、"未来化"(futurisation)和"指向外部"(other-directed)的地方当中。

指向外部的地方。由于旅游业的发展,人们接受外来景观所造成的影响是显而易见的。加雷特·埃克博(Garret Eckbo,1969,p.29)总结道:

"……游览车、观光酒店(从便宜的到昂贵的),以及纪念品的诱惑;从弹球廊道的魅惑,到拉斯维加斯式的博彩业,再加上艺术历史博物馆与休闲度假胜地;以及五花八门的休闲地;从国家公园的露营,到坐落在山间、湖岸或海边风景迷人处的奢华酒店。"

旅游业造成了均质化的影响力,所到之处都呈现出大同小异的景观,进而造成地方性、区域性的景观被解构。其实,区域性的景观恰好是旅游业发展的动力,结果它们反而被随处可见的旅游建筑物、人造景观与虚假的地方所取代。米珊(Mishan,1967,p.104)说道:"在竞相争夺着要把天下所有安宁祥和的地方都挖掘出来的力量的驱使之下,旅游贸易将叹为观止的、风景如画的、历史悠久的地方价值,转变为财源滚滚的大众消费,无法挽回地破坏了这些风景。"同时,西斯曼(Sissman,1971,p.34)

图 6.5 旅游的景观:国际风格的酒店,公寓大楼以及假日住所,位于夏威夷的威基基以及法国南部的拉格朗德默特(La Grande Motte)。阿昆冈(Algonquin)公园独木舟湖中纪念性泛舟之旅的登船点,加拿大景观画家汤姆·汤姆森(Tom Thomson)在此湖中溺水身亡

"旅游业竞争混乱,试图把所有奇妙、美丽和具有历史性意义的地点全部开发出来,但这样做却相当于无可逆转地摧毁了它们"(Mishan,1967,p.104)。

148　地方与无地方

还列举了一个很特别的例子:"马略卡岛(Majorca)①的文化已经被一栋栋高耸的独立产权式公寓、迪斯科厅和纪念品商店所取代了。"他本来还可以引用法国、西班牙和意大利的地中海海岸作为例子来说明这种情况,因为这些地区变得和迈阿密、威基基的旅游景观差不多了(图6.5)。

这样的景观被 J. B. 杰克逊(J. B. Jackson, 1970, pp. 64-65)界定为"指向外部的建筑"(other-directed architecture),即,它们都是刻意用来针对外来者、参观者、过路人以及所有的消费群体。它们都是指向外部的地方,建筑物的功能与居住者本身没有任何关系,只是含糊不清地呈现为一处消费度假胜地。其形式包括异国情调的装饰、艳俗的色调、怪诞的饰品、不佳甄别

---

① 马略卡岛:位于西班牙东部。——译者注

的舶来风,再冠以世界上最流行的地名(图6.6和6.7)。1849年,约翰·罗斯金(未注明出版日期,chapter IV, section19, pp. 115-116)对伦敦描写道:

"这些商家如何才能明白,生意的好坏取决于能否卖出高质量的茶叶、奶酪和衣物,顾客来访此地,是因为诚信、方便和商品本身,而不是因为那些从窗户伸展出去的古希腊飞檐,和贴在门楣上的金灿灿的店名……如果他们能将诚信建立在货真价实和产业本身的发展上,那将是明智且有福气的,就不会被顾客的愚蠢嗜好牵着鼻子走了。"

以上的建议不仅没有引起人们的重视,反而"顾客的愚蠢嗜好"却被植入到了广告与零售商的信任机制里面。指向外部的地方是市中心商业区和娱乐区的主要通行法则,而街边的媚俗则是大多数城市装饰的规则,也是几乎所有旅游地的通则(它们最为纯粹的表达则是色情作品或"色情景观"式的城市风景)。

迪士尼化(*Disneyfication*)。或许,"超级巨型游乐场"是我们所能找到的指向外部的地方最集中的呈现(Greer, 1974),无论是如梦如幻的迪士尼乐园、理想式的历史博物馆,还是未来主义式的展览厅。迪士尼化的产物,往往都是将历史、神话、现实与想象的元素以超现实的方式糅合在一起,创造出怪诞且虚假的地方,这些元素都与特定的地理环境没有任何关系(图6.8):

"迪士尼乐园是一个没有暴力冲突、没有意识形态与种族分歧,也没有政治色彩的地方……那里充满了白色的盎格鲁-撒克逊人种、清教徒和未受过教育的白种劳工,看不见少数民族的演员。当你离开'美国的边境'、'自由广场',穿越'魔法王国'

150　地方与无地方

图6.6　地方的其他面貌(A)："夺目的外立面,奇异的装饰以及景观,灯光、色彩和标识的泛滥使用……"(Jackson,1970,p.68)

菠萝外观的租车行,火奴鲁鲁;佛蒙特州的一个路边店;旧金山巴巴里海岸(Barbary Coast)的情色意味外观;多伦多诚信艾德(Honest Ed)百货公司。

直到'梦幻世界',你就步入了一个仿制出来的英国与欧洲。……出发前往'未来世界'又回到了'美国'……。'冒险世界'(Adventureland)是在老式 B 级电影中出现过无数次的地方……。在不久的将来,如果你有足够的金钱、具备充足的资金,那么,你就不仅可以去迪士尼,还能在那里住下来,住在一座完全被规划出来的,没有那么多汽车的城市里。那座城市可以被暂时地命名为'明日的实验模范社区'(Experimental Prototype Community of Tommorrow)"(Ferritti,1973)。

总之,像迪士尼乐园这样的地方能为人们提供想象的、虚假的历史,和来自全世界的冒险游戏。而这些东西,都是借助技术的乌托邦主义或隐或显地糅合在一起的。

图6.7 地方的其他面貌(B):"……任意的拿来和模仿,用以产生出某种取悦于人的效果"(Jackson,1970,p.68)

安大略省克雷格莱斯滑雪村——在加拿大环境中仿造出瑞士风格的村庄,重建了很多小木屋;一座蜂鸟屋('hummer'house)(多伦多士巴丹拿大道533号)——一座变电站,仿造为新乔治亚式的独栋住宅;北威尔士波特美林——建筑师克拉夫·威廉-埃利斯爵士(Clough Williams-Ellis)在20世纪早期集中了世界各地的多种建筑形式建成的村庄——缅甸佛教寺庙中的舞者,威尔士小屋,仿造的意大利教堂。

因为这类地方只是为家庭提供娱乐,而且数量稀少①(在美国,大型游乐场可能总共不到 30 个,在其他地方几乎没有),且是一座座孤岛,因此我们很容易忽略它们,但这样就同时忽略了它们的重要意义。因为这些地方不光是为孩子们设计的,它们设计出来的意图也在如下一则案例中有所体现。这是位于俄亥俄东南部的圣经乐园(Biblelands),是另一处梦幻场所:

"深受迪士尼乐园成功案例的启发,一群具有宗教意识的人士正在规划一处价值 3000 万美元的圣经乐园。游客可以在那里骑骆驼游览,可以在加利利海边打鱼②,还能顺便造访流奶

---

① 这些地方的数量要少于美国 30 家大型游乐场的数量,在其他国家数量更少。
② 加利利海:耶稣与门徒一起打鱼的地方。——译者注

与蜜之地①……'如今我们承受着一种新的压力,那就是游乐场不仅是用来娱乐的,还要给人们带来启发'圣经乐园的生产主管说如此说道"(Biblelands,1972)。

这些梦幻乐园不仅是人们用来逃避枯燥乏味、腐化堕落、效率低下的现实世界的避难所,同时,还要能给人们带来启发。在那里,每一张面孔都带着笑容,亲切友好。除此之外,它们还是在一定程度上实现了的乌托邦,在那里找不到旅途的艰辛与期盼,却能给人们带来直接的刺激与享受。

作为一处乌托邦,它提供的观念可以被人们复制。明日的实验模范社区暗示着外面的世界应该具有的某些特征(至少有一套北美的电视教育节目拿迪士尼乐园作为案例来展示该如何解决城市里的交通、服务等问题)。显然,想要在外面的世界复制迪士尼乐园里的技术是很困难的。不仅因为迪士尼乐园是一个在短期内建设起来的项目,没有历史,更在于它还是一个小型的极权主义国度。

这类豪华的游乐场正是迪士尼化广泛蔓延最为集中且鲜明的体现。幻想与现实显而易见地融合在了像阿里巴巴或中国餐厅这类异国情调的建筑里,体现在了法国咖啡厅门口举着菜单的塑料猪身上,也体现在了塑料小矮人和地精所装饰的花园里。迪士尼化并非现代西方文化有限的附属现象。相反,在一定程度上,它的出现乃是以流行与媚俗的方式表达出了现代信仰,这种信仰相信人们能客观地操控自然与历史。怪兽、野生动物和

---

① 流奶与蜜之地:指迦南地,是以色列人出埃及后去往的归宿地。——译者注

图 6.8 迪士尼化:萨德伯里的大镍币——很大的钱币;各种各样的小矮人和矮小的动物,表达出个人的迪士尼化;安大略省的尚普兰故事公园(下图)

"这些事物并非纯然外在于我们自身……。它们把我们塑造成特定的样式,框定着我们的行动、思想以及想象力"(Grant,1969,p.15)。

历史在人们的操控下变得毫无威胁可言。在更深的层次上，迪士尼化似乎也是对技术成就背后人们态度的无意识地表达，正是因为技术上的成就，这样的操控才成为可能。乔治·格兰特（George Grant, 1969, p. 15）写道：

"这种成就并不只是外在于我们的一种事物，正如很多人所想象的那样，不只是如我们所渴望的那样，通过选择与制造而得到的一种外部环境，也不是一处能穷尽我们所有欲望的游乐场，一座能带给我们各种缤纷水果的乐园。其实，通过我们的行动、思考与想象……它把我们塑造成为了一种特定的模式。它的追求主导着我们的行动，并且成为了公共的与私人的时尚领地。"

*博物馆化*。迪士尼化中的一种特定形式就是对历史进行保存、重构并理想化地建构，我们可以称之为"博物馆化，其过程可以表现为对过去的村落进行改造，对城堡实施重建（图6.9）"。

图6.9 博物馆化：密歇根的麦基诺(Mackinaw)要塞；安大略省的一座搬迁重建的木屋

"修复……是一栋建筑物可能遭受的最严重的破坏……。而就简单与直接的模仿来说，这根本就不可能做得到。"（Ruskin，未注明出版日期，pp. 184-185）。

*158* 地方与无地方

博物馆化的这些地方往往是为了迎合"过去永恒岁月的意象"不可避免地制造出了一种整洁与舒适感,同时对历史也进行了篡改(Whitehill,引自 Lowenthal,1968,p.81)。西斯曼(1971,p.34)针对美国写道:"区域之间的差异被程式化为一种可爱且媚俗的旅游景点——曾被殖民的美国南部地区保存在了威廉斯堡①以及斯特布里奇博物馆(Sturbridge Village)里的新英格兰殖民地那里。"这些地方力求将可见的细节都准确地复制下来,可是一旦它们企图将历史氛围总体化地呈现出来之时,所谓真实的历史遗迹和虚假的装饰物就会被混为一谈。圣·劳伦斯公园委员会(St. Lawrence Park Commission)发布的上加拿大村(Upper Canada Village)的小册子里记述了发生在加拿大的一则典型的博物馆化案例。

"在此处,你可以找到典型的加拿大早期村落的美好生活,它们出现在上世纪最初的几年里。四十多栋建筑物——家宅、教堂、磨坊、客栈、商店——从它们最初的圣劳伦斯河谷(St. Lawrence Valley)搬迁到了这座村庄里,完全按照它们最初的模样,被修复或重新装修出来。"

很显然,这里已经不再是一座典型的村落了,而只是人为创造出来的一件事物而已,是按照我们对过去岁月的浪漫想象打造出来的,采纳了最完美的建筑形式来呈现。

这种对待历史玩世不恭的态度不仅在博物馆化的场景里表现了出来,有时它还是一种企图完全重建历史的态度。从位于丹麦雷杰(Lejre)的新石器时代村落里,我们可以读到这样一句

---

① 威廉斯堡:美国弗吉尼亚州东南部城市。——译者注

话:"这不仅是一处可以让你瞥见过去岁月地方,你甚至还可以居住在其中。"如果你足够健康的话,你还可以申请住在三千年以前的时代里:

"这座史前村落是世界上为数不多的能够让人们从事第一手体验的地方,比如骑马、捉羊、挥舞斧头、在远古时代的火炉上用陶罐做饭,还有纺线等等。人们在缺少现代设备的生活条件下去维持生存——'生存'这个词对于体验者来说显得分量太重。"(Libby, 1975, p. G1)

这样,我们便朝着博物馆化迈出了崭新的步伐,或许在不久的将来,我们还可以不受地点的约束,只需选择某一个时刻前往某种虚构的过去去度假即可。

对于具有鲜明地方感的场所来说,村落的历史氛围与教育意义都还显得不够,正像伊安·奈恩(1965, p. 5)在描写"老斯特布里吉村(Old Sturbridge)的报应"时所宣称的那样:"没有认同都比错误的认同要好得多"。而最具讽刺意味的评论则来自约翰·罗斯金:

"不仅是大众,就连那些有心去保护历史遗迹的人们都没有正确理解什么叫作修复(restoration)。修复意味着建筑物所能遭受的最严重的破坏,最后连残渣都找不到;同时,所谓破坏还意味着以虚假和错误的方式去描述已被破坏了的那些建筑物……就连最直截了当的复制都是不可能实现的……在古老的岁月里,仍然还有一些难以理解的现象,是关于那些留存下来的和已经失去了的东西。比如在雕刻艺术当中,过去的居民用柔和的线条制作出雨露和阳光,这种艺术在野蛮生硬的新雕刻里是见不到的。"

160 地方与无地方

图6.10 未来化：多伦多安大略省游乐宫——一个采用了建筑电讯派漫步城市风格的娱乐展览中心；多伦多附近标新立异的城市远郊住宅

*未来化*。它与博物馆化同属一系,却是去眺望未来,而非回首过去,它还比迪士尼化显得更激情澎湃、更刻意而为之。所谓未来化,是指自觉地去建造未来主义的景观与地方。它常常出现在大型的国际展览会中,是那些最为壮观的景象。它呈现出了一套超前革新的设计理念。国际展览会的目的在于董事会想要以通俗的方式展演世界上的科技,强调这些科技的功能与价值(*New York Times*, 1967, p. 10);而蒙特利尔举办的第67届世界博览会则展现出了它更进一步的意味,如同发起人所描述的那样:"这是一场伟大的、最具想象力的世界博览会,它能带给你全世界三分之二以上的民族所拥有的视听感受,你甚至能体会到这些民族的希望与梦想。"(*New York Times*, 1967, p. 3)可见,这样的博览会旨在展演进步的观念与技术性的乌托邦。在那里,所有的国家都被糅合在了最具功利主义和未来幻想所设计出来的场合内。

就像位于多伦多安大略的游乐场,其中的娱乐、展览设施和一座圆球式的建筑物(geodesic dome)结合在了一起,还有位于湖上的垂直通道,里面安装了塔门吊舱。这些建筑师随意投机城市外观二三十年,便将整个世界打造得仿佛是建筑电讯派的蒙太奇一般(图6.10)。这些建筑物自诩为创新的源泉、引领风骚的设计,其实它们注定是被别人抄袭的对象。罗伯特·富尔福德(Robert Fulford,引自Jackson, 1973, p. 99)针对第67届世博会说道:"这将很可能改变我们的城市,因为在世博会之后,它们变得丑陋不堪、乱七八糟、令人不悦。"然而,创造出一种未来主义式的、罕见新奇的、主动走在时代前面的景观,无论是大体量的世博会还是小规模的私人现代住宅与办公场所,其实都是在建造一种以技术为标准的环境，所以，它们都是国际化的，也是无地方的。但是，未来化却又是一种引人注目的无地方形态。由于对先锋派与新技术的不断追求，它们破坏了地方，并拒绝了时代和传统所能赋予地方的本真性。

**乡村都市化(Subtopia)**。将日常的郊区景观转变为受外界操控的、商业化的、迪士尼化的景观之时，就包括了伊安·奈恩(1967, p. 7)所说的"乡村都市化"，或者"在不带有任何目的与关系的形式中，不经意地混合了所有的人工事物"。美国乡村都市化的现象在彼得·布莱克(Peter Blake)的摄影作品《上帝的垃圾场》(God's Own Junkyard)里有很好的体现。其中展现出一模一样的房子漫无边际地铺张在大地上。科尔斯和埃里克森(1971, p. 100)曾描述了一位住在郊区的家庭主妇的状况："她住在大农场上的一栋房子里，她要从那儿出发去往另一栋房子。她一英里接着一英里地步行，在购物中心后方的第四个路口向右转，然后在第三个路口向左转，接着又在第二个路口向右拐，然后在第一个路口向左拐，数一数右手边的第五栋房子，就是它了。（'我必须时刻集中注意力'这名家庭主妇说道，'如果我拐错了一个地方，就会迷路。这些房子全都是同一家公司建造出来的。'）"乡村都市化还包括对商业街的开发，那里的电线、颜色、标识、车辆和停车场的意象混合在了一起，比如杨伊安(Ian Young, 1969, pp. 86-87)所描述的多伦多郊区的购物广场就是如此：

6. 无地方   *163*

*164* 地方与无地方

图6.11 乡村都市化:郊区的布鲁塞尔、卡尔加里和多伦多;安大略省米西索加(Mississauga)一处过时了的镇中心;南威尔士特里迪加(Tredegar)的市政厅;法国北部埃夫勒(Evreux)的郊区公寓

"在不带有任何目的或关系的形式中,以及在缺乏身份认同的传播中,不经意地混合了所有的人工事物"(Nairn,1965,p.7)。

"一栋由巨型玻璃和石膏砖块搭建的平坦坦、光秃秃的单层建筑铺展开去,越过了巨大而空旷的停车场。几盏霓虹灯毫无意义地在窗户里忽闪忽闪。在光滑的黑色路面上,白色的停车线仿佛神秘的巨大字符;在巨大字符之间高高矗立着金属的电线杆。每根电线杆上都悬挂着一盏菱形的路灯,发出死气沉沉的绿光,笼罩着整个停车场。每当一阵风刮过,空旷的停车场上,那些电线都会发出叮叮当当的响声,那是金属相互碰撞时发出的响声。这般毫无生气、令人心寒的寂静,丝毫感觉不到属于人的温暖。除了火星表面一般的景色以外,还能有什么呢,这就像在光秃秃的清冷地表上,人类搭建了第一座实验室。"

在其他国家,乡村都市化会以略有不同的方式呈现出来。在英国,房屋都是半独立式的,标识显得更为隐晦,而且没有那么多广场;但在法国,彼此相似的住宅公寓形成的街区围绕着每一座城镇(图6.11)。这些公寓的功能在任何一处地方都大同小异,所以,很难在它们当中去辨别方位。它们看起来如此相似,给人的感受也大同小异。同时,我们也很难感受到空间秩序的存在(恐怕只有在一辆小汽车里才能感受到),因为乡村都市化的发展并非建立在直接经验的基础之上,而是以遥远的抽象地图与规划视角所实施的专业建造为基础。居住区被高压线和高速公路一分为二,从居住区延伸出来的街道唐突地闯入矗立在停车广场上的购物中心,留下一大片光秃秃的空白区域,而城镇中心反而成为了附属的地方(图6.12)。简单说来,乡村都市化展现出一套随机布局的点和面,每一个个体都只具有单独的目的,而且与所在的背景相疏离。它们只是被公路连接了起来,

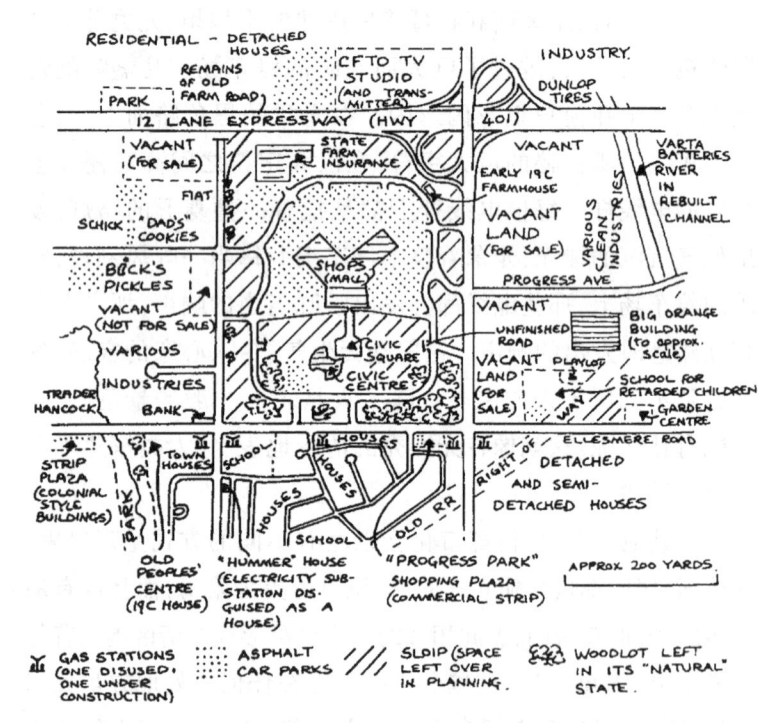

图 6.12　乡村都市化：一张刻意的乱糟糟的地图，不经意令人糊涂的景观。斯卡布罗市（Scarborough）的中央室内购物广场，以及斯卡布罗市政中心构成了地理的、零售的以及行政的中心。另外还有多伦多大都市的郊区镇。它们与周边的土地利用没有关联，这样，它们彼此孤立

除了那些指向外部的房屋以外，这些公路与周围的城镇景观都是相互疏离的。

### 6.3.3 大型企业

旅游景观和乡村都市化的景观在很大程度上都是大型企业商业行为的结果,因为这些景观是由相关商品形构出来的,其目的也在于推动商业行为,尽管有时候它们不是直接脱胎于商业的目的。在商品生产逐利的过程中,地方本身似乎并不太被关注,同样,在生产的过程、营销的过程、管理的过程,以及对地方景观加以利用的过程中,地方本身都不会被关注[1](图 6.13)。

在 19 世纪之前,大多数的工商业都是地方性的,且都使用当地的建筑材料,与其所在的环境相协调。这反映出当时的企业与环境相互融洽。而工业革命却带来了标准化与大体量的建筑形式,对地方造成了潜在的与实质性的破坏。当段义孚(1969, p. 203)言及中国的新城市景观因仓促建设而显得大同小异,明显体现出工业革命的后果之时,欧洲与北美的情况也不例外。炼钢厂、炼油厂、照明工程厂、采石场和垃圾处理场,这些事物构成的景观与其所在的位置都相互疏离。此外,现代矿场、制造业、商业企业的规模都足以把任何一个地方摧毁掉,不论是大坝建设带来的洪水淹没、矿石开采造成的挖掘开垦、矿渣堆的掩埋还是直接在地表上实施新的建筑工程[2],皆会如此。

---

[1] 作者此处的意思可以理解为,企业的商业行为并不关注地方的生存本身,地方只是企业的平台或载体,而非一个似家的场所。例如位于伦敦东区的大企业与东区本身的地方性因素并无关联,只是位于这个地方并服务于全球。——译者注

[2] 另一种不太被人们谈及的极端性地方毁灭是战争带来的刻意摧毁。正如 R. J. 利夫顿(1967)发现的,只要战争达到一定的程度和数量,拥有历史的地方就会被摧毁,弥漫着无根的气息。这在"二战"期间伦敦、德累斯顿(Dresden)和广岛的爆炸事件中,以及发生在越南的电子战中体现得很明显。

(A) 摧毁式景观(Abbauten)——康沃尔(Cornwall)的高岭土矿；安大略省福尔肯布里奇(Falconbridge)的镍矿。

图 6.13　工业化的无地方景观

因在全世界四处蔓延的工厂，所有土地都被连接了起来
(Walt Whitman, *Years of the Modern*, p. 339)。

6. 无地方　*169*

(B)制造业——安大略省哈密尔顿(Hamilton)的炼钢厂；蒂翁维尔(Thionville)的化工厂。

170 地方与无地方

(C)零售业——肯德基；无处不在的约翰逊连锁餐厅(Howard Johnson)。

6. 无地方　*171*

(D)行政机构——多伦多市中心的内部与周边。

针对这样的破坏,芒福德(1961,pp. 450-452)创造出一个术语叫作 Abbau,或者 unbuilding。它不仅指造成弥散与混乱的无地方状况,它更指一种完全的反地方性(anti-places)的出现。

这种不断趋近的相似性与大规模的操控不仅体现在矿藏与制造业中心等地方,也体现在了与此相关的管理中心与销售场所。它们包括市中心区各种大型企业的办公场所,以及国际化与齐一化建筑风格所带来的无地方。当然,摩天大楼从远处看起来可以为城市赋予独特的外观,像纽约;但是从内部看,这些大楼就只是"钢筋混凝土构成的深井"而已(Camus, 1959, p. 70),它们不会为任何一座城市提供引起身份认同的事物。同样,像公司的销售网点也四处散布着相似性——壳牌、埃索、假日酒店、可口可乐的广告,以及其他国际化的商业模式都慰藉着疲惫而困顿的游客。史蒂芬·科尔兹(Stephen Kurtz, 1973, p. 20)在对约翰逊连锁餐厅的研究中指出:"不管什么地方的约翰逊餐厅都是一个样,所以从餐厅本身来看,很难区分到底是位于缅因州还是堪萨斯州,或者是位于加州还是卡罗莱纳州。"趋同性的原因不只在于经济和实用性的目的,科尔兹认为背后的机制还在于"以不断循环的生产方式接替着向西部地区蔓延",或许正因为如此,约翰逊连锁餐厅以及其他类似大宗生产的企业都建造了适宜于自身的产品地,好让这些产品能够迎合人们珍爱传统的天性、道德的本能和必须追求的家庭温馨感。科尔兹接着说:"当然,约翰逊餐厅的核心精神就在于刻意模仿任何一种舒适的传统事物,像教堂的尖顶、市政厅与农舍,借此达到完全现代化的功能与目的……约翰逊餐厅运用怀旧的装饰设计将家家户户的传统保存了下来,受到当地业主的欢迎,这些业主是约翰逊餐厅的主要赞助人。"

不管是在广告环节、包装环节还是在生产环节上,开展大宗生产的公司都不会听天由命、顺其自然。相反,生产出来的每一件产品都是精心设计与策划过的,以求顺利销售。这样的过程也关系着大众文化的生产,和人们对这种文化的反应与态度。大众文化的背后是统一的风格与品位的指令性生产模式。借助少数企业实行较大规模的垄断与联合,很有可能带来全世界文化景观的标准化,不管是在生产和管理的环节上,还是在销售的环节中都是如此。

### 6.3.4 中央集权

在过去两百年里,小型商业被大型企业所替代,所以,地方性的主动权就被中央政府集权所取代。甚至,当国家政府刻意消耗私营产业的时候,政府在当地的功能仍然类似于公共住房与资源管理的大型企业所为。高布莱斯（Galbraith, 1967, p. 305）观察发现"公共权力与私人权力之间的界限通常是不清晰的,也在很大程度上是虚设的"。尽管国家常常是通过立法来实施权力,但是商业权力的施展则旨在操控人们的消费偏好。在景观上造成的后果则是趋同化、标准化与统一化。怀特莱斯（Whittlesey, 1935, p. 90）写道："中央集权代表了领土范围内所有的规定性事件,不管自然地表有没有差异,它都会造成文化上的趋同性。"这种趋同性明显体现在了全国范围的公共住房、公路桥梁上,以及国家公园乡村木屋标准化的建造风格上,同时,也较为含蓄地体现在了国家的条例实施、发展管控与立法上,它们直接或间接地影响着土地利用的方式。

由于针对经济扩张和物质规划的大量管控，国家和地方级别的地方建造与破坏总是表现得十分剧烈。这种管控能力主要被用来实现更为长远的各种无地方性，这在一定程度反应出某种现实，即，不断递增的控制权被转让给了更加集权的非当地政府手中。一个世纪以前，亚历西斯·德·托克维尔（1945，II，pp. 312-313）认为，民主政治可能会导致权力的集中，进而"……每一个中央政府都会推崇大一统的模式。大一统能将人们从无穷无尽的琐碎需求中解放出来，如果法规本身能够适应人们多样化的需要，那么这些琐碎的需求就应当被满足，而不应该让所有人都遵守同样的规则"。恐怕，大一统和无地方性正是美国式民主所造成的后果。然而，我们还需要认识到，国家也同现代社会的其他方面一样屈从于技术、经济与产业的体系，它们都是无地方的始作俑者。

### 6.3.5 经济体系

大企业和政府都在努力维持经济和工业的体系，无论是把它当成可以被操控的事物，还是或多或少可以实现自我调节的市场，这样的体系都毫无疑问地弥漫在了现代生活的方方面面。所谓经济，不仅是指生产、分配和消费，它还是一套完整的生活方式，甚至披着一件类似于宗教的外衣，定期在全国电视新闻中报道财政状况，虔诚的信众们尽管对这些报道不甚理解，但却也深信不疑。雅各·埃吕尔（1967，p. 219）写道："经济技术不仅是教材里出现的词汇，它还深刻地体现在了人们的身体层面……。在经济环境的压力下，人类渐渐发生变化，变成了自由主义经济学家构建出来的一种浅薄存在。"这种浅薄存在的人类,其需求体现为集体主义,并需要公共引导,同时也被统一化的知识和标准化的商品所左右(p. 175)。集体主义与不断增长的市场操控关联在一起,实现了效率的最优、利润的最大、不断地联合与竞争能力的增强(Galbraith,1967)。它们同特定地方的性质与需求都没有任何关系。相反,它们只是被组织起来以图效率的最优。理查德·莫瑞尔(Morriu, 1970, p. 202)在《社会的空间组织》(The Spatial Organization of Society)里总述了自己的相关教材,对贫穷国家进行了论述:

"如果投资策略选择成功的话,那么经济发展的浪潮将会从增长极扩散到腹地,进而将领土范围内的地域都整合进统一的经济之中。这种有序的发展将会导致人口、生产和收入的进一步扩散,或许也会带来理想化的理论景观的真正实现……就像很多发达国家目前呈现出来的样子。"

由此可见,抽象的经济理论成为社会发展与组织景观的原则与方针(图6.14)。地方感和地方依附并非仅仅是不重要而已,正是因为它们的缺失才带来了经济上的优势,进而,无地方才是我们要去追求的对象,因为它能带来更高的空间效率。然而,这种诱人的景观也只是理论上的,它们在实际的经验上不可能显得很诱人。就像亨利·詹姆斯(Henry James,1968,pp. 463-464)在谈到美国铁路景观时所说的那样,当然,他也可能会针对任何一个地方的技术与经济效率的影响来说这一番话:

"你感受到了一片广袤而孤独的大地……大地上只耸立着那些丑陋不堪的建筑物……你摧毁了在我周围能让我变得清晰而明智的事物,将它们变为了粗陋的、毫无价值的、可怕的,甚至是不知羞耻的东西……你运用自己的积习与法则去繁殖和开发

图 6.14 理论景观

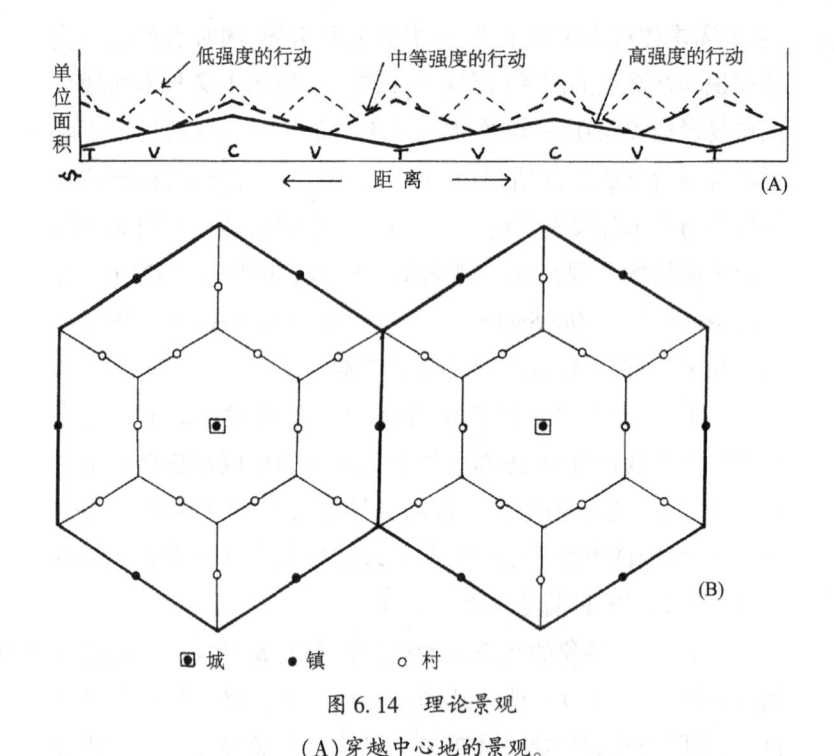

(A) 穿越中心地的景观。

(B) 中心地景观的空间结构。

"当所有可能的科学问题都得到解答的时候,日常生活的问题却还未被触及"
(Wittgenstein,引自 Passmore,1968,p. 472)。

那些邪恶的事物,你竟然还能称它们为'地方'。"

## 6.4 无地方地理的要素

所有正式的科学地理学,都应当将生活世界里的直接经验作为学科的前提,关注彼此相关的位置,并对现象与区域展开描述。这种以经验为基础的地理学,立足于人对特定物质环境和景观所具有的经验与意图对地方进行划分。这是一种本真的地理学,是关乎地方的地理学,所谓地方,乃是人类如实感受和理解的地方。也就是说,地方作为个体与群体生活的象征和功能的中心而存在。这种地理学是从人造的地理形式和景观的差异中呈现出来的,这些形式同其所处的物质与文化环境息息相关,并且具有属于人的尺度与符号。总而言之,这是在地方内部者(insider)的努力之下而产生出来的地理学,这些内部者和地方之间存在着相互委身的关系,地方只会朝着内部者和他们的愿望展现出自身,二者之间能够实现相互的共鸣。

完全建立在本真地方经验与本真地方建造基础之上的地理学或许从未出现过,但是在很多技术落后于我们的文化之中,具有深度的地方感则是普遍存在的。然而,因着现代文化之故,与本真经验相关的地方,以及它们所具有的意义深度和差异性都在极大程度地消亡。媚俗与技术所带来的非本真地方态度正在不断发展、四处蔓延,由此呈现出来的标准化景观与态度在多数西方国家里广泛传播着,愈演愈烈。这种趋势集中体现在了无意义的地方与环境之中,体现在了无地方的地理之中,也体现在了平面化的景观(flatscape)与无意义的建筑样式里面(图6.15)。

眼下,我们或许能将这种"无地方的地理"(placeless geography)所包含的主要成分进行一个总结。在无地方的地理中,不同的地理位置呈现出了相似的景观,并且人们对独特地方的经验只是通过肤浅而刻板的印象来呈现,人们所具有的社会经济背景也是无差异且不稳定的(图 6.16)。下面列出的条目试图简明扼要地总结出无地方的非本真态度,并对无地方景观的主要特征进行归类。

**1.无地方的表现**

A 地方中的他者导向

为游客建造的地方

休闲娱乐区

商业地带

迪士尼化的地方 ⎫
博物馆化的地方 ⎬ (人造的虚假地方)
未来化的地方  ⎭

B 地方的统一与标准化

速建起来的新城和郊区

工商业的发展

新修的公路和机场,等等

建筑设计的国际风

C 无形式感,缺乏属人的尺度与有秩序的地方

乡村都市化

巨型建筑(摩天大楼,特大都市)

无法融入周围文化与物质环境的单个特征

D 地方的摧毁(Abbau)

战争造成的无情摧毁(例如,广岛、越南村庄)

图 6.15　无地方的地理——芝加哥与西多伦多
"世界上地方的多姿多彩正被无意义的、单调的、混乱的建筑形式所涂抹掉"(Moore,1962,pp. 33-34)。

因挖掘和填埋带来的破坏
因外来者的开发和重建带来的破坏(例如,城市扩张)

E 地方的不稳定和非恒常性
反反复复开发过程中的地方(例如,许多中央商务区)
被遗弃的地方

  这份简单的分类表并不能将所有的情况都包括在内,类别之间也不是互相排斥的关系,也就是说,同一个地理位置上可能会体现出好几种无地方的特征。此外,这些特征仅仅是对深层次的无地方机制的浅显表述。

## 2.传播无地方性的媒介与体制

A 传播公众态度与媚俗风格的大众媒体

B 以特定的标准化价值观为基础的大众文化,其由大众传媒来实现

C 大企业与跨国公司:致力于标准化商品的生产与经济体的存活,并借助技术的运用提供媚俗的商品。

D 中央集权:在对效率的角逐中,通过统一权力的施展带来地方的统一化。

E 经济体制:乃一种抽象的体制,由技术所操控,是以上全部因素的基础。

事实上,这些媒介构成了让无地方景观得以形成的综合过程。在某种程度上,它们的影响力是直截了当的,正如大型企业通常具

有国际风格的办公场所；但同时，它们也是传播无地方背后的基本价值观渠道，并将该价值观以物质的形式可视化地呈现出来。

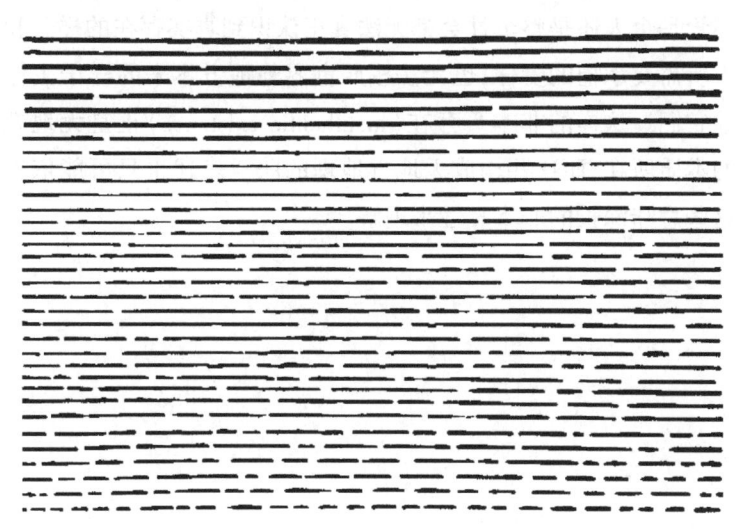

图 6.16　无地方地理的图示：梅尔文·韦伯
对美国非地方(non-place)都市区的描绘

"地理空间水平地延伸并且体现出垂直的专业化程度……。这些线段代表了不断叠加延伸的领域，它们跨越着洲际。在最高的层次上，空间最为密集。个体参与到第一个领域，依次往下延伸，在其中扮演着各自的角色。因此，这些领域的空间形式是模糊的、难以辨认的，而且是不稳定的。"

### 3.地方的非本真态度

A 与技术相关的态度：依据大众的利益，地方被视为可操控的存在，并依其功能与技术内涵来审视地方。

B 与媚俗相关的态度：地方的经验与建造只是依据大众价

值观,和默守陈规的、谋划设计的、肤浅落俗的形式。

　　这些非本真的地方态度是存在的非本真模式的特定表现,不管是个人还是整个社会都无法真正认识到真实存在的样子和人所需要承担的责任,也无法按照世界与地方本来的样子去体验它们。这样的非本真存在(inauthentic existence)正是无地方的本质所在,而这些构成无地方地理的肤浅表述也只可能依据这些意味深长的非本真性来理解。

## 7. 今日的景观经验

地方与无地方之间微妙而复杂的关系,至少对于理解你我所居住的地理环境体验的特定方面而言是极富价值的。但是,如果仅把地方与无地方作为两个相逆的现象来对待,则会把刻板的偏见和分类强加在其上。基于此,也会产生诸多谴责,比如奥斯伯特·兰卡斯特(Osbert Lancaster,1959,p.186)认为路旁"可口可乐化"的景观是"垃圾建筑的大量堆积",彼得·布莱克则指出其著作《上帝的垃圾场》(Peter Blake,1964,p.7)是一部披露黑幕的作品:"因为在我们身边如此众多的黑幕有待揭开,从而让我们的国家适合于生活。"这些耳熟能详的批评论调,通常与悲伤情绪相伴随,同时还呼吁重拾农业社会所具有的地方性的、手工艺的和谐景观;或者呼吁找寻古希腊、文艺复兴时代或18世纪比例均衡、秩序井然的文明景观。格雷迪·科雷(Grady Clay,1973,pp.23-37)把诸如此类固化刻板的观点称为"成见"(fixes),因为它们是对景观持有的固有态度,并提供无需考虑的现成判断。

对当前景观所展开的负面解析,不但迎合了那些似乎不分年龄普遍存在的认为过去比现在更好的感伤情绪,而且非常简单:过去的地方就是好,而当今的无地方就是不好,因此我们应当以过去的方式来制造地方。此类"成见"实在太过于简单了。景观绝不只是生活的审美背景而已,景观还是文化的态度和行动的条件,如果没有社会态度的重大变化,不可能出现景观的显著改变。

为了全面获知无地方的特征,我们必须把无地方置入当今景观所在的现代背景之中,并对景观体验的重要方面加以澄清,因为,正是这样的景观以及这样的体验承载着无地方,也导致了无地方的状态。显然,诸多方法与阐述都可以为此观点提供证明。以下列出的观点仅作为抛砖引玉,是对当前景观体验的若干显见形式的引介与探讨。

## 7.1 今日景观经验的特殊性

从经验的角度而言,不应当把景观单纯理解为对象、地形、屋舍与植物的组合。因为这样的组合,仅仅是一系列的实体环境,只需要借助特定的个人与文化态度,兼之以对这些环境赋予含义的意图即可理解。事实上,景观的特征总是在于其建成的物质环境所具有的意义,其意义建立在体验它们的人身上。换言之,特性和意义,是由经验的意向性而归入景观之中的。如果我们相信郊区具有"单调的、大量而丑陋的"特征(Blake, 1964, p.17),而山脉却是令人振奋的,那么我们极可能会对郊区景观和山脉景观产生相应的体验。这并非暗示某种形式的唯心主义——景观通常引导我们的意图和我们的体验,而环境则会把它们的单调乏味或丰富多彩加诸于我们身上。因此,景观总是因着我们的理解方式和理解的原因而具有了意义。对于地方来说,意向性总是集中指向地方的内部,以同外部相区别,然而对于景观而言,意向性则是分散的,没有任何的会聚与集中。景观,既包含了地方的背景,也包含了地方的属性:普罗旺斯有独特的文化景观,而鲁西荣(Roussillon)作为普罗旺斯的一个地方,构成其景观的一部分,并为此景观所框定,同时也具备自身独特的城镇风光。

大多数情况下,我们很少对景观产生兴趣,乃至于没有兴趣——景观只是作为像照看小孩、写东西,或者其他当务之急的活动背景与环境而已。在偶然的情况下,我们会不经意地关注景观、景观的形态、相互之间的关联和意义,以这样的方式来表达对景观的兴趣。因此,当我们在陌生的线路上旅行,到达新的城镇,购买新的房屋,或者只是四处看看,景观的外观及特性就成了我们感兴趣的事物。这种无意之中的关注,可能会留下记忆,或者引发思考,但并不会对我们产生多大的影响,也没有任何深度,除非是对我们家乡区域的环境背景进行重复性的关注。但是,在极其稀少的情况下,不经意的关注也会被巅峰体验所超越。当一种特定的环境具有的形式,或我们指向此环境的取向,以一种极为震撼的方式进入人的意识中的时候,就会产生同习惯性体验截然不同的感知。此种恋地情结的巅峰体验,会给予愉悦、欣喜、惊叹或者失望的感受,会让人感叹于我们周围环境的统一性和完美性(Maslow,1978,p. 83)。尽管真正的体验肯定是短暂的,我们也会很快复归于对景观毫不在意和偶尔关注的状态,但它的影响力却是极为深远的,可能导致自我意识的变化,或者构成我们对一切景观体验进行判断的标准。

大部分景观体验所具有的不连续性,都伴随着"选择性的视觉"(selective vision)——即我们倾向于看到我们想看到的,而忽视那些丑陋的、无趣的、令人反感的、一成不变的事物(Arnheim, 1969, p. 19）。伯查德（Burchard, 引自 Kepes, 1956, p. 13）指出，这样的选择性尤其会针对人为的景观形式而表现出来：

"我们所容许的对自然的去神圣化……教会我们视觉应具有选择性，可能事实上我们已经具有了太多的视觉选择性。落基山脉……却并不在此种选择性范围之内，我们会认为它兼具舒缓悠闲和活力振奋的特征。所以，我们是热情的观光者，尽可能地远行，去寻找为数不多的舒缓与放松的美好时光。"

但是，选择性并非恒定不变，而是由文化决定的。山脉并非一直被认为是具有吸引力且舒缓悠闲的。在卢梭指出阿尔卑斯山令人振奋之前，游客们会把他们乘坐的四轮马车窗帘拉下来，以免看到望而生畏的高山。但无论我们选择对人造的还是对自然的景观避而不见，其原因都在于视觉与注意力的差异。我们对于景观的体验存在巨大的分歧——那些被我们有效筛除的环境与场景，是因为我们不喜欢，或者不理解，或者对其毫无兴趣。相反，也有一些总是能吸引我们注意力的特定形式，就如同建筑历史学家只把那些属于某一知名建筑流派的建筑物发掘出来，或者把打上柯布西耶或包豪斯印记的建筑物挑选出来，尽管它们隐匿于为数众多起源不定的建筑物当中。似乎我们都能够坦然接受自身的景观体验中存在的此类偏见和疏漏，并不具有任何的顾虑。

建筑师奥尔多·凡·埃克（摘自 Venturi, 1966, p. 19）指出，无穷尽地赘述我们所处时代的不同事物，以至于疏忽那些本质上恒定不变的事物，是极不明智的。一般而言，景观总是由人类的意识与体验所构建并赋予其特性，总是能够表达出特定的文化态度与信仰，并为居住在其中的人提供事无巨细的需求和体验所处的环境与背景。就此而言,对景观的过去和当前的感知中,存在着不容忽视的相似性。然而,现今所创造的景观与过去的景观之间仍具有重大的差异。新的景观是新理念、新审美、新技术和新经济的产物和表达,与过去截然不同:上帝已死,或者对上帝的存在产生怀疑,国际风格四处蔓延,地理被机器所重构,巨型公司以及国家主导着生产。诺伯-舒茨(1965,pp. 168-169)列举了当前景观体验和以往景观体验之间可能存在的重要差异:

"对农民而言,岩石和山丘是'丑陋'的,因为无法在上面耕作。只要此类经验性的联系仍然存在,人类就会依据景观展开营建。而相反,工业化时代的人类相信,借助技术性手段,可以让一切事物都变得无所不在,这也就意味着,所有经验性的联系都已经失去了意义。"

简而言之,人类对景观和自然的认识出现了分离。我们不再像过去的先祖那样,与土地、海洋、风与山之间有着密切的关联,我们也不再以和他们相同的方式参与到人造景观的创造当中,而是越来越多地置身于装置了空调、中央供暖和人工照明的建筑物之中。这样的分离,兼之以社会与经济的改变,对所创造的环境类型以及我们体验景观的方式都产生了不容忽视的影响。亨利·列斐伏尔(1971,p. 38)指出,在19世纪自由竞争资本主义在贫穷与压迫最为严重的区域崛起之前,传统风格仍然留存,拥有技能的劳动者为即便是最为细微的事物都赋予了意义。而现在,我们所拥有的是所谓的"受控消费的层级社会",提供并维持着由不断重复及外观迷人的批量化产品所堆砌的日常世界。这样的社会拥有其自身的景观——一种理性的、荒诞的、混乱的今日景观,与 19 世纪之前的景观截然不同。

## 7.2 反思的与理性的景观

克尔凯郭尔(Kierkegaard)在《当今时代》(1962, p. 51 和 p. 42)中如此写道:"一个深思熟、毫无热情的年代……时有阻碍,倍觉窒闷;它不断调整均衡……它让万事万物持续下去,却又诡谲地让一切事物失去意义。"我们正处于这样一个深思熟虑的时代,世人皆仰慕理性与公平,所有问题都被识别、界定、分析并被逐一解决。主导性的思维模式是理性主义,因此再无任何观点,无任何习惯,无任何事物拥有牢固的根基,也不再相信有任何事物无法用"理由"来质疑和判定(Oakeshott, 1962, p. 1)。这种理性主义起源于文艺复兴时期,但现今却呈现出不同的形式。它不是一种人在他自己世界之中的人文主义观念,而是基于事实并非基于思想的一种怀疑论方法。现今的理性主义,追求的是秩序感,秩序无所不在;尽管它并不认可神秘主义和经验的不确定性,但却常常把后者作为去调查与解释的对象。这就导致了对归属感(commitment)的贬低,从而由对思想的信任转向了对程序方法的依赖,进而得以对事物进行不带感情的客观评价。归属感会对多种可能性加以限制,致使人们无法去寻找不同的但却可能更好的行动方法,而严谨的控制则促成了以深思熟虑的方式在多种选项中作出选择。在现代生活中,不带感情色彩的理性控制大行其道——在行为心理学、政治决策、商业、城市与区域规划中随处可见,甚至在食谱和性行为分析中也屡见不鲜。在上述所有的情境下,知识都是技术性的:知识被简化为数据集或者原理、指令和规则；成功的含义变得无比清晰，技能和智慧被机器程序和专业技术所取代。

反思的与理性的景观，要么是把理性科学的技术应用于特定的场景之中直接创建而成，要么是持理性主义态度加以体验而获得。因为其中所蕴含的技能或归属感极为稀少，否定了一切深刻的体验或亲密的情感，成为了怪异无比、毫无感情的景观。反思性景观极富秩序，甚至有时还要刻意地灌输严格的秩序，人们需要严格遵守好与坏的标准，不允许有任何偏差；这样的景观，通常并不真正关心地方感，消除了先辈的任何痕迹，因为正如欧克肖特(Oakeshott,1962, p.4)所言，"对理性主义者而言，任何事物都不会只是因为其存在而具有价值（当然也不会因为其存续数代之久而具有价值），熟悉感并无任何意义，任何事物也不会因其需要被关注而允许留存。"反思性景观的设计者——开发商、规划师以及官僚——通常对诸如地方感和历史等无法估量的质性因素漠不关心。他们并不关心景观是人类（包括他们自己）生活的重要环境之事实，而是关注景观能提供有效且充足的住房、交通、休闲设施或者作为盈利工具等诸如此类的所谓充分合理的目标。

反思与理性的景观遍布在我们周围。在新郊区开发的技术与风格上，在强调自我意识的现代建筑里，在追求对资源进行高效管理的项目中，在精心规划的住区模式里，在新修的公路体系和现代机场中，反思与理性的景观随处可见。但是，最为典型的表现，莫过于新建的市镇了（图6.3,6.12,6.14,6.15）。亨利·列斐伏尔(1971,p.58)认为，在新建的市镇中，"日常生活被切割得七零八碎，摆放在那里像拼图一样等待重新拼好，每一片拼图都与若干组织和机构相对应,每一片拼图——工作生涯、私人生活、闲暇——都被理性地加以利用"。实际上,生活方式以及环境都是现成提供的,它们是按照专家所认为最优的、最有效的、最可取的、最有益的以及最时尚的方式打造出来的。在某些开发项目中,配套设施无所不包,住房中配备有家用电器、地毯、铺设好的草坪、基础植物,甚至为车道提供照明的朴实而耐用的户外灯。

反思性景观是一种公共景观(public landscape),但却不是J. B. 杰克逊(1970,"公共景观")所言之含义。杰克逊使用公共景观这一词语来指代道路、纪念碑和公共场所,它们成为社区身份的表达,丰富了公共生活。所谓"公共",在这里指的是这些景观按照公共兴趣营造出来,并供给大众消费。克尔凯郭尔(1962,p. 59)写道,一个多世纪以前,"为了把所有事物简化到同一水平上,首先必须攫取其中的神秘之处,其精髓,也就是那巨大的吸引力,那包容众多却又一无所是的特征,那所谓的幻景——所言的神秘之处,即为公共性"。"公共性"的确堪称神秘,并且,如果我们承认公共性这一表述之神龙见首不见尾的特征时,公共景观必定也是神乎其神的,因为公共景观被营造出来是为极为玄乎的"公共"所提供的景观。尽管如此,公共景观也要具备便于识别的特征——它是近乎均等的,因为必须满足所有社会和经济阶层的需要;它是易于被认可的,不会引发拔高或压制而造成的不适感,更不会招致任何挑战或质疑;应当极为愉悦和舒适;应当具备充分的功能。但是,这并非是一种真正具有任何自身认同的景观,也不会承担任何培养个人或者培育社区之责任,因为后者并不符合公共利益。事实上,公共景观是一种极度匮乏道德理想以及深层次价值的景观,而道德理想和深刻的价值是发挥景观培育功能的必要特征。

## 7.3 荒诞的景观(The absurd landscape)

"反思"和"理性"指的是那些既未投入感情,也未置身其中的景观;这两个词被用来指代作为经验对象的景观,表达了理性景观规划师的意图。与之相反,"荒诞性"表达出人对景观的主观体验。任何环境,无论是人工的还是自然的,理性的或者非理性的,在经验中都有可能被认为是荒诞的。阿尔伯特·加缪(1955,p.11)写道:"感觉到世界是'厚的',感知一块石头对我们产生了何种程度的异物感与不适感,而自然或者景观又给我们带来了何种强度的负面感受……世界所具有的此种厚度以及陌生感,即为荒诞。"如此荒诞之感受,指的是人失去了他的美好幻想,感觉到孤独与隔离,并感受到非常怪异的"被剥夺了远去故乡的美好回忆或者对于期许之地的美好期待"的感觉(Camus,1955,p.5)。其中还夹杂着任何事情都不明确,都无法理解,事态超出了控制,陷于不知来源于何处却又毫无意义可言的强大力量交织而成的网中无法自拔的多种感受。荒诞感显然是让人备受压抑的,但是,加缪却指出,如果我们能够看到在有限的世界中,一切的可能性都是冥冥之中注定的,那么,我们就能从中汲取力量,形成对未来毫不在乎的态度,并渴望尽心竭力地活在当下。这就构成了顺其自然的生活态度的基础,偏爱、选择、价值等等都不再重要了。

荒诞并非一个深奥晦涩的哲学概念,而是当今时代生活的重要特征。罗伯特·来弗顿（Robert Lifeton, 1969, p. 38）指出"荒诞与讽刺"在"二战"以后成为"人类普遍生活的一部分"。他发现，荒诞与讽刺，因其完美复制出大众生产的对象而在流行艺术中有明确的表达，在诸多现代文学的玩世不恭中，在幽默中，在现今的俚语中，在人们越来越多的自我感受中，都不断呈现出来。这样的荒诞性，与对周围的活动与信念感到怪异与不妥当的知觉关联在一起，因此，若不借着模仿与嘲弄，荒诞感就无法被认真严肃地对待。

荒诞的景观就是我们能直接体验到，却又让我们感到疏离与漠然的景观。可能是因为我们自身的荒诞感所造成的结果。正如加缪的局外人，感觉到人与事物之间存在着无法逾越的隔离，这种感受无处不在。或许，荒诞感还可能来自我们无法适应的景观体验的方式，一种源于情感的体验方式。J. H. 范德伯格（J. H. van der Berg, 1965, p. 206）发现，对景观欣喜的体验已属过去，当前普遍存在的是对景观的疏离感。他这样写道："以前去阿尔卑斯山旅行的人们，都会欣喜若狂地注视山顶的积雪和蔚蓝的天空，但现在，人们则是出于一种'责任感'才会这样做……被激发出来的情感，并非他们的真实感受。现在，不允许任何人在壮观场景面前唉声叹气，也不允许任何人发出声音质疑费尽千辛万苦攀登高山是否值得……对少数人而言，景观仍然是令人愉悦的。但几乎没有人能够感受到如此强大、如此无法抗拒以至于感动到落泪的愉悦之感。"

无论对于景观欣喜的体验是否已属于过去，那种能够让我们带着情感去经历或生出司空见惯的厌倦感的景观，才是真正荒诞的景观。

还存在着另外一类景观,无论我们具有怎样的性情,它都能把其荒诞感强加于我们。埃里克·达代尔(1952,p.60)引用了登山者珍·普罗(Jean Proal)的话:"在岩石与冰川绵延不断的区段,大山失去了所有被视为人性的痕迹……山并非超凡脱俗,相反,它是具有人性的。山并不会把任何人拒之门外,而是直接忽视所有人。"人造景观也会导致这样的冷漠感:珍·格雷涅尔(Jean Grenier)透过他位于锡耶纳(Sienna)住所的窗户看到了"一个庞大的空间,树木高大,树冠如盖,葡萄藤缠绕,还有数个教堂,这一切令人目眩,"他开始哭泣,"并非出于喜悦,而是出于无力感"(引自 Dardel,1952,p.61)。无论是在空中飞行俯瞰城市,还是在高速公路上驾车,或者乘火车从城市里飞驰而过的一瞥,都会油然生出冷漠、无能为力、大而无当之感(图6.1,6.13d,6.15)。一条条街道,两旁全是建筑物,城市中心矗立着现代化的摩天大楼,它们如同高大的堡垒,拥有大面积冷冰冰的幕墙,随着城市向上抬升与向外扩张,这些景象不可单纯地用难以理喻来形容,更确切的描述是庞大而丑陋,对人的直接体验带来挑战。经过理性设计的诸多景观,具有高度的数学精准性,却丝毫未对地形地貌做任何考虑,产生了工业毁灭之场景,因而令人产生荒诞之感。在遍布卡通形象的迪士尼乐园中同样充斥着荒诞之感:身穿苏格兰短裙的人形猫咪抱着牛奶壶为街角连锁百货店做广告。罗纳德麦当劳和他的汉堡业界同行——肯德基的桑德拉上校们纯良无害的脸从高处俯视着我们(图6.6,6.8)。就其自身而言,它们都是这样不可理喻,荒诞无比,但却又堪称极为认真的异想天开。若不是太过于做作,则极有可能会被人们接受,而且因为它们能持久存在,则从商业的角度被认为是取得了成功。从加德纳高速公路望去，多伦多市中心国际公司的摩天大楼体量庞大，张贴的巨大广告牌上面印着玛丽的脸孔——"皇家银行，您的女孩儿为您提供竭诚服务"。这是唯一人性化的标志，她的脸庞也是巨大的，与身后巨大的摩天大楼的体量相称（图6.13d）。匹兹堡钢铁厂的灰黑色的屋顶，看起来近乎延伸到了天边；屋顶树立着一个广告牌，是为万宝路香烟做的广告，一名牛仔在美丽的日落时分骑马在荒野山间。对比之下，现今景观的荒诞感几乎是不加掩饰的。"荒诞是与众不同的笑声与滑稽剧"，亨利·列斐伏尔（1971, p. 139）说道："荒诞并非讽刺，也非幽默；并无任何状态或者任何行为是有趣的。"荒诞的景观毫不幽默，相反，它是极为严肃的商品，可以被加工、处理和装扮，与其他任何商品一样毫无二致。

## 7.4 中介性的机器

当今，很少有景观能够被人们深刻地体验到。对某些人而言，如果没有汽油味和内燃机的噪音，就会感到自身的体验是不完整的。但是，人们却又习惯性地去谴责机器把人和自然以及人与人之间隔离了开来。"归根到底，"史蒂芬·科尔兹（1973, p. 16）说："汽车成为了美国人不可救药的隔离状态的标记——这样巨大的孤独感，不仅摧毁了个人之外的世界，也摧毁了每一个个体。"事实并非如此简单。小汽车、摩托车、汽艇和其他所有供私人使用的机器，并未导致裂缝出现，它们所代表的隔离，其程度也并未超出中世纪人们穿戴的铠甲。恰恰相反，个人使用的机器在某种程度上还在试图弥补人与理性景观经验之间所存在的分歧。尽管表面看起来,机器展示了这样的分歧,还可能加重这样的分歧,比如机器让人们去体验环境细微变化的感知力变得更迟钝了,但是机器同时也提供了一种连接的纽带,尽管这样的纽带是短暂且不稳定的。个人化的机器为我们提供了崭新的选择、舒适感以及完全不同的体验;还为我们提供了直面环境以及直接参与景观的可能性。如果没有机器,理性和荒诞感会把上述体验完全排除在外。马伦第(Marinetti, 1972)在1909年出版的《第一个未来主义者的宣言》(*The First Futurist Manifesto*)中这样写道:

"我们发现,世界的伟大源于一种崭新的美变得愈益丰富起来——速度之美。飞驰的汽车,引擎盖下的排气管如同喷火的战神——汽车风驰电掣,轰鸣如同机关枪,其美妙甚至超过了萨莫雷斯岛的胜利女神。"

遍布全世界的汽车跑道,汽车主人对爱车和其他机器的投入、关心和重视,在马伦第那里都算是证据。尽管从生态学的角度来看,强大的机器存在颇多争议,但是它们的流行却是毋庸置疑的,至少就小汽车而言,其发展态势是难以低估的。罗兰·巴特(Roland Barthes, 1971, p. 88)这样说道:

"我感觉今天的小汽车几乎等同于伟大的哥特式教堂。我是说它们都堪称是时代的杰作,被不知名的艺术家们饱含激情地酝酿出来,并作为一种意象被人们所消费着,尽管不是所有的人都用得起,但是全人类都把小汽车的意象视为奇妙的象征物。"

导致机器广受喜爱的原因如下:它们为人类带来了自由、便捷,以及提供了从沉郁环境中逃离片刻的可能性(在美国城市中,穷人出乎意料地喜爱凯迪拉克)。机器同样也能让人与世界以一种兴奋的、紧密的且带有挑战性的方式发生接触。圣·埃克苏佩里深谙这一点(1940,p. 67),他说:

"准确来讲,正是由于机器把自身的存在掩盖起来,才深深抓住了我们的注意力。

因而……自然的现实重新凸显了出来。飞行员所接触到的并非金属。与那些庸俗的错觉相反,正是归功于金属,也正是凭借金属带来的便利,飞行员才得以重新发现自然……机器并未把人类与自然界中存在的重大问题隔离开来,而是帮助人类更深入地认识并应对这些问题。"

显然,我们很难把圣·埃克苏佩里在上世纪20与30年代作为一名飞行员的体验,与坐在大型喷气式客机加压舱中的旅客的体验,或者与坐在别克车或奔驰车配备冷暖空调舒适车厢中的乘客体验加以等同。但是,即使驾车行驶在洛杉矶的高速公路上,有时也能产生令人兴奋的体验。雷恩·班汗(Reyner Banham,1973,pp. 216-271)指出,在这样的高速公路上驾车,涉及"人与机器难以置信地默默合为一体。它需要……一种既开放又坚定的态度,才能在路面上驾车飞驶,需要不断做出连续的决定。"因为相关的体验是具有完整性的:"你掌握了所需的特殊技能,洛杉矶的高速公路成为让你的技能活起来的一种特殊的方式,"驾车者与他们所在的公路环境是合二为一的。"在收音机震耳欲聋的音乐声中,自动变速箱牢牢保持着高速运转,带有菱形防滑沟槽的白壁轮胎在水泥路面上风驰电掣。"

驾车时的兴奋体验,对于任何使用过机器的人来说都不陌生。这样的兴奋感,并不一定只是来自速度。罗兰·巴特

(1972, p. 89)观察到,一些小汽车具有朴实而家常的秉性(他指的是雪铁龙 DS19),并注意到"一种从对速度的迷恋向对欣赏驾驶的态度转变"。这种转变的原因,一定程度上是因为速度总是有限的,但上述转变绝非仅仅是对速度的限制所作出的回应——此外还与小汽车的形式与性能,驾驶技能,对机器的完整体验等有着深刻的关联。驾车的兴奋体验在英国汽车协会的 Drive 杂志上,在新型汽车产品的广告上,在小汽车内外个性化的装饰上,都有着明确的表现。

因此,从个人参与的角度来看,机器所发挥的作用,在于创造一系列完整的参与式体验,从而成为人和景观之间的关联物。但是,从其他角度而言,这样的中介关联在作用上显得并不那么清晰明了。机器被人类用来操控环境,对地表均一化处理,缩短距离,并对行动进行分割,便于营造与其自身相符合的地理环境与空间形式。列斐伏尔(1971, p. 100)认为,"机动化的交通,让人和物品集中混合起来,但彼此间并不相遇……每一个要素都是自我封闭的,隐藏在了自己的外壳中"。这样的分隔,被带入到机器所营造出来的特异环境之中。公路、停车场、加油站、飞机跑道,都未对处于相应机器之中的人给予任何考虑——没有遮风避雨的设施,没有人行道,更没有以人为本的姿态(图 6.11)。因之带来的结果通常是不具有吸引力的"无景观"(No landscape),奥斯伯特·兰卡斯特(1959, p. 186)认为,"'无景观'因为车库的加入而变得丰富起来,即使最痴迷的现代主义者,也不得不承认普通加油站无任何美感可言。"但是,这一看法颇有争议。J. B. 杰克逊(1970, p. 149)算不上是狂热的现代主义者,他所提出公路带产生的"照明效果——不仅是霓虹灯,还包括了来自加油站和路边餐馆的间接灯光,通常都是极为美丽的;建筑物和各种构筑物的明亮颜色也非常好看"。罗伯特·文丘里(Robert Venturi,1972)对拉斯维加斯的公路带极尽溢美之词。

杰克逊和文丘里的观点从汽车驾驶人的角度而言是完全正确的;而兰卡斯特的观点从迷失在这个机械地理中的可怜的步行者的立场出发也是无可辩驳的。我们无法在享受机器与地方之愉和自由的同时,兼顾为马车营造的手工景观。尽管我们对马车的废退深感遗憾,但今天最让我们熟知的景观乃是道路,它与我们的日常生活密切相关;同样为我们所熟知的,还有公路上匆忙过客眼中所看到的荒诞景观。

## 7.5 日常景观

亨利·列斐伏尔(1971,pp. 100-101)指出,汽车主导了从语言到经济多个领域的行为,它代替了男女之爱,代替了奇遇与冒险,代替了人与人的接触,成为日常生活最重要的事物。日常生活由那些细微的、平凡的、习以为常的事物所构成;日常生活中充满了不断重复的微小动作和不引人注目的活动,它们之间保持着一种常规的顺序或约定俗成的模式,它们的意义从来无人质疑;其中包含着所有的体验与经历,连同那些借助机器所感知的景观,不知不觉中已被人们轻易地认可。就日常生活与现代风格的割裂而言,某些人持负面态度:伟大的科技进步,对于日常生活而言,是虚无缥缈的神话。另外一些人则认为,人们曾经在生产物品的过程中所投入的技能与专注现在都已消逝不见了；它们被大众消费的大规模生产的图景所取代。在日常生活中，与个人的自由和舒适相比，社会责任感已经过时。日常生活是我们大多数人大部分时间的一种生活状态。

日常生活所具备的日常景观，也包括那些庞大新颖的巨型建筑物、市政厅、广场，以及充分设计出来的背景，当这些景观逐渐失去了最初的独特性，成为被人们接受的寻常背景时，那么也就成为了习以为常的日常景观。换一种更容易理解的说法，日常景观指的是那些我们认为构成日常生活背景的所有平凡的对象、空间、建筑以及活动。其中包括枯燥平淡的标牌、停车场、线缆、独立与半独立式的住宅、街角商店与加油站。它们通常看起来丑陋杂乱，各有各的糟糕之处。但它们在某种意义上，即使杂乱无章，也是极其重要的，因为它们朴实无华，无矫饰，无预谋，或多或少可算是人的活动与需要的无意识表达。但是，它们却同时也被商人们利用和促销。商人在参与日常生活的同时，还不遗余力地对消费、行动和需求进行着操控与引导。

日常景观最为显著的两种形式可能是公路带和细分的地块，这两类景观都因汽车的发展而出现，其结构受到汽车的引导。它们都因营造出了混乱与单调而受到批评：罗伯特·文丘里(1966, p.59)呼吁在规划与建筑环境之间达成一种平衡，他写道："当前我们所面对的命运似乎是，如同罗德镇那样，无休止的变化，一片混乱；或者如同莱维敦一样，枯燥又无聊。罗德镇所具有的特征是虚假的复杂性，而莱维敦所具有的特征则是虚假的简单性。"虚假的复杂性和虚假的简单性可算是日常景观的两个审美极端，但这两个词无法有效描述出日常景观的通常体验。事实上，公路带和细分的地块是今日价值的一种宣告。

格雷迪·科雷(1973, p. 108)写道,"公路带在努力告诉我们自身的某些事实:大部分美国人都更热衷于便利,这就决定了他们在生活中尽可能选择机械、配送服务,他们愿意支持那些能够提供便利的非正式的地理环境。"这一点更加适合于购物广场,把商业主义淋漓尽致地引入到了日常生活当中,提供免下车服务的便利,和强大的配送系统,土地高效利用,甚至还结合了商业步行街的理念。郊区住房之间的道路,尽管看起来统一单调,但也算是当今价值的呈现。作为日常生活背景的体验,成熟的郊区街道富有吸引力且干净整洁,因为每个人都需要对自己的房产加以日常维护,以使其安全与安静。你还可以展示自己的园艺才华,过路的行人也有赏心悦目之感,这是很好的居住地点(图5.6,6.11)。

然而日常景观又显得太过于平实,缺乏个性,既无高潮亦无惊喜。因为它们是为老百姓设计的,因此其中充满了批量生产的物品,很大程度上是非本真的。对于那些居住在细分的地块上并使用商业街的人而言,他们对日常生活的景观并无显著的投入与情感上的认同——只认为该景观具有浅薄且可交换的意义。即使那些私人住房,也只是被视为一种投资而已。大部分情况下,这种浅薄性都是无关紧要的——甚至可以说,在当今流动多变的社会当中,对于地方和景观缺少情感认同堪称是一种优势,因为这样的话,才可以随意变动,无所谓遗憾与留恋了。正因为它们构成了日常生活的直接背景,所以日常景观功能良好、舒适、满溢活力并充满了诚实感。也正是基于这个原因,罗伯特·文丘里(1966, p. 103)满怀希望地指出:"从那些庸常的很少被人留意的日常景观中,我们可以提取出复杂且矛盾的秩序,这样的秩序对于我们的城市主义建筑师而言是极富意义的。"

## 7.6 今日景观的混乱与多变

理性的景观是从刻意的合理性角度出发营造出来的,绝不可能产生荒诞、疏远或晦涩难懂之感,当然,这样的景观也被理所当然地认为是日常生活的背景。简而言之,景观因我们对其加以体验的方式而改变着自身的认同。此外,背景本身也通常是混乱无序的——城市看上去并无任何清晰的界限,村庄也被工业化了,条带式发展导致了网格状的土地利用模式,过去一年还未破坏的风景现在已消失无踪了,被新建的水库、房屋、新机场所取代。结果就是,我们的秩序感遭到了挑战,我们对于景观应当呈现出何种面貌的想象,与我们的体验无法一致。乔治·凯普(Gyorgy Kepes, 1956, p. 69)认为:"我们周围扭曲了的环境……掠夺了我们获得恒定体验的权利,也使我们自己变得扭曲起来。"我们日渐发现,我们面对着越来越多缺乏中心与边界的景观,其认同也总是在发生变化。

"多变的人",这是 R. J. 利夫顿(1969)用以表述他所认为的现代人的特有人格或个性时所使用的短语。正如这个短语所暗示的,多变的人,当从一种生活方式转变为另外一种生活方式,并尝试新的选择,探索多种可能性的时候,也会随意改变自己的身份。年轻的中产阶级变为激进的学生,变为保守的商人,再变为煞有介事的社会活动家。当然,其人格中有一定程度的连续性,但最为显著的,却是既定模式与连续信仰的断裂:(在不同的阶段)把每种新的生活方式全盘采纳。利夫顿指出,传统的观点认为,每个人应当在一生之中呈现出恒定不变的身份认同,而多变的人则表达出对这一传统观念的重大转变。他是现代文化里的一部分,在这样一种文化里,稳定性、连续性以及事物的边界都不能清晰界定。比如,核武器无法对平民和士兵、罪犯和无辜者加以区分;大众传媒铺天盖地带给我们现实与幻想,以及欢愉与露骨的商业推广所交织起来的图景。现代化的国际公司庞大而又混乱,它们渗透到了我们生活的各个方面,随心所欲地改变着风格,从而与正在进行市场营销的特定产品相契合。

在现今的景观中,多变性与边界的模糊不清广泛存在(图6.1,6.4,6.11,6.12)。在独特的景观中,如果本地材料与地方技术极为显著,这样的地区则成为极稀少的残余物,通常大部分地区都是被无地方强烈地修改过的。那些具有恒定持久认同的区域消失了,取而代之的是无明确中心或边缘的景观,它们处于连续且复杂的变化之中。多伦多市中心连绵不绝的天际线中最高的建筑物,在过去十年里拔高了五倍;郊区都在以每年数英里的速度向外围无定形地蔓延。大规模生产出来的建筑物外立面、标牌、汽车等模式与风格,所采纳的思想以及理论,每年都在发生调整与变化;1950年代革新的公共建筑,1960年代的机场,只需数年就彻底变更了规划原理与方法,去年流行的地中海风格房屋,仍然是崭新的,但很快就过时并废弃了。

随着景观中变化的速度加快,不同区域的景观之间具有的差异就会降低。所有类型的国际建筑风格,都用于满足产品的需要,而生产出来的产品则是为了满足人们的需求,这就降低了地方之间的差异。跨国公司的零售奥特莱斯，所采用的标记、符号、颜色、家具以及服务都是标准化的（例如 Crosby, 1973, p. 144）。史蒂芬·科尔兹（1973, p. 20）指出，这些奥特莱斯属于"无穷无尽的循环，正如无数个圆环与迷宫，既无起点，也无终点"；进口与出口，无处不在。这样的单调性与我们所期待的不同地方所应具有的独特性相矛盾。然而作为旅游者或移民，我们常常发现我们找到的是熟悉感而非差异感。这种单调和均质性在某种程度上会带来困惑，但却因此为不同的城市提供了相似性。这些无地方的零售与服务连锁店和建筑物有助于让今天生活里普遍存在的高速流动变得不那么让人难以忍受。相似性为我们在不同背景中的体验提供了连贯性——这种连贯性至关重要，因为它为我们在新环境中所经历的体验与认同的变化进行了补偿。格雷迪·科雷（1973, p. 110）写道："在我们迁移的过程中，我们有了不同的名称，成为一个新手、一个陌生人、移民、旅行者、通勤者……"作为游客或团队旅游者，"我们可能会把自己与他人区别开来，成为大手大脚挥霍的人、好色之徒以及乱扔垃圾的人"（图 6.2）。

形式与风格的变化，我们自身的流动性以及体验的改变，使得我们必须频繁面对无法理解的景观，而我们还未学会如何去识别这些景观。莱昂内尔·特里林（1965, p. 66）在针对牛津郡的研究中提供了一张照片：空地上摆放着一个巨大的塑料物件，他对此物件的描述是"场地上真正令人兴奋之物"。格雷迪·科雷（1973, p. 127）使用"堆垛"一词来表述"一大堆某种物品"，在成千上万的其他物品当中若隐若现，静默无声，沦为背景。茫然面对无特色对象的感觉如此常见，惊人的雷同——国际化的建筑,即使其内部活动截然不同,但其形态却是相似的。个性的密集被缺乏明显意义的模式所夸大——位于城市中心价格不菲的空地,被作为停车场使用;新修的办公建筑,像伦敦市中心的Centrepoint,完工之后数年被空置起来,未加以利用;购物中心建造在两个城镇之间没有人居住的地方。这样的反常情况,可以通过投机活动、征税、区划、最小距离位置等概念进行解释,但它们在景观中却形成了模糊不清的样式,难以被人们理解。

景观的晦涩、单调与多变,正是社会新进程与新价值的表达。它们之所以成为困惑的根源,并非因为自身的混乱无序,而是因为它们背离了我们关于景观应该如何组织起来的固有印象,还因为我们很少掌握与同时代相适宜的图景。乔治·凯普(1956,p. 18)写道:

"当我们遭遇自然界里从未面对过的那些事物时,我们过去经验所确立的世界模式就会变得扭曲起来;新领域与旧模式之间并无任何关联。因为迷失了方向,我们变得困惑与震惊。我们可能会使用过时的图景与符号以一种反转负面的方式创造出怪物,操控它们,放大它们。我们创造出新的人头牛身的怪物以及新的迷宫,直至我们还会发现新的世界以产生出新的意义与符号。"

至少目前看起来,我们所能做的,要么是去接受现代景观带给我们的困惑,要么是去把那些与我们原有印象无法相容的所有特征加以选择性地屏蔽。

## 7.7 简单的景观

今天的景观存在着一个巨大的矛盾。一方面,它们看起来混乱不清而且具有多变的模式,就景观之间的关系而言,这一点表现得尤为明显。另一方面,今天的景观往往又看起来简单而肤浅,幼稚而直白,就小规模景观和特定的背景环境而言,这一点表现得格外突出。

简单的景观是直白地呈现出自身的景观,是无法展露出任何问题或精妙之处的景观,缺乏细致微妙的感觉;简单的景观里并无任何文丘里(1966)所认为的让建筑与人工环境具有意义的委婉、矛盾与复杂性;并无任何深层次的含义,有的只是直截了当的表白,并把不同功能直接分配到独立的单元当中去。正如克里斯托夫·亚历山大(1966)所述,在那些以成体系分等级的方式进行理性设计的环境里,以上所列出来的特征表现得尤为鲜明——比如,在新城镇、军营、工业园、郊区住宅以及公租房项目里。它们所具有的若干特征,使之与经过自然设计和演化形成的景观所具有的复杂性之间存在着巨大差异。首先,这些简单的景观充满了秩序——所有事物都按照意料之中的方式进行布局,所有的行为都是可以被预测的,不存在任何不一致或意料之外的情况(图 6.15)。其次,它们通常具有单一的功能:一栋建筑配一个功能,一个规划区配一种用途;所有的活动都进行了整齐的分割,通过高效率的交流体系彼此相连。简单景观的建筑师和规划师倾向于践行文丘里(1966, p.23)所说的"因排斥而易于达成的统一",而非"因包容而难以达成的统一"。第三,与单一功能相关,简单的景观是单一的——每种要素具有自身的意义及认同,除非通过邻接的方式,这些要素才同更高的统一体形成关联。第四,在体验中存在着调节平衡的过程,有可能激发出情感,但是这些情感是非连续的、短暂的,不会受到情绪抒发的影响,也不会受到情绪低沉和参与牵连的影响。第五,简单的景观是当下的景观,其中可能包含对过去与未来的模拟,但都是经过了变形的,适合于流行且理想化的图景。

莫斯·佩卡姆(Morse Peckham,1965)指出,所有类型的艺术作品的主要功能就在于引发怀疑与困惑;而从简单景观的外在目标之中无法进一步探求到意义;当然,简单景观的建造看上去就是为了避免任何怀疑与问题,并达成与既定秩序和价值的完全一致。在简单景观里,比如在广告中,以及在咖啡桌上放着的风景书里,并不存在任何冲突、困境、丑陋,或者任何令人讨厌的东西。

安省游乐宫位于多伦多,是一个现代休闲游乐综合体,由安大略省政府出资、设计和建造,但建造的原因至今未明(修建游乐宫的提议与动力显然来自公务人员,而非政客)。这是一个简单景观的典型例子——是一种完全臆造出来的没有汽车的环境,位于安大略湖多个人工岛屿之上(图 6.10)。当中包含了很多个活动区域———座儿童村落;一个 18 洞标准杆爱丽丝梦游仙境小型高尔夫球场;一座 2000 人露天剧场;一个供少数人使用的小艇船坞,可供脚踏船停靠;一个酒店精品区;一个多面体穹顶(Cinesphere)可供 6 层楼高的巨幕放映电影;"一艘著名的舰艇 HMCS Haida",直升机观光发射台,以及数个分离舱(是位于湖面支撑物上的结构建筑物),用以容纳体验式剧场中的多媒体表演。这些分离舱被长廊连接，引导参观者与观众朝一个方向移动——一旦选择了一条路线，偏离这一路线就会变得相当困难，因为有多个禁行入口，但并无入口标识。每种活动都采用草地或水面构成的无人空间把相邻的无关活动隔离开来。

看上去，整个地方整洁而愉悦，现代化功能强大，但略显无意义，是含混的乌托邦。毫无疑问它是拘谨而狭隘的。以上并不是想表明安省游乐宫是一处败笔。相反，因为它为不同社会阶层的人士提供了崭新且相对轻松的体验，所以很受欢迎。安省游乐宫非常简单，它直白而且一目了然，一切都是被设计好了的，缺乏矛盾性，也缺少进行多种解析的可能性。没有任何危险或不洁之物，也没有任何不希望孩子们看到的东西。当然，这里也并无任何有趣的或有挑战性的东西，也不会为参观者带来任何深刻持久的印象。安省游乐宫是一个美好又直截了当的景观，成为当今所有无数其他简单景观的缩影。

## 7.8 今日景观所具有的意义

神学家保罗·田立克①（Paul Tillich, 1958）指出，象征物（符号）指向的是超越其自身的事物，提升了实体存在的高度，这是非象征物无法企及的。象征物无法刻意生产出来，只能自我生息湮灭。无文字的景观以及传统文化里都充满了象征物，文化的大部分要素都参与其中。建筑物、地形和城市规划都具有神圣的含义和宇宙学的形态（Tuan, 1974）。这类象征物传达

---

① 保罗·田立克：20世纪存在主义神学家。——译者注

出了景观所具有的深刻含义。但是,今日的景观却恰好相反,其符号特征指向的不是深层次的事实,而是一组虚无缥缈的概念或"迷思",通常是捏造和刻意编造出来的。现代景观的意义,特别倚重这些符号和与之相关联的迷思。

正如罗兰·巴特(1972)所言,符号并非单纯是一个指向性或描述性的信息,而是任何一种交流系统里的一部分,可能是语言、照片,或者是景观。符号包括了两个方面的维度——能指和所指——二者结合起来构成第三者,也就是符号本身。例如,伦敦莱斯特广场的杰西(Jacey)电影院,其外部张贴着鲜艳的粉红色背景,用巨大的黑色字体书写近期的影片名称(1975年5月写的是 Truck Stop Women X),入口处张贴着一些女人的裸体照片(=能指)。所有这些都表明,影院里正在放映不雅的影片,尽管"X"的分级所表示的是这类片子不是那么色情,不是需要被审查的影片(=所指)。但是,外部装饰却因文字大小、颜色和色情照片而显得"色情"了,并且按照我们的经验来看毫无疑问传达的是"色情的外观"(=符号)。但是,这种外观只是其他符号体系当中的一个要素,因为它位于伦敦市中心,所以传达出来的是放任,即我们生活在一个包容且自由的社会里。这是一个被书籍、杂志和所有媒体支持的甚为流行的迷思。当然,当我们看到杰西电影院时,或者看到世界各地数不胜数的类似物中的任何一个时,我们都没有意识到上述的全部分析;我们的印象只是停留在色情影片上,以及它所具有的若干可能性上。即使看到莱斯特广场上的流浪者时,会对上述印象与可能性有所质疑,但却并未拒绝这一迷思,正如巴特(1972,p.130)所指出的,迷思最初产生的影响力是至关重要的——"对迷思更为细致的阅读并不会增加其力量,或者加深其无效性;因此,迷思同时兼具了不完美性和不容置疑的双重特征;时间或知识,都无法令其变得更好,也不能使其变得更糟。"

　　今天的社会景观展现出了关于理性的迷思,关于理想过去与理想未来的迷思,关于发展与放任的迷思,关于个体自由和舒适材料的迷思,关于冬日的瑞士和夏季地中海的迷思,以及关于北美拓荒者日志的迷思。巴特(1972, pp. 24-125)援引巴斯克建筑,对这类迷思进行了说明:在西班牙巴斯克地区,我留意到当地普遍存在的一种建筑形式,但是并不觉得自己是被这种建筑形式所吸引——"我看到的只是是矗立在我面前的建筑物而已,它与我没有任何关系"。但是,如果在巴黎的郊区偶然碰到一间"整洁美丽的白色小屋,屋顶有红瓦,还有深褐色的木材桁构……我会获得一种非常强烈而直接的印象,并把这一对象称之为巴斯克小屋;或者更有甚者,我会把它视为巴斯克风格的精华"。尽管这栋小屋的设计细部经过了变更,并把鲜明的特征应用在匿名的外壳上,同时它没有任何历史可言,但这栋小屋却如此引人注目,以它巴斯克的风格来吸引人们驻足观赏。它的巴斯克风格是浅显明了的,冻结在了空间和时间之内。当然,并非只是是独立的建筑物,整个地区和景观都可以被赋予这种浸淫了迷思的认同。北美城市所具有的仿都铎王朝风格的建筑,正是兼具了英国风格和理想化历史的双重虚构的迷思。但是,背景本身并不一定按照先前存在的神话来营造,因为,正如格雷迪·科雷(1973, p. 61)所指出的,略带技巧的虚构以及推销,都可以把任何地方的特征转变为营利的方案:亚特兰大靠着《乱世佳人》来赚钱,埃文河畔的斯特拉特福德靠着莎士比亚来盈利,在旅行指南《探索加拿大》(Explore Canada)中,我们可以读到不列颠哥伦比亚省斯梯尔堡(Fort Steele)的相关描述:"1890—1905年代东库特尼风格的城镇于1960年代在此建成"。人们显然看到了他们相信,以及他们长期被说服去相信的东西。

在今日的景观当中,虚构的迷思所具有的主要特征就是简单性。巴特(1972,p.143)写道:"虚构的迷思让人类的行为具有本质上的简单性,使其不会包含辩证关系,也不会有任何超乎行为自身以外的意义。因为它没有任何深度,所以组织起来的世界也没有任何对立和矛盾,而只是一个宽广直白的世界。虚构的迷思所建构起来的是一种欢快的清晰感,任何事物看上去只是事物的本身而已。"虚构的迷思提供的是平淡无味,而非令人反感或无吸引力的事物。要么通过引入注目且不会令人不快的元素,或者只是把它们当作有待解决的问题加以接纳。虚构的迷思缺乏历史:"它没有生产出任何东西,也未选择任何东西:它需要人们做的只是拥有这些崭新的对象而已,摒弃关于其来源或选择的所有痕迹。"(Barthes,1972,p.151)虚构的迷思,把所有相异性转化为了相同性——没有任何事物是真正有差异的,除非某件事物极为不同,难以被同化,因而成为了另类。任何虚构的迷思,都把品质缩减为数量,使得任何事物都是合理且可度量的,即使无法用数量来度量,也可以采用精确的效能进行度量。

这就是现今景观迷思的主要特征。它们构成了社会认同的基础,该基础包括:当今景观的品质,对经验加以操控,通过广告推动消费,以及制造和保持虚构迷思的其他手段。今日景观里的文化含义只限于虚构迷思的意义本身,它为这些景观的建造提供了基础,也为我们的景观体验提供了背景。

### 7.9 结语

乔治·凯普(1965,p.i)很好地归纳了我们在面对今日景观时所存在的困难,他说:"在过去的世纪里,人们带着与生俱来的熟悉与自信,生活在既小又友好的世界里。这样的日子一去不复返了。我们现在不得不在一个庞大而疏离的被重新定义了的世界里生活,去艰难地面对庞杂的事物……迄今为止,我们仍未在这一重新被定义的世界里找到自己的地方。"如果地方的背景不仅具有独特的地方性,还反映出风格与传统的连续性,同时也构成了关怀与存在意义深远的中心,那么这样的地方实际上是旧文化秩序里的一部分;尽管我们会无比留恋地去回首这些地方,但它们并不能积极地参与到新的景观中来。新景观的特征并非在于深远的意义与象征,而在于理性、荒诞性,以及与人的疏离。新景观的其余特征体现为日常性,它们成为了我们日常生活平淡无奇的背景;还体现在了因缺乏焦点与差异性的区域里,或没有任何熟悉的模式而导致的困惑里;最后还体现为了简单性与浅薄性。

无地方并不只是存在于今天的景观背景里——无地方是今日景观的重要组成部分,也是今日景观的产物。理性主义与荒诞破坏了人对地方的归属感,而日常性与简单性则促成了当今景观的统一性,同时多变性则破坏了现存的地方。事实上,今日景观的意义根基极其薄弱,难以对非正式的地方感加以提升,因为地方认同只是虚构出来的产物,或者只是遍在的无地方化于当地的集中而已。

对我们现今生活中这些景观的描述可能显得过于负面了，而这样的结论也是存在误导性的，因为结论的标准建立在稳定性、清晰界定和地方关怀的传统意象的基础之上。我们并未以一种类似于中世纪社会的方式来对现代政治经济进行评价——那样做的话显然是愚蠢的；但是，我们用来描述景观的大部分术语看上去更加适合于过去年代里那些手工制造出来的理想景观，当把这些术语和条件应用在今日景观的身上，看上去则必然会有轻蔑与贬低的意味。显而易见，我们对今日景观的经验并非毫无意义，也不是完全令人厌恶的。对于当今的景观来讲，我们并没有完全采用冷酷的玩世不恭和无奈的顺从情绪来对待。在今天的环境中，很多方面其实都是令人愉悦且富有吸引力的，许多建筑与开发项目也是激动人心的；尽管我们的经验或许存在浅薄之感，但它们同样是有一定广度的。换个角度来讲，无地方意味着从地方之中脱离出来的自由感，而平淡无奇也意味着舒适、安全以及被诱捕在了一个层级分明的消费社会里。

简而言之，尽管缺乏深度与多样性，且倾向于摧毁过去的地理景观，但今天的景观是一种普遍舒适且相当高效的地理景观。这种景观与当今社会的主流态度是吻合的。不管我们认为这种景观如何丑陋无序，或者它是时代繁荣、进步与平等的体现，关于今日的景观，有一个事实却是显而易见的，那就是，它是最近才出现的现象，我们并无任何理由去相信它的特征将永远存在下去，也没有任何根据去下结论说，便捷与效率当中必然包含着荒诞与无地方，或者认为，在今天的景观里产生不出任何具有深远意义地方的可能性。

## 8. 地方的前途

人们体验到的地理现象至少有两种,一种是地方,其中充满了差异性和不同的意义;另一种是无地方,它是由相似性所组成的迷宫。今日,地方的差异性被大量取代,地方毁坏的尺度也极为广泛,这表明了尽管地方的差异仍然存留,但无地方的地理现象正日益成为一股强烈的趋势。然而,目前尚存留下来的地方差异,也可能只是过去地方建造传统的残余物而已,即将消逝在齐一化的浪潮里;或者,是否还存在着一种可持续的差异性,值得我们去鼓励它的不断发展?关于这一问题的答案都是不明确的。换句话说,与地方相关的地理前途是不明确的。然而,无地方的蔓延却又是不可回避的事实。同时还存在着另一种可能性,那就是通过规划来设计出有意义的地方及其生活世界,以此来超越无地方性。在最后一章里,上述的可能性都将纳入到地方与无地方的总体特征里进行归纳阐述。

### 8.1 地方

地方,融合了人与自然的秩序,也是人们直接体验世界的意义中心。人们很少用特定的区位、景观与共同体来定义它,而更多是采用经验的焦点,和朝着特定场景的意向性来定义之。地方不是抽象的、概念性的存在,而是生活世界里的直接经验现象,因此充满了意义,也充满了真实的对象和不止息的行动。它们是个体与群体认同的重要源泉,也常常是人类存在的意味深长的中心,人类与其相互之间具有深度的情感与心理纽带。正如人与人之间的关系那样,我们与地方之间的关系也是必要的,充满变化的,有时候还是令人不悦的。

地方的经验具有尺度上的变化,可以小到房间的一角,还能大到整片陆地。但是在任何一个尺度上,地方都呈现为一个整体,一个自然事物和人造事物所构成的综合体,其中包含着各种行动与功能,以及因人的意图而产生出来的意义。在这些要素的基础之上,某个地方的认同就得以被塑造起来,但是地方的认同并不是由这些要素来定义的。因为,所谓认同,乃是一种独特的内部特质,以及对存在于地方内部的一种体验,它能让一个地方从空间里区分出来。内部性可能与物质的形式有关,也会通过物质形式反映出来,例如中世纪的城墙,或者通过某种仪式和不断重复的行为来反映,它们不断维持着一个地方的特定属性。阿兰·古索(Alan Gussow,1971?,p.27)写道:"某种催化物可以将任何一个物质性的地点转换为一处地方——只要你愿意,任何一处环境都可以做到。这是一种深度体验的过程。一个地方是在整体环境中由情感创造出来的一个碎片。"

我们可以区分出地方内部经验的不同层次,它们呈现出了地方现象的特质。在最深的层次上,人处于不自觉的状态,并在潜意识中同地方产生关联。这样的地方正是"家"的所在。家是人类的根性之所在,是安全与庇护的中心,是充满关怀的场所,也是方位的基点。这样的内部性是个体化的,也是主体间性的,是能在人与人之间共同分享的个体经验。因此,这样的内部性是地方感的本质。或许,这样的内部性也是前象征性的(pre-symbolic),是普遍的深度地方经验,它同文化界定的地方意义没有关系。事实上,这就是"存在的内部性",它是指作为存在中心的、不自觉的、本真的地方经验。其次,地方经验的第二个层次也是本真的与不自觉的,但是这种经验就不再是个体化的了,而是集体的,由文化塑造出来的,其中蕴含着不自觉地深度参与到地方之中的符号,实现了地方的象征意义。这种地方经验尤其关系着人在神圣场所里的神圣体验,还关系着"家"及其所在区域的世俗经验。在内部性的浅显层次上,还存在着一种自觉的本真地方感,它关系着刻意去欣赏一个地方意义的过程,但是该过程并没有被狭隘的社会知识、传统习俗和流行观念所浸染。那些心思敏感的、敞开胸怀的外部人士常常具有这样的地方体验,他们尝试理解地方本来具有的样子,比如,他们会去体会:对于当地居民而言,某个地方本身是怎样的,具有怎样的意义。这是一种极为重要的地方态度,它能为现代的本真地方建造开辟出可能性。与之相反的则是肤浅的内部性,它无法形成对一个地方的特征与意义的领悟,在某个地方里,人也只是肤浅地存在着而已。尽管我们每个人在造访这样的地方时,都可能具有这样的体验,原因在于我们对自身行为的关注往往是首位的,进而导致我们的注意力不会放在地方上面,然而,如果这样的地方体验成为了唯一的形式,那么就必然会导致人们忽视地方的本质,进而造成地方融入的彻底失败。由于这样的地方经验常常受到大众文化或冰冷技术的左右,它就会逐渐演变为最原初的也是唯一的环境经验了;进而,在这样的经验里,人就很难体验到地方的关怀与委身了,这就是人与地方之间的疏离状态。

不同层次的内部性呈现出不同形式的地方建造。存在的内部性所具有的深度状态源于地方建造的不自觉性，人刚好处在适合于自身的物质与文化的环境里，以及适合于自身的尺度与组织的内部，并能随着环境的变化而相应地变化，充分迎合了人类生存的意义。本真且自觉的内部性为地方提供了得以传达人性的可能性，尽管人朝着地方的融入是不完全的。就像拉波波特(1972, p. 3-3-10)所言："人对地方的建造等于为世界赋予了秩序"，因为该过程将世界区别为了一个个具有特质的中心，并且为人类的经验赋予了结构，此结构反映出并引导着人类的经验。该过程与附属的内部性没有多大关系，因为附属的内部性是人和地方的非委身关系(non-commitment)，它为概念化的原则和大众流行文化对一个地方的开发打开了方便之门，在其中，直接的经验形式不能发挥主导作用。简而言之，非委身关系下的内部性是无地方得以产生的基础。

## 8.2 无地方

环境中缺少了有意义的地方，这就是无地方的现象。在其中，人们的态度也缺少了对地方意义的理解。这种现象会在地方之中造成深远的影响，像失根，象征的消失，齐一化取代多样性，概念的秩序取代经验的秩序。而在最意味深长之处，这种现象会导致人类与地方普遍的疏离状态，这是不可逆转的。某些地方曾被人类视为家园。"那些失去了家园的人，将再也无法建造出自己的家园了"，里尔克如此写道，这同时也得到了海德格尔的印证:"无家可归成为了整个世界的命运"(以上两则均引自Pappenheim,1959,p.33)。在较为浅显的层次上,无地方意味着人类采取了哈维·科克斯(1968,p.424)所描述的一种态度,即"抽象几何式的地方观念,剥蚀了地方中属于人的意义",而无地方在景观上的体现则是史蒂芬·科尔兹(1973,p.23)所描述的约翰逊连锁餐厅:"没有什么事物是能够焕发出自我魅力的;这简直就是平淡无奇……。你看见了这些东西,也听见和体验到了它们。但是……你却什么也没有看到和体验到……"

作为一种自觉的态度,无地方显然是技术带来的后果,它奉行效率至上的原则。在技术的环境中,在跨国公司、中央政府和规划部门的操控下,地方成为了可交换之物,也是处在特定位置中的可被替代之物。同时,无地方作为不自觉的态度,它又同大众文化存在着密切的关系。它采取了流行的景观与地方观念,这些观念被所谓的专家制造出来,借助大众传媒传播到了普通百姓那里。这两种态度的产物正是齐一化、枯燥乏味、指向外部的媚俗之地。它们缺乏重要的象征意义,只是一些俗不可耐的标识和物品在功能层面上的展演而已,仅体现出了高效或低效。其后果则是在个体和整个文化的层面上腐蚀了地方的重要意义,同时,无个性特征的空间与可交换的环境随意取代了这个世界上的地方差异与意义。

## 8.3 不可避免的无地方

"我们目前所知的那些地方,只是用来满足我们在地图所绘制的空间里方便地穿行而已。它们只构成了我们当下生活的连续布景。我只记得一定的形式,但却很遗憾地忘记了特定的时刻、房屋、公路和人行道,唉,这些东西就像我们今天这个时代一样难以捉摸!"

由此,马塞尔·普鲁斯特(Marcel Proust,1970,p.288)带着怀旧的心绪谈到了对于现代人而言,地方变得如此无关紧要。哈维·科克斯(1968,p.423)相信,没有什么比"地方的连续感"对于人在现实世界里的感知和身份认同的本质来讲显得更为重要的了。正是地方的物质形态使得它们的意义变得轻忽而短暂起来。科克斯认为这是"当今时代最令人悲叹的一点",不论我们怎样悲叹、控诉和谴责,都丝毫不能阻止人与地方之间有意义的关系被摧毁掉。

雅克·埃吕尔认为,正是技术才造就了无可避免的无地方,技术是无地方的罪魁祸首之一。他写道(1964,p.436):"不管怎么说,科学家的态度都是很明确的。技术之所以存在,是因为它本身就是技术。黄金时代之所以会到来,是因为它本身就是黄金时代。其他的解释都是多余的。"换句话说,技术具有自身普遍的内驱力,我们无法借着技术以外的东西去思考技术,因为唯独靠着技术的语言我们才能言说技术,而唯一的可能结果就是无地方将会占据主导地位。但是,如果我们因为重要的地方消失而悲叹的话,这或许就是一种多愁善感了,我们至少还应该看到无地方的新地理现象能给大家带来的好处。就像乔治·格兰特所说的:"可以说,新的系统取代了旧的系统。神话、哲学和启示带来的迷人魅力被直接的和现实的意义所取代,新的意义提倡人的自由和平等,以及无限的机会。"然而,自由和平等又是在什么样意义上来理解的呢？为了掌控人类社会和自然界，就需要高效率地运用技术，这进一步需要高度发展起来的科技和集权的中央政府。劳奇（Louch，1966，p. 239）声称："对于一个完美的科技社会来讲，极权主义这个词还是显得有些太弱了，也缺乏效率。"亚历西斯·德·托克维尔（1945，vol. II，p. 337）写道："人类的意志不是被摧毁了，而是被弱化和扭曲了，也被限定了——这样的极权力量并非摧毁了人，而是将人捆绑和压制了起来，使其衰弱、令其麻木。"

如果说，托克维尔、格兰特和埃吕尔的观点是对的，而且也有很多工业文化景观的证据在支撑着他们的观点，那么，想要去对抗技术和中央权力这两个造成无地方的罪魁祸首将是不可能做得到的。尽管我们会发起抗议，表达哀叹，提出替代方案，但是我们去体验日常景观所具有的态度将会变得越来越趋近于无地方。

## 8.4 对地方中的生活世界展开设计

但是上述的悲观主义和宿命论也并非完全合理。因为无地方是我们唯一所知的地理现象，那么肯定就会出现一个无地方根本无法避免的时代。但既然像格兰特所言，目前这个时代依然存在"对剥夺本真性的暗中嘲讽"，那么就存在着其他不同的思考和行动的方式。大卫·布劳尔（David Brower，引自Gussow，1971?，p. 15）很明确现今我们该做的是什么："用来反抗这种无止境的对本真性的剥夺所能采用的最有力的武器就是……复苏人的地方感，以及由此引发的连锁反应。"但是布劳尔却没有说明如何实施反抗的具体步骤。尽管如此,地方依附的丧失和营造本真地方能力的衰弱确实助推了对本真性进行剥夺的过程。而地方依附和上述能力的重新培育确实是最为关键的步骤,由此,我们才能建造出值得人们重视的恒久的地方。此外,由于地方感本身是前科学的(prescientific),并且具有主体间性,那么在技术领域之外去实施上述措施则是可行的。

保持并复苏人的地方感并不在于保存那些陈旧的、古老的地方——这会造成博物馆化;也不在于人们自觉地去恢复传统地方营造的那些方法,因为这要求人们需要重新具备失落了的单纯。相反,人们必须去超越无地方。乔治·马斗里(Georges Matore,1966,p.6)曾说道:"不可避免的是,人类的行为将会变得越来越溃散,为了弥补此状况,应该让那些已经被人们的生活所占据的空间具有更多的整合性,并随着人们的生活经验变得丰富起来。"同样,哈维·科克斯(1968,p.424)也指出,同质空间里的每一个地方都可以彼此更换,而在同质空间之外,则有一种属于人的空间,在其中"空间是为了人而存在的,地方也是为了人而被赋予了特定的节奏、种类和方位"。这种对同质空间的超越不会凭空出现,而是要通过刻意努力并推进"世俗化"(secularisation)才能实现。所谓"世俗化"是一种与自觉的本真性相契合的态度。世俗化"拒绝远古的压迫,并且颠覆了愚昧的传统。它将人类的社会与文化重新还给人类,并对人自身的希望与能力不断提出期许"(Cox,1965,p.86)。如果说,我们面临的危险始终在于,新的正统模式所具有的短周期造成了无地方性,那么,只要我们能够承担起世俗化所赋予的责任,世俗化就能为地方的乐观态度提供真实的基础了。科克斯接着认为:

"一种世俗的文明不需要单色调与同质化。从多样性中产生出来的特征也不是听天由命的。就像世俗城市里的一切事物,多样性都是需要通过规划才能产生出来的。"

想要为地方赋予多样性,并为人类自身提供方位、节奏与认同,并不是一件可以轻易达成的任务。它牵涉着奈恩(1965,p.93)所说的"极其美好的设想",即"每一个地方都是独特的,每一处场所都因其自身的优点而被设计出来,而看起来相似的地方都会完全采取不同的方法来设计"。但该观点也并不是说人类的地方建造是混乱不堪的,而是说,地方自身所拥有的秩序都应当来自人类自身的重要经验,而不是从武断的抽象概念中得来,比如,规划图纸。也就是说,自觉且本真的地方建造并不是如同编程一般的过程。就像克里斯托夫·亚历山大研发出来的一种方法,这种方法主要是将一整套环境里的事物和行动分解成原子式的状态,然后按照设计方案再把它们重新建构起来,这的确有助于改进当下的设计理念,并使得设计能够更好地迎合当地的状况;同时,戈登·卡伦(1971)分析乡村景观视觉经验结构时所采用的方法,对提高景观的外观品质而言也有很大的潜力。但是他们的这些方法要么太过于正式,要么太被局限在了严格的指定范围内,或者他们把经验和意义都视为了可以被操控的变量。

我们所需要的并不是一套精确的数学程序,该程序只会将我们的生活环境视作一台大机器,反而会让人们无法理解自己的环境了。我们需要的是一套能对每日的生活世界展开设计的方法,同时,它能立足于独特的人类经验去设计生活世界。这完全是一种自觉的方法,却能创造出一种适合于人类自身的环境。

同时,该方法还能承担起地方性的意义和经验所具有的结构,迎合特定的情境和地方意义的不同层面,并能从地方的存在意义当中攫取灵感,满足人们对某个地方的深度依附,实现海德格尔(Vycinas,1961)所说的栖居的本体论原则。这样的方法的确不能为我们提供一套精确的解决措施去应对清晰界定出来的问题。但是,从对某个地方、特定行动与当地情况的鉴赏中衍生出来的此方法,却能勾画出主体的方向性和存在的可能性,由此使得个体与群体都能够营造出属于自己的地方,也能通过改良和栖居的过程来为地方赋予本真性的意义。

大卫·布劳尔(引自 Gussow,1971?,p.15)曾写道:"我们所扎根的地方是我们安宁的源泉,体现在当一切事物都能安适其位的时候,这个地方所具有的光线、声音和感觉体现出来的味道。"人的扎根不可能被设计出来,我们也无法保证所有的事物都能安适其位,但我们却可以创造出一些条件,让人在一个地方的根性和对地方的关怀被培育起来。这不是一个简简单单的任务,事实上,我们如何去实现这一富有感情的任务以营造出这种复杂的综合体,都是不明确的。但是,只要地方对于我们来说仍然是重要的,只要我们还在关心由于失根、流动的增强和无地方所带来的心理上和道德上的问题,那么,我们就必须要找到一种方法去自觉地、本真地营造出地方。除此之外,我们无路可走,我们要么掉头去庆祝无地方(non-place)的胜利,加入到它荣耀的队伍里,或者,我们默然地接受地方的平庸化,以及日常生活的地方被冰冷地清理掉。辛克莱尔·高迪(1969,p.182)曾写道:"人类越来越生存在难以忍受、遭受忽略的环境当中,令人愉悦的环境越来越少。"

## 8.5 结语

  与重要的地方产生连接是人类的一项深层次需要。如果我们忽略了此需要，任由无地方的力量随意肆虐，那么未来，人类将会生活在无关紧要的地方所构成的环境里。另一方面，如果我们选择去回应此需要，并努力超越无地方，那么属于人类自己的地方所营造出来的环境，将会反映并增强人类经验的多样性。这是最有可能实现的两种未来，是否还存在其他可能的未来呢？我们不得而知。但是有一点是很明确的，那就是，未来的地理现象到底是充斥着无地方性还是充满了有意义的地方，其责任仅在于我们自己。

# 参考文献

Abler R, Adams J S, Gould P R, 1971 *Spatial Organisation: The Geographer's View of the World* (Englewood Cliffs, N J: Prentice-Hall)
Alexander C, 1964 *Notes on the Synthesis of Form* (Cambridge, Mass: Harvard University Press)
Alexander C, 1966 "A city is not a tree" *Design* No. 206 47-55
Alexander C, Poyner B, 1970? "The atoms of environmental structure" Working Paper No. 42 Centre for Planning and Development Research, University of California, Berkeley
Allsopp B, 1970 *The Study of Architectural History* (London: Studio Vista)
Arnheim R, 1969 *Visual Thinking* (Berkeley: University of California Press)
Ashby W R, 1965 *Design for a Brain* (London: Chapman and Hall)
Bachelard G, 1969 *The Poetics of Space* (Boston: Beacon Press)
Banham R, 1973 *Los Angeles: The Architecture of Four Ecologies* (Harmondsworth: Penguin)
Bartels D, 1973 "Between theory and metatheory" in *Directions in Geography* Ed R J Chorley (London: Methuen)
Barthes R, 1972 *Mythologies* (London: Jonathan Cape)
Benevolo L, 1967 *The Origins of Modern Town Planning* (Cambridge, Mass: MIT Press)
Berg J H van der, 1965 "The subject and his landscape" in *The Age of Complexity* Ed H Kohl (New York: Mentor Books)
Berger P L, 1971 *A Rumour of Angels* (Harmondsworth: Pelican Books)
Berger P L, Luckmann T, 1967 *The Social Construction of Reality* (Garden City, N Y: Doubleday)
Berger P L, Berger B, Kellner H, 1973 *The Homeless Mind* (New York: Random House)
Berndt R M, Berndt C H, 1970 *Man, Land and Myth in North Australia* (East Lansing: Michigan State University Press)
"Biblelands ...", 1972 "Biblelands project to be developed in Southeast Ohio" *New York Times* Sunday December 17 1972, Section 1, p 27
Blake P, 1964 *God's Own Junkyard* (New York: Holt, Rinehart and Winston)
Blythe R, 1969 *Akenfield* (Harmondsworth: Penguin Books)
Bollnow O, 1967 "Lived space" in *Readings in Existential Phenomenology* Eds N Lawrence, D O'Connor (Englewood Cliffs, N J: Prentice-Hall)
Boulding K, 1961 *The Image* (Ann Arbor: University of Michigan Press)
Brett L, 1965 *Landscape in Distress* (London: The Architectural Press)
Brett L, 1970 *Parameters and Images* (London: Weidenfeld and Nicolson)
Briggs A, 1968 "A sense of place" in *The Fitness of Man's Environment* Smithsonian Annual II (New York: Harper and Row)
Buber M, 1958 *I and Thou* (New York: Charles Scribner's Sons)
Bunge W, 1962 *Theoretical Geography* Lund Studies in Geography, Series C, No. 1, Department of Geography, Royal University of Lund, Sweden
Burton R, 1932 *Anatomy of Melancholy* (London: Dent)
Camus A, 1955 *The Myth of Sisyphus* (New York: Vintage Books)
Camus A, 1959 *Noces suivi de l'Eté* (Paris: Editions Gallimard)
Cassirer E, 1970 *An Essay on Man* (Toronto: Bantam Books)
Chardin T de, 1955 *The Phenomenon of Man* (London: Collins)
Choay F, 1969 "Urbanism and semiology" in *Meaning in Architecture* Eds C Jencks, G Baird (London: The Cresset Press)
Chomsky N, 1969 *American Power and the New Mandarins* (New York: Pantheon Books)
Clark K, 1969 *Civilisation* (London: British Broadcasting Corporation)

Clay G, 1973 *Close-Up: How to Read the American City* (London: Pall Mall)
Cobb E, 1970 "The ecology of imagination in childhood" in *The Subversive Science* Eds P Shepard, D McKinley (Boston: Houghton Mifflin)
Coles R, 1970 *Uprooted Children* (New York: Harper and Row)
Coles R, 1972 *Migrants, Sharecroppers, Mountaineers* (Boston: Little Brown)
Coles R, Erikson J, 1971 *The Middle Americans* (Boston: Little Brown)
Cox H, 1965 *The Secular City* (Toronto: Macmillan)
Cox H, 1968 "The restoration of a sense of place" *Ekistics* 25 422-424
Crosby T, 1973 *How to Play the Environment Game* (Harmondsworth: Penguin)
Cross M, (Ed) 1970 *The Frontier Thesis and the Canadas* (Toronto: Copp Clark)
Cullen G, 1971 *The Concise Townscape* (London: The Architectural Press)
Dardel E, 1952 *L'Homme et La Terre: Nature de Realité Géographique* (Paris: Presses Universitaires de France)
Donat J, (Ed) 1967 *World Architecture 4* (London: Studio Vista)
Doob L, 1964 *Patriotism and Nationalism* (New Haven: Yale University Press)
Dubos R, 1972 *A God Within* (New York: Charles Scribner's Sons)
Durrell L, 1969 *The Spirit of Place* (New York: Dutton)
Eckbo G, 1969 "The landscape of tourism" *Landscape* 18 (2) 29-31
Eliade M, 1959 *The Sacred and the Profane* (New York: Harcourt, Brace and World)
Eliade M, 1961 *Images and Symbols* (London: Harrill Press)
Ellul J, 1967 *The Technological Society* (New York: Random House)
Erikson E, 1959 "Identity and the life-cycle" *Psychological Issues* 1 (1)
Ewald W R, (Ed) 1967 *Environment and Man* (Bloomington: Indiana University Press)
*Explore Canada*, 1974 (Montreal: Reader's Digest-Canadian Automobile Association)
Eyck A van, 1969 "A miracle of moderation" in *Meaning in Architecture* Eds C Jencks G Baird (London: The Cresset Press)
Ferritti F, 1973 "A few words on Disney World: bad adjectives, good verb-enjoy" *New York Times* Sunday February 11 1973, Section 10, pp 4 and 19
Fitzgerald F, 1974 "Vietnam: Reconciliation" *Atlantic Monthly* June pp 16-27
Fowler W W, 1971 *The Religious Experience of the Roman People* (New York: Cooper Square Publishers)
Fried M, 1963 "Grieving for a lost home" in *The Urban Condition* Ed L J Duhl (New York: Basic Books)
Galbraith J K, 1967 *The New Industrial State* (Toronto: New American Library of Canada)
Gauldie S, 1969 *Architecture: The Appreciation of the Arts* I (London: Oxford University Press)
Giedion S, 1963 *Space, Time and Architecture* (Cambridge, Mass: Harvard University Press)
Goodman R, 1971 *After the Planners* (New York: Simon and Schuster)
Grant G, 1969 *Technology and Empire* (Toronto: Anansi)
Greer G G, 1974 "Super colossal amusement parks: America's 15 best" *Better Homes and Gardens* August pp 95-100
Grene M, 1965 *Approaches to a Philosophical Biology* (New York: Basic Books)
Grigson G, 1972 "The writer and his territory" in a Sense of Place *The Times (London) Literary Supplement* July 28
Gropius W, 1943 *Scope of Total Architecture* (New York: Harper and Row)
Gurvitch G, 1971 *The Social Frameworks of Knowledge* (Oxford: Blackwell)
Gussow A, 1971? *A Sense of Place* (San Francisco: Friends of the Earth)
Haag E van den, 1962 "Of happiness and despair we have no measure" in *Man Alone* Eds E Josephson, M Josephson (New York: Dell)
Hallowell I, 1955 *Culture and Experience* (Philadelphia: University of Pennsylvania Press)

Hampton W, 1970 *Community and Democracy* (London: Oxford University Press)
Handlin O, 1951 *The Uprooted* (Boston: Little Brown)
Hartshorne R, 1959 *Perspectives on the Nature of Geography* (Chicago: Rand McNally)
Hawkes J, 1951 *A Land* (London: The Cresset Press)
Hawkins D, 1964 *The Language of Nature* (Garden City, N Y: Doubleday)
Heidegger M, 1958 "An ontological consideration of place" in *The Question of Being* (New York: Twayne Publishers)
Heidegger M, 1962 *Being and Time* (New York: Harper and Row)
Heidegger M, 1969 *Identity and Difference* (New York: Harper and Row)
Heidegger M, 1971 *Poetry, Language, Thought* (New York: Harper and Row)
Henderson G, 1968 *Chartres* (Harmondsworth: Penguin Books)
Hoggart R, 1959 *The Uses of Literacy* (London: Chatto and Windus)
Husserl E, 1958 *Ideas* (London: George Allen and Unwin)
Hutchison B, 1943 *The Unknown Country: Canada and Her People* (Toronto: McClelland and Stewart)
Innis H, 1951 *The Bias of Communication* (Toronto: University of Toronto Press)
Jackson J B, 1970 "Other-directed architecture" in *Landscapes: Selected Writings of J B Jackson* Ed E H Zube (no place of publication given: University of Massachusetts Press)
Jackson J N, 1973 *The Canadian City* (Toronto: McGraw-Hill Ryerson)
James H, 1968 *The American Scene* (London: Rupert-Hart Davis)
James P, 1954 "Introduction" in *American Geography: Inventory and Prospect* Eds P E James, C F Jones (Syracuse, N Y: Syracuse University Press)
James W, 1899 "On a certain blindness in human beings" in *Talks to Teachers on Psychology* (London: Longmans, Green)
Jammer M, 1969 *Concepts of Space* (Cambridge, Mass: Harvard University Press)
Jencks C, 1971 *Architecture 2000: Predictions and Methods* (New York: Praeger)
Jencks C, 1973 *Modern Movements in Architecture* (Garden City, N Y: Doubleday)
Kepes G, 1956 *The New Landscape in Art and Science* (Chicago: Paul Theobald)
Kepes G, (Ed) 1965 *Structure in Art and Science* (New York: George Braziller)
Kierkegaard S, 1962 *The Present Age* (New York: Harper and Row)
Klapp O E, 1969 *Collective Search for Identity* (New York: Holt, Rinehart and Winston)
Kockelmans J J, 1966 *Phenomenology and Physical Science* (Pittsburgh: Duquesne University Press)
Kurtz S, 1973 *Wasteland: Building the American Dream* (New York: Praeger)
Lancaster O, 1959 *Here, of All Places* (London: John Murray)
Langer S, 1953 *Feeling and Form* (New York: Charles Scribner's Sons)
Lawrence D H, 1964 *Studies in Classic American Literature* (London: Heinemann)
Lefebvre H, 1971 *Everyday Life in the Modern World* (New York: Harper and Row)
Lévi-Strauss C, 1967 *Structural Anthropology* (Garden City, N Y: Doubleday)
Lévi-Strauss C, 1971 *Tristes Tropiques* (New York: Atheneum)
Libby S, 1975 "Visiting the iron age in Denmark" *The Toronto Star* January 11 p G1
Lifton R J, 1967 *Death in Life: Survivors of Hiroshima* (New York: Random House)
Lifton R, 1969 *Boundaries* (Toronto: CBC Publications)
Louch A R, 1966 *Explanation and Human Action* (Berkeley: University of California Press)
Lowenthal D, 1961 "Geography, experience and imagination: Towards a geographical epistemology" *Annals* (Association of American Geographers) 51 241-260
Lowenthal D, 1968 "The American scene" *Geographical Review* 58 (1) 61-88
Lowenthal D, 1970 "Recreation habits and values" in *Challenge for Survival* Ed P Dansereau (New York: Columbia University Press)

Lowenthal D, 1975 "Past time, present place: Landscape and memory" *Geographical Review* **65** (1) 1-36
Luijpen W A, 1966 *Phenomenology and Humanism* (Pittsburgh: Duquesne University Press)
Lukermann F, 1961 "The concept of location in classical geography" *Annals* (Association of American Geographers) **51** 194-210
Lukermann F, 1964 "Geography as a formal intellectual discipline and the way in which it contributes to human knowledge" *Canadian Geographer* **8** (4) 167-172
Lynch K, 1960 *The Image of the City* (Cambridge, Mass: MIT Press)
Lynch K, 1972 *What Time Is This Place?* (Cambridge, Mass: MIT Press)
Lyndon D et al, 1962 "Towards making places" *Landscape* **12** (3) 31-41
Maki F, Ohtaka M, 1965 "Some thoughts on collective form" in *Structure Art and Science* Ed G Kepes (New York: George Braziller)
Malinowski B, 1935 *Coral Gardens and Their Magic* Volume 1 (London: George Allen and Unwin)
Mann T, n.d. *The Magic Mountain* (New York: Random House)
Marinetti F T, 1972 *Selected Writings* Eds R W Flint, A A Copotelli (New York: Farrar, Straus and Giroux)
Maslow A H, 1968 *Towards a Psychology of Being* (New York: Van Nostrand Reinhold)
Matoré G, 1962 *L'Espace Humain* (Paris: La Columbe)
Matoré G, 1966 "Existential space" *Landscape* **15** (3) 5-6
May J A, 1970 *Kant's Concept of Geography* University of Toronto, Department of Geography, Research Publication No. 4
McCann W H, 1941 "Nostalgia: A review of the literature" *Psychological Bulletin* **38** 165-182
McCluhan M H, 1964 *Understanding Media* (Toronto: New American Library of Canada)
Merleau-Ponty M, 1962 *The Phenomenology of Perception* (London: Routledge and Kegan Paul)
Merleau-Ponty M, 1967 *The Structure of Behaviour* (Boston: Beacon Press)
Miller H, 1947 *Remember to Remember* (Norfolk, Conn: New Direction Books)
Mills C W, 1956 *The Power Elite* (New York: Oxford University Press)
Minar D W, Greer S, (Eds) 1969 *The Concept of Community* (Chicago: Aldine)
Minkowski E, 1970 *Lived-Time* (Evanston: Northwestern University Press)
Mishan E J, 1967 *The Costs of Economic Growth* (London: Staples Press)
Moles A, 1971 *Le Kitsch* (Paris: Maison Mame)
Morrill R L, 1970 *The Spatial Organisation of Society* (Belmont, California: Wadsworth)
Mumford L, 1961 *The City in History* (New York: Harcourt, Brace and World)
Museum of Fine Arts, Boston, 1970 *Andrew Wyeth* (Boston: Museum of Fine Arts)
Nairn I, 1965 *The American Landscape* (New York: Random House)
Nash R, 1967 *Wilderness and the American Mind* (New Haven: Yale University Press)
National Academy of Science, 1965 *The Science of Geography* Report of the Ad Hoc Committee on Geography, National Academy of Science-National Research Council, Washington
Newcomb R, 1972 "The nostalgia index of historical landscapes of Denmark" in *International Geography*, Transactions of the International Geographical Union, Montreal **1** 441-443
New York Times, 1967 "Man and his world at Expo 67 Montreal" *Section 11 New York Times* April
Nietzsche F, 1955 *Beyond Good and Evil* (Chicago: Henry Regnery)
Norberg-Schulz C, 1965 *Intentions in Architecture* (Cambridge, Mass: MIT Press)

Norberg-Schulz C, 1969 "Meaning in architecture" in *Meaning in Architecture* Ed C Jencks (London: The Cresset Press)
Norberg-Schulz C, 1971 *Existence, Space and Architecture* (New York: Praeger)
Oakeshott M, 1962 *Rationalism in Politics* (London: Methuen)
Olson R G, 1962 *An Introduction to Existentialism* (New York: Dover)
Paassen C van, 1957 *The Classical Tradition of Geography* (Groningen: J B Wolters)
Pappenheim F, 1959 *The Alienation of Modern Man* (New York: Modern Reader Paperbacks)
Passmore J, 1968 *A Hundred Years of Philosophy* (Harmondsworth: Pelican Books)
Patton C P, Alexander C S, Kramer F L, 1970 *Physical Geography* (Belmont, California: Wadsworth)
Pawley M, 1971 *Architecture Versus Housing* (New York: Praeger)
Peckham M, 1965 *Man's Rage for Chaos* (Philadelphia: Chilton Books)
Piaget J, 1968 *Six Psychological Essays* (Ed D Elkind) (New York: Vintage Books)
Piaget J, 1971 *The Construction of Reality in the Child* (New York: Ballantine Books)
Portmann A, 1959 "The seeing eye" *Landscape* 9 14-21
Prince H, 1961 "The geographical imagination" *Landscape* 11 22-25
Proust M, 1970 *Swann's Way*, Part Two (London: Chatto and Windus)
Raglan Lord, 1964 *The Temple and the House* (London: Routledge and Kegan Paul)
Rapoport A, 1969 *House Form and Culture* (Englewood Cliffs, N J: Prentice-Hall)
Rapoport A, 1972 "Australian aborigines and the definition of place" *Environmental Design: Research and Practice* Ed W J Mitchell, Volume 1, Proceedings of the 3rd EDRA Conference, Los Angeles, pp 3-3-1 to 3-3-14
Rasmussen S E, 1964 *Experiencing Architecture* (Cambridge, Mass: MIT Press)
Rudofsky B, 1964 *Architecture without Architects* (Garden City, N Y: Doubleday)
Rudofsky B, 1969 *Streets for People* (Garden City, N Y: Doubleday)
Ruskin J, n.d. *The Seven Lamps of Architecture* (New York: E R Dumont)
Sandford J, Law R, 1967 *Synthetic Fun* (Harmondsworth: Penguin Books)
St Exupery A de, 1940 *Wind, Sand and Stars* (New York: Harcourt, Brace and World)
St Exupery A de, 1943 *The Little Prince* (New York: Harcourt, Brace and World)
St Lawrence Parks Commission, n.d. Upper Canada Village (tourist brochure)
Sartre J-P, 1948 *L'Etre et le Néant* (Paris: Gallimard)
Sauer C, 1963 "The morphology of landscape" in *Land and Life: A Selection from the Writings of Carl Ortwin Sauer* Ed J Leighly (Berkeley: University of California Press)
Schütz A, 1962 *Collected Papers* Volumes I and II (The Hague: Martinus Nijhoff)
Schütz A, 1967 "Phenomenology and the social sciences" in *Phenomenology: The Philosophy of Edmund Husserl* Ed J J Kockelmans (Garden City, N Y: Doubleday)
Scott G, 1961 *The Architecture of Humanism* (London: Methuen)
Scully V, 1962 *The Earth, The Temple and The Gods: Greek Sacred Architecture* (New Haven: Yale University Press)
Seeley J R, Sim R A, Loosley E W, 1956 *Crestwood Heights* (Toronto: University of Toronto Press)
Shepard P, 1967 *Man in the Landscape* (New York: Ballantine Books)
Sissman L E, 1971 "The bus-line in the sky and other expensive indignities" *Atlantic Monthly* September pp 34-35
Snow J T, 1967 "The New Road in the United States" *Landscape* 17 13-16
Spiegelberg H, 1965 "The essentials of the phenomenological method" off print of Chapter XIV *The Phenomenological Movement* (The Hague: Martinus Nijhoff)
Spivak M, 1973 "Archetypal place" in *Environmental Design Research* Ed F E Preiser Proceedings of 4th EDRA Conference (Stroudsberg, Pa: Dowden, Hutchinson and Ross)
Stegner W, 1962 *Wolf-Willow* (New York: The Viking Press)

Steinbeck J, 1969 *The Grapes of Wrath* (New York: Bantam)
Strabo, 1917-1932 *The Geography of Strabo* translated by R L Jones (London: Heinemann)
Strasser S, 1967 "Phenomenology and the human sciences" in *Phenomenology: The Philosophy of Edmund Husserl* Ed J J Kockelmans (Garden City, N Y: Doubleday)
Swinburne R, 1968 *Space and Time* (London: Macmillan)
Taylor N, 1973 *The Village in the City* (London: Temple Smith)
Tillich P, 1958 in *Four Existentialist Theologians* Ed W Herberg (Garden City, N Y: Doubleday)
Tocqueville A de, 1945 *Democracy in America* Volume II (New York: Vintage Books)
Toffer A, 1970 *Future Shock* (New York: Bantam)
Trilling L, 1971 *Sincerity and Authenticity* (Cambridge, Mass: Harvard University Press)
Tuan Yi-fu, 1961 "Topophilia—or sudden encounter with landscape" *Landscape* 11 29-32
Tuan Yi-fu, 1969 *China* (Chicago: Aldine)
Tuan Yi-fu, 1971 "Geography, phenomenology and the study of human nature" *Canadian Geographer* 25 181-192
Tuan Yi-fu, 1974 *Topophilia* (Englewood Cliffs, N J: Prentice-Hall)
Tuan Yi-fu, 1975 "Space and place: Humanistic perspective" in *Progress in Geography* Volume 6 (London: Edward Arnold)
Turnbull C M, 1965 *Wayward Servants* (Garden City, N Y: Natural History Press)
Tymieniecka A-T, 1962 *Phenomenology and Science in Contemporary European Thought* (no place of publication given: Noonday Press)
Venturi R, 1966 *Complexity and Contradiction in Architecture* Museum of Modern Art Papers on Architecture 1 (New York: Museum of Modern Art)
Venturi R, Brown D S, 1972 *Learning from Las Vegas* (Cambridge, Mass: MIT Press)
Vidal de la Blache P, 1913 "Des caractères distinctifs de la géographie" *Annales de Géographie* 22 289-299
Vycinas V, 1961 *Earth and Gods* (The Hague: Martinus Nijhoff)
Wagner P L, 1972 *Environments and Peoples* (Englewood Cliffs N J: Prentice-Hall)
Webber M M, 1964 "The urban place and the nonplace urban realm" in *Explorations into Urban Structure* Ed M M Webber (Philadelphia: University of Pennsylvania Press)
Weil S, 1955 *The Need for Roots* (Boston: Beacon Press)
Whitman W, 1959 "Years of the Modern" in *Complete Poetry and Selected Prose* Ed J E Miller (Cambridge, Mass: The Riverside Press)
Whittlesey D, 1935 "The impress of effective central authority upon the landscape" *Annals* (Association of American Geographers) 25 (2) 85-97
Wild J, 1955 *The Challenge of Existentialism* (Bloomington: Indiana University Press)
Wild J, 1959 "Man and his lived-world" in *For Roman Ingarden* (The Hague: Martinus Nijhoff)
Wingo L, (Ed), 1963 *Cities and Space* (Baltimore: Johns Hopkins University Press)
Wright A T, 1942 *Islandia* (New York: Signet Books)
Wright J K, 1947 "Terrae Incognitae: The place of imagination in geography" *Annals* (Association of American Geographers) 37 1-15
Young I, 1969 "Cold comfort" in *Notes from a Native Land* Ed A Wainwright (Ottawa: Oberon Press)
Zelinsky W, 1973 *The Cultural Geography of the United States* (Englewood Cliffs, NJ: Prentice Hall)

# 索 引

（数字系英文原版页码，在本书中为边码）

## A

Abbau 地方的摧毁 114

Absurdity 荒诞 127

Architecture 建筑 24，35，73，77-78，92-93，126，134

Aristotle 亚里士多德 24

Assimilation/accommodation 同化/适应 59-60

Australian Aborigines 澳大利亚土著 14-15，65

Authenticity 本真性 64，67，71，80，117，145-146

## B

Bachelard G 加斯东·巴什拉 11，20，49

Barthes R 罗兰·巴特 85，129-130，137-139

## C

Camus A 阿尔伯特·加缪 11，37，46-47，114，127

Care 操心 18，37-39，142

Central authority 中央集权 114-115，144

Centres (of existence)（存在的）中心 11，15-16，18，21-22，39，42-43，49-50，142

Chartres 沙特尔 73

Community 社区 33-36，57-58

Consciousness (see also experience) 意识（还可见于经验）6，34，42-43，124

Corporations 企业 35，109-114，134

Cox H 哈维·科克斯 40，63，65，68，143，144-145

Cullen G 戈登·卡伦 18，35，50，52，53-54，79，146

## D

Dardel E 埃里克·达代尔 5, 10-11, 16, 41, 48, 128
Dasein 此在 64
Design process 设计过程 67-68, 145-146
Disneyfication 迪士尼化 95-101, 128
Distinctiveness 独特性 i, 31, 44-45, 48, 68, 134, 139
Diversity 多样性 i, 46, 117, 145-146
Dubos R 勒内·杜博斯 30-31, 37, 48
Dwelling 栖居 17-18, 28, 39, 146

## E

Economic system 经济体系 115-117
Eliade M 米尔恰·伊利亚德 15-16, 18, 49
Ellul J 雅各·埃吕尔 81, 115-116
Everyday life 每日生活 6, 29, 39, 41, 131-132
Existence 存在 5, 17-18, 39-41, 43
Experience 经验 ii, 4-7, 10-11, 15-16, 36, 47, 50, 64, 66, 136, 140-141

## F

Fixes 成见 122

Flatscape 平面的景观 79, 117
Functional circle 功能循环/功能圈 8, 48
Futurization 未来化 103-105

## G

Gauldie S 辛克莱尔·高迪 1, 22, 23, 60, 65-66, 77-78, 83, 147
Genius Loci 场所精神 48, 66
Geography 地理学 1-6, 11, 20, 34, 51, 58, 89, 131, 140, 141, 147

## H

Heidegger M 马丁·海德格尔 1, 5, 17-18, 28, 31, 38-39, 40, 45, 64, 78, 143, 146
Home 家 9, 20, 31, 33, 39-40, 55, 77, 82-83, 143
Howard Johnson's 约翰逊连锁餐厅 112, 114, 143

## I

Identity ( of places and landscapes )（地方与景观的）认同 24, 28, 31, 33, 41, 44-62, 65-66, 133, 134

Images 意象 18-20,56
　　consensus 舆论认同 58-59
　　group or community 群体或社区 57-58
individual 个体 56-57
　　mass 大众 57
　　public 公众 58
Inauthenticity 非本真性 78-82,133
Insideness 内部性 35,49,65,142
　　behavioural 行为的 53-54
　　empathetic 移情的 54-55,60
　　existential 存在的 55-56,60,62
incidental 附属的 51
　　vicarious 替代的 52-53
Intentionality 意向性 10,12,16,28, 31,42-43,47,50,66,123
intersubjectivity 主体间性 9,12,21, 44,45,57
I-Thou,I-You 我—汝,我—你 65-66, 73,78

## J

Jackson J B J. B. 杰克逊 93,126,131

## K

Kierkegaard S 克尔凯郭尔 125-126
Kitsch 媚俗 82,90,95

## L

Landscape 景观 5,11,15,17,20,30- 31,33-34,36,42,48,79,90, 105,122
　　absurd 荒诞的 127-128
　　everyday 日常 131-133
　　present-day 今日 122-125
　　protean 多变的 133-135
　　rational 理性的 125-127,133
　　simple 简单的 135-137
　　theoretical 理论的 116
Lefebvre H 亨利·列斐伏尔 41-42, 126,129,131
Lifton R J R.J.利夫顿 40,109,127, 131,133
Lived-world 生活世界 i6,12,43
Location 位置/区位 3-5,24,29-30, 37,46,51
Lynch K 凯文·林奇 18,35,45,71

## M

Marcel G 加布里埃尔·马塞尔 43,49
Mass 大众
　　culture 文化 57,68,80-81,92,114
　　media 传媒 58,60,90-92,134,143

Meaning(see Significance) 意义
Mobility 流动性 29-30, 83, 135
Museumisation 博物馆化 101-103, 145
Myths 迷思 137-139

**N**

New towns 新建的市镇 126
Non-place urban realm 都市地区无地方性 52, 120
Norberg-Schulz C 诺伯-舒茨 1, 20, 22, 25-26, 42, 49, 67, 79, 124

**O**

Ontario Place 安大略省游乐宫 104, 105, 136-137
Other-directedness 外部指向性 93, 109
Outsideness 外部性 31, 49
 existential 存在性的 51, 60, 62
 incidental 附属的 52
 objective 主观的 51-52

**P**

Paths 道路 10, 20-21
Phenomenology 现象学 ii, 4-7

Place 地方 i, 1-6, 9, 11-12, 20-30, 42, 53, 78, 141-143
 and community 与社区 33-36
 and landscape 与景观 30-31
 and location 与位置 29-30
 and time 与时间 31-33
 drudgery of 痛苦 41
 essence of 意义 42-43
 private 私有的 36-37
 public 公共的 34-38
Placelessness 无地方性 ii6, 30, 63, 71, 79, 90, 122, 139, 143
Place-making 地方建造 67-78, 142-147
Place names 地名 16-17
Placeness 地方性 35
Planning 规划 i22-23, 52, 81, 87-89, 109, 126, 136
Pornscape 色情景观 95
Primitive cultures 原始的文化 9, 12, 60, 65, 68, 83
Proteanism 多变性 133-134
Pseudo-places 虚假的地方 58, 93

**R**

Rationalism 理性主义 125-126
Renaissance 文艺复兴 22-23, 35,

73-75

Rootedness (roots) 扎根 18, 37-39, 41, 76, 146

## S

Schutz A 阿尔弗雷德·舒茨 6, 10, 12, 20

Seeing 体会 54

Selective-vision 选择性视觉 123-124

Selfconsiousness 自觉 9-10, 18, 24, 51, 64, 67, 71, 82, 145-146

Sense of place 地方感 2, 31, 48-49, 52-53, 63-78, 82, 103, 117, 145

Significance 意义 10, 17, 18, 20, 42, 137-139, 140

Sincerity 真实 63-64

SLOIP 规划中剩余的空间 23, 108

Space 空间 3, 5, 8-28, 81, 87
 abstract 抽象 25-26
 architectural 建筑的 22-24, 30
 cognitive 认知的 24-25
 Euclidean 欧几里得式的 24-25
 existential or lived 存在的或者生活的 12-22
 geographical 地理的 16-22, 120
 mental 精神的 49-50
 perceptual 知觉的 9-12

planning 规划 22-24

pragmatic 实用的 8-9

primitive 原始的 8-9

profane 世俗的 12-13

sacred 神圣的 12-13, 15-16, 65

structure of 结构 9-10, 18-22, 50

Sparing 让事物以它本来的样子存在 18, 38-39, 146

Spirit of place (see also sense of place) 地方的精神(还可见地方感) 31, 48-49

Standardisation (see uniformity) 标准化(见统一性)

Subtopia 乡村都市化 105-106

Suburbia 郊区 18, 71, 92, 105, 123, 126, 132, 134, 136

Symbols 符号 137

## T

Taliesin West 西塔利耶森 77-78

Technique 技术 81, 87-89, 115, 117, 143-144

Time 时间 31-33

Topophilia 恋地情结 37-123

Toronto 多伦多 108, 113, 119, 128, 134, 136-137

Tourism 旅游业 59, 83-87, 92, 93

Townscape 城镇景观 17,53
Tradition 传统 32-33
Trobriand Islands 特罗布里安群岛 12-14
Tuan Y-F 段义孚 2,3,5,9,11,37,54,137

## U

Uniformity 一统化 15,18,79,92,109,114-116,132,134-135,143
Uniqueness 独特性 3,44,48-49,54,56,61
Unselfconsciousness 不自觉性 6,8-9,12,18,60,64-65,68,82

## V

Venturi R 罗伯特·文丘里 131-133,136

## W

Wagner P 瓦格纳 34,44,92

# 译 后 记

关于人本主义地理学，国内地理学界已对其展开了较为丰富的阐述，但仍缺乏对其整体思想脉络进行清晰的梳理，部分原因在于对该领域经典著作引介与翻译工作的不足，这或许会造成国内地理学在此领域里的理论积淀不够深厚，也会影响专业教学过程中的知识传承。而在中国，任何一门从西方引进的人文、社会学科在理论上的沉淀都离不开对其经典著作的大量译介。我们无法想象在没有康德三大批判理论著作译介工作的前提下，中国的西方哲学研究会是何种状况；也无法想象，若没有胡塞尔与海德格尔汉译著作的出现，以及地理学前辈们在翻译工作上的辛勤付出，中国地理学能否依旧在人本主义地理学理解的道路上取得如此迅速的进展。在此，本人为能参与商务印书馆策划的这本著作的翻译工作，深感荣幸！

《地方与无地方》初版于1976年，被普遍视为加拿大地理学家爱德华·雷尔夫最重要的著作，也是他在多伦多大学读博士期间毕业论文的修订版。在2008年，这本书重印的时候雷尔夫新增了一篇序言。本译著是按照重印后的版本进行翻译的。

地理学家大卫·西蒙（David Seamon）认为《地方与无地方》是人本主义地理学鼎盛时期（1970年至1978年）最重要的十部文献之一，在地理学学术文献及其他学科领域里被广泛引用。根据科学、社会学、艺术与人文学引文索引显示，这本书从1977

年到 2005 年已经在学术类杂志上被引用了 357 次;而在其出版的头十年里,年均引用率达到了 12 次,之后逐年上升,在 2004 年达到了 36 次;自 1989 年以来,地理学者引用此书为 142 次,环境研究为 118 次,心理学 43 次,社会学 42 次,城市研究 30 次,规划学 21 次,健康学 10 次,以及人类学为 9 次(David Seamon 和 Jacob Sowers 语),足见这本书的学术分量与影响力。

这本书之所以如此重要,在于它立足于现象学的方法论,首次对地方展开了详细且系统的结构式分析,由此成为了"地方研究"(place studies)领域里开山鼻祖式的经典文本。

雷尔夫在这本书的开篇之处就强调,他所采用的研究方法是现象学,目的是为了弥补科学实证视野下,世界被简化为单一结构或模型的不足,要从"经验",即人类的生存论角度入手去探索地方的意义。如此,笔者想借用撰写后记之机,来谈一谈这本书的核心思想与现象学之间的关联。

这本书所采用的现象学基础并非胡塞尔的先验现象学,而是海德格尔的存在主义或"解释学现象学"。落实到地方的分析上,则体现为对地方"本真"问题的探讨,并以此为基础分析了"非本真的地方",即"无地方"的特征与机制。雷尔夫进一步把"本真的地方"纳入到了地方的内部,把"无地方"纳入到了地方的外部,展开了地方内与外的结构式分析,由此构成了这本书的主要脉络。后面,我将着重从"何为本真的地方""地方的内部与外部"两个方面,尝试对这本书的现象学理论进行溯源式分析,以同读者分享自己精读此书后的所学所悟。

## 一、本真地方的实质

"本真"(Eigentlichkeit)是海德格尔存在主义哲学的核心术语,最早出现于海德格尔1927年的《存在与时间》,后来衍生出了"真理"(Wahrheit)的概念。它是雷尔夫思考地方意义最直接的出发点。

"本真"是从"此在"(人)那里孕育而出。"此在"是一切存在者中最为特殊的存在者,即唯有"此在"才具有朝向存在本身发问的特殊性。所以,对"此在"的考察成为通往理解存在的道路,也是通往理解何为"本真"(与真理)的道路。

"此在"与"地方"之间的关系是相辅相成的。在地理学家眼中,"地方"的特殊性不断被强调(David Seamon 和 Jacob Sowers 语),比如,地理学家爱德华·凯西(Edward Casey)在《回到地方之中》(Getting Back into Place)就曾言:一切事物都在地方之中,不存在没有地方的事物,因此地方在一切存在者之先。尽管海德格尔认为具有优先性的存在者是"此在",而地理学家认为是"地方",但这两种看似抵触的观点实则是相辅相成的,互为硬币的两面。因为在海德格尔那里,"此在""公开场""疏明之地"与"无蔽状态"其实都是一回事(陈嘉映语)。只要有此在存在,那么此在就必然会开辟出一片公开场或疏明之地。换言之,在存在主义的语境下,人与地方之间乃一而二、二而一的关系。世上不存在"无人之地"与"无地之人",人始终会自然而然地开辟出地方,并置身于地方,而客观上被视为无人的地方也融入了人的判断(看)在内。雷尔夫在本书"地方的本质"一节里指出"地方融入到了人类的意识与经验的意向性结构之中",

其含义正在于此。同时,雷尔夫谈到的地方与位置、景观、时间、社区之间的关系也都是在人的生存经验的演历过程中所展开的,放在海德格尔的语境下,乃是"此在"原始的直观与"素朴知觉",是在因缘整体中突出出来的原始领会;而非对象化的看与分析。以这样的人—地生存论关系为基础,我们就能适恰地理解何为"本真的地方"了。

"本真"是指"此在"本身原始性地展开,在展开中去蔽,实现成为他自己的自由生存状态。换言之,"本真"就是指人以其最真实的方式生存着,而对真实的保证在于人意识到自身的真正处境,不被虚假的意见所蒙蔽。海德格尔所认为的真实处境有两个最基本的要素,一个是"被抛",一个是"向死",即人一旦被抛到世界上,就开启了向死的生存演历,而对此真实处境的意识,是人本真性的保证。在后期海德格尔的哲学中,对本真生存状态的描述则呈现为天、地、神、人四者共居的状态。与"本真"相对的是"非真"(Unwahrheit),它是指一种遮蔽的状态,既源于意见所带来的"歪曲",也源于"奥秘"的原始掩蔽。故此,海德格尔的本真观体现出了去蔽的程度性问题。这种"程度视角"的存在主义似乎能让人想到存在主义之父克尔凯郭尔的人生三阶段论。换言之,靠近本真,即为人对存在者的认识以其本身所具有的真实状态不断进行去蔽,并使其澄明的过程;而远离本真则是人以歪曲的方式呈现存在者,该呈现的过程反而将存在者本有的状态不断掩蔽了起来。这种"程度的"本真观是雷尔夫的地方之"内部"与"外部"思想的重要来源。

在《存在与时间》里,"此在在在真理中"这句话可以理解为:人(此在)在其本真的展开状态中,有着最原始的真理现象(陈嘉映语）。人原本的生存演历是本真的,开辟出的疏明之地固然也是本真的,这就是本真地方最为本质的特征。换言之,人原始的生存开展和演历即为本真的地方。所谓人原始的生存开展,是指人在不经过反思的情况下,以其最原本的状态——也是最纯粹地以自身生长于其中的历史土壤为根基——对世界所展开的操心与关注。雷尔夫在"本真性与地方"一节中谈道:"一个极端的情况是,人们通过非自觉的设计传统完全诉说出一种文化,并且在自觉的层面上诉说人类所处的条件和人自身的本性,这很好地体现在了古希腊的建筑里。"这里所谈到的其实就是一种最纯然的本真状态。我们似乎能从中窥视到海德格尔之"解释学现象学"对雷尔夫的影响:非自觉的设计是人对其自身历史性的原始领会,而自觉层面的述说乃是一种分有了原始性的"解释"。同时,海德格尔在《艺术作品的本源》里亦表达出希腊建筑的本质特征,即,希腊建筑顺应了人对自然地形与神灵的原始领会,并在建筑设计中将此领会诠释了出来。针对希腊建筑的此观点,也出现在了存在主义于建筑学的后继者诺伯-舒茨那里。因此,雷尔夫对此二人思想的回应与继承是极其明显的。

希腊建筑很典型地代表了天、地、神、人四者共居的本真生存状态。人在对这一生存境域的原始领会——诗意地栖居——中就实现并践行出了真理。然而,人能说出这真理为何吗？海德格尔给出的答案又是否定的,因为在一个本真的地方内部,存在着"奥秘",它将自身原始地掩蔽了起来。但海德格尔同时认为,正是因着奥秘的掩蔽才把本真(与真理)公开地澄明了出来。为了对这一原始的掩蔽进行解释,他在《艺术作品的本源》

中,推出了"大地"(Erde)的概念。"大地"厚载万物,但同时又把万物隐匿在了自身之内:"它同时也照亮了人得以在其上和其中建立起栖居的根基。我们称之为大地。……大地是一切涌现者返身隐匿起来的涌现。在涌现者中,大地现身为庇护者。"正是因着大地才实现了奥秘的原始掩蔽:"因与神圣近乎一致,它是万物之母,和隐蔽者(承受深渊者)"(荷尔德林语)。海德格尔认为大地因承受而位于深渊之下,故而是"隐蔽者"。所以,在本真的地方内部,因奥秘的原始掩蔽性,人的生存与地方之间最本真的关系就是一种不自觉的领会,以此关系为奠基才出现了自觉的地方设计过程。可见,在本真的生存状态中,不自觉的领会乃是自觉之设计的基础。比如,诺伯-舒茨就指出,希腊人对一个地方氛围与神性的不自觉领会,才造就了希腊建筑这一本真的艺术作品被设计出来。一美国建筑史家在解读希腊神庙后说道:"当时人建造神庙于某地,并非如我们汉语语境中理解的那般,造一座寺庙为民祈福、为城添景或是提升地望;也不是这里出过怎样的英灵、圣贤,为立神祠,庇佑一方。希腊人建造神庙,通俗地说,都先是此地有合于该神的气场。如果春阳煦煦,海风徐徐,那么必定不是波塞冬;如果山峡阴鸷,必定没有阿波罗。"①

这样,我们就能明白,人越靠近一个本真地方的内部,就越不自觉,就越能领会到原始的掩蔽性,也越处于本真之中;但相反,人越位于地方的外部,越自觉地把原始的掩蔽性拆解为理性

---

① 引号的内容转载于知乎 https://www.zhihu.com/question/22012558/answer/23902819。

与逻辑关照下的展露无遗，就越是肤浅，越处于非真的状态。这便是雷尔夫地方之内部与外部思想的来源。

**二、地方的内部与外部**

地方的内部与外部并非几何式的结构，而是生存论上的结构。就像海德格尔对此在的生存论结构展开分析一般，雷尔夫也对地方的生存论结构展开了剖析，由此自然而然地实现了现象学朝地理学的嫁接。

如上文所述，人（此在）一开始就具有一个"前"发生境域，之所以是"前"，原因在于这个境域是非对象化的，是不经个人反思、非自觉的，人在这个境域的结构里头，已经对世界有所领会了。如果我们采用意向性的"晕圈"结构来解释此领会的境域则是十分形象的，它是一种从中心向四周逐渐扩散，最终隐没在四围背景里的结构。这样，我们每个人就都始终携带着一个以自我为中心的生存场生存着，所以雷尔夫才说道："……我们每个人都在一定程度上成为了某种精神空间的中心，被编织在了一个同心圆的区域内，从内到外，人的利益与依附性都在不断降低……当我们四处移动的时候，我们又总是以自我为中心地携带着这样的区域，我们总是位于我们知觉空间的中央；也正因此，我们才能位于一个地方。以自我为中心的空间结构，能淡化内部与外部划分时所产生的尖锐感，我们可能会因为物质与文化定义的边界做出这样的划分。而这类物质性的边界也会被弱化。"由于这一"前"发生境域（晕圈）的非边界性，它是朝着世界背景（因缘整体）逐渐隐没的，人类的意识才会淡化尖锐的物质空间边界。这样的结构不仅生发出了地方的内部与外部，也使得地方的内与外不会处于相互断裂的对峙状态,而是处于相互过渡的谱带当中,如雷尔夫所言:"它们(内部与外部)相互之间处于连续状态,无法精确分割开来。"

一件事物是否处在这一"前"发生境域内,其差别是巨大的。按照现象学家张祥龙的观点:"在不在当场的晕圈里头,是一个重大的区别,这是现象学中非常原本的结构。"雷尔夫始终立足于这一原本的结构展开地方及其认同的结构化分析。由于事物与"我"的领会产生了关联,因此就与认同(身份,identity)产生了关联。认同指向了"我"与"非我"的状态,在绝对的"我"和绝对的"非我"之间,是认同的连续居间状态。雷尔夫把地方认同的内部与外部分为了相互过渡的七个层次,它们包括:"存在的内部性""移情的内部性""行为的内部性""间接感受的内部性""附属的外部性""客观的外部性"和"存在的外部性"。下面,对雷尔夫的这七种地方认同展开说明。

首先,"存在的内部性"是人所处的中心位置,即晕圈(同心圆)的中央。雷尔夫认为,这一中央位置往往是一个人的家与家乡:"这种内部性往往呈现于人们待在自己家里的时候,也包括在自己的家乡及其整个区域的时候。"由于人的生存场是原始性地开辟出来的,人对生存场里各种事物的关切是一种非自觉的领会,所以,"存在的内部性"的基本形式就在:"人们除掉任何刻意的、自觉与反思的方式去经验一个地方,而地方还依然充满着意义,并显得格外重要。"

此外,"移情的内部性""行为的内部性""间接感受的内部性"皆处于地方的内部,却是在晕圈(同心圆)的由内向外展开的"边缘域",它们共同参与到了对"我"身份建构过程当中,皆属于"我"的地方。"移情的内部性"是人刻意地,经过反思地朝某个地方敞开自己,以便领会地方的本质。"行为的内部性"是人以视觉为基础去揭示地方外观中所蕴含的本质,比如,艺术家对地方的外观纹理进行考察,以领会其中的意义。"间接感受的内部性"是人通过艺术作品、电影、宣传手册等二手资料去领会一个真实地方的过程,此过程也能与地方的本质产生关联,但却是片面与间接的。由于这三种内部性皆包含了对本真地方的揭示与去蔽,所以,它们都处于"我"所展开的地方内部,与"我"的认同建构发生着关联。

相反,"附属的外部性""客观的外部性"与"存在的外部性"三者,在雷尔夫看来则处于"非我"之境,处于与"我"的身份相疏离的外部之境,并依次在人原始开辟出来的生存场之外渐行渐远。"附属的外部性"所体现出来的人-地疏离状态在于,地方只是一个默默无闻的行动背景而已,人对其没有投入任何的情感牵连。比如卡车司机、物流人员沿途经过的一处毫不引人注目的地点。

"客观的外部性"往往出现在科学研究的过程当中。为了阐明此外部性的特征,笔者不妨举一件自己亲历过的小事来说明。笔者曾在一次学术会议上,听一位研究生说到自己在绘制一张土地利用规划图的时候,很轻易地按照要求把一个不起眼的村落给抹掉了,但忽然之间他觉得自己的双手是那样的冰凉,因为他猛然意识到自己轻易抹掉的,其实是一位农民的家,而不仅仅是图上的一个斑点。事实上,这种人与地之间,因客观中立、价值无涉而造成的疏离状态正是海德格尔着重批判的对象,他在《世界图像的时代》《科学与思考》《追问技术问题》等文章里，都对人因科学技术造成的冷静客观态度，世界从人融于其中的生存场沦为了人的观看对象之现代性后果，提出了尖锐的反思与批判。而那名研究生所说的突如其来的体验，正是对这一疏离状态的猛然觉察。

最后，"存在的外部性"是指人身处一地却完全不属于此地的绝望状态，是人—地关系极端的疏离状态。就像存在主义文学家加缪在小说《局外人》里所描述的，不管主人公做任何事情，哪怕是因杀人而被判死刑的当下，所有的场景、人物与事件都仿佛与自己无关。上述的三种外部性都无法参与到对"我"的身份建构当中来，因此是处于地方的外部，处于此在原始开辟出来的生存场的外围。

由此可见，地方的内部与外部建基在"我"的生存论基础之上，需从与"我"的生存关系出发才能理解雷尔夫所言的地方的内与外。沿此思路，雷尔夫分别在第5章和第6章里阐述了地方的内部（本真的地方）与外部（无地方）之现象。同时，他还在第5章里把对本真的地方分为了"不自觉"与"自觉"的两个层面，这与晕圈的"中心——边缘域"的现象学结构，和海德格尔将"领会"视为比"命题"更为原始的奠基之思想有关："不自觉"对应着原始的领会，而"自觉"则对应着命题式的地方设计。进入第6章，雷尔夫则立足于资本主义的文化批判分析了无地方产生的原因，包括：大众传媒与文化、大型企业、中央集权与经济体系。最后，他在第7章里分析了当代景观的特征与意义，指出，当代的地理景观乃一种简单且虚构的迷思，他说："虚构的迷思让人类的行为具有本质上的简单性，使其不会包含辩证关系，也不会有任何超乎行为自身以外的意义。因为它没有任何深度,所以组织起来的世界也没有任何对立和矛盾,而只是一个宽广直白的世界。……任何虚构的迷思,都把品质缩减为数量,使得任何事物都是合理且可度量的,即使无法用数量来度量,也可以采用精确的效能进行度量。"这就是当今地方的主要特征,而地方的未来也将以简单、直白和无深度为其主要的特征。

**三、资本主义文化批判下的高尚与平庸**

雷尔夫对地方前景的上述观点,其实代表了西方知识人在进行资本主义文化批判时的一种时髦态度。或许,对海德格尔来讲,本真代表了高尚(乡下),而非真代表着平庸(城里);那么在雷尔夫眼里,地方或许也因其本真而显得高尚,无地方则因其非真而显得平庸。世界的潮流将会是平庸持续不断地侵占高尚的过程。这样的忧虑情绪在资本主义文化批判的人士那里是普遍存在的,其批判的对象正是诸如异化、物化、拜物教、单向度,等等。在西方的大学和文化圈子里,如果你不对低俗的资本主义批判几下,你是会给学界冷眼相看、排挤敌视的(柏斯丁语)。但,人为何会有低俗,低俗为何会被众人甘心接受?

巴赫的阳春白雪,在大才女张爱玲听来却如同受刑。知识人眼中的平庸低俗,却让很多人甘之如饴(柏斯丁语)。尽管在今天的西方社会,确实存在少数人为了抵制技术时代的单一化平庸,组成了不少社区,如阿米什人,他们拒绝用电,选择古朴的生活,正可谓是海德格尔笔下的本真人,他们所营造出来的社区也可谓本真的地方。但同时,大部分西方人却主动选择了平庸与低俗,选择了星巴克、麦当劳和好莱坞,而非

"黑森林里的农舍"(海德格尔本真之地的意象)。或许,西方的平庸并非强制,而是一个自然而然的结果。但在启蒙知识人的眼里,这一切却又是一件不那么自然的事情,他们一定要用一双慧眼去揭露资本主义的整个骗局,如大众文化、中央集权、经济体系,等等,它们都把众人框定在了生老病死的既定框架下,导致大家的日子变得无外乎就是上班、消费、挣钱、花钱,如此而已。然而,在传媒自由的西方社会,知识人又为何不去示威游行,大肆办报纸、开电台来揭露资本主义的骗局,抵制平庸、推崇高尚呢?其实原因很简单,因为在普普通通的老百姓那里,他们的言论得不到共识,人们依旧心甘情愿地选择了平庸而非高尚。同时,多数启蒙知识人的日常生活也并没有像阿米什人那样身体力行地去抵制平庸,反而,他们还往往是一群典型的中产阶级人士。

当面对这样的资本主义文化批判时,我们或许应抱有一些理解与同情,启蒙知识人要反抗平庸,是可以理解的,而且他们当中有很多人也是很真诚的。雷尔夫先生在去年向我发来的中译版序言里,明确地表达出地方与无地方是以难以数计与矛盾性的方式交织在一起的,而非他过去所认为的那样处于清晰的二元对立状态。他在这一核心观念上的转变,令我十分钦佩于他治学态度的真诚,能对自己的学术思想不断的反思与修正。

在中译版序言里,他言,他看见了地方的独特性得以重新产生出来的多种机制,像遗产保护、环保运动、新的规划、地方的品牌化、多中心的经验。其中有些机制源于反资本主义人士所为,而有些机制则是资本主义自有的产物。可见,他的思想似乎在七十年代创作《地方与无地方》的严峻悲观中，多多少少透露出来了些许乐观与宽容，也对资本主义的平庸抱有了必要的容忍。这种容忍的态度，似乎在某些重量级的地理学家那里难以见到，比如大卫·哈维与多林·马西。前者往往是站在灰暗现实的对立面，把希望之光投注在了难以实现的乌托邦那里（像他笔下的"埃迪里亚"）；而后者，则一定要用诡谲的地方战略去同整个资本主义作战。

就我个人而言，我更加倾向于认同雷尔夫先生目前的价值观立场，即，在现实的世界中去认可那些本真地方的意义，而不是把希望投注在乌托邦那里，对平庸之地也保持着一种必要的容忍。同时我也非常期待，"本真的地方"都能够像一件件礼物那样，可以去赠送给他人，而不是去强制地推广，更不是以高尚的名义去强加于他人、危害于他人，像深受马西"权力几何学"理论之影响，想要脱离新自由主义的平庸，建设高尚本真之地的委内瑞拉。

行文至此，我谨对雷尔夫先生专门为本书拨冗作序，表示深深的谢意与敬意！并在此特别感谢中山大学张骁鸣博士为本书作序！在去年重庆举办的现象学年会上，我与张骁鸣博士一见如故，深入畅谈，令我对现象学有了更深入的理解，并收获了学人之间的宝贵友谊！

感谢相欣奕老师能与我一同翻译此书！相老师是城市规划界人士，翻译作品丰厚，功底颇深，她的参与在很大程度上保证了本译著的质量。

在此感谢商务印书馆孟锴老师对这本书的大力支持与策划！

最后感谢领我安歇在溪水边和青草地上的那位挚友！

本人在地理学界与翻译界资历尚浅，译文中恐有不当之处，望读者不吝赐教。

刘 苏

2018 年 6 月于重庆北碚

图书在版编目(CIP)数据

地方与无地方/(加)爱德华·雷尔夫著;刘苏,相欣奕译.—北京:商务印书馆,2021(2025.9重印)
(文化地理学译丛)
ISBN 978-7-100-17542-5

Ⅰ.①地… Ⅱ.①爱… ②刘… ③相… Ⅲ.①文化地理学—研究 Ⅳ.①K901.6

中国版本图书馆 CIP 数据核字(2019)第 108306 号

权利保留,侵权必究。

文化地理学译丛
**地方与无地方**
〔加拿大〕爱德华·雷尔夫 著
刘苏 相欣奕 译

商 务 印 书 馆 出 版
(北京王府井大街36号 邮政编码100710)
商 务 印 书 馆 发 行
北京盛通印刷股份有限公司印刷
ISBN 978-7-100-17542-5

2021年2月第1版　　开本 710×1000 1/16
2025年9月北京第5次印刷　印张 18
定价:68.00元